高管团队特征与决策效果研究：行为整合的中介作用

李　辉◎著

RESEARCH ON THE CHARACTERISTICS OF TOP MANAGEMENT TEAM AND DECISION EFFECTIVENESS:

MEDIATING ROLE OF BEHAVIORAL INTEGRATION

经济管理出版社
ECONOMY & MANAGEMENT PUBLISHING HOUSE

图书在版编目（CIP）数据

高管团队特征与决策效果研究：行为整合的中介作用/李辉著．—北京：经济管理出版社，2017.4

ISBN 978－7－5096－5090－5

Ⅰ.①高…　Ⅱ.①李…　Ⅲ.①企业管理—组织管理学—研究　Ⅳ.①F272.9

中国版本图书馆CIP数据核字(2017)第091509号

组稿编辑：张永美
责任编辑：胡　茜　范美琴
责任印制：司东翔
责任校对：王淑卿

出版发行：经济管理出版社
（北京市海淀区北蜂窝8号中雅大厦A座11层　100038）
网　　址：www.E－mp.com.cn
电　　话：(010) 51915602
印　　刷：北京九州迅驰传媒文化有限公司
经　　销：新华书店
开　　本：720mm×1000mm/16
印　　张：12.75
字　　数：233千字
版　　次：2017年6月第1版　　2017年6月第1次印刷
书　　号：ISBN 978－7－5096－5090－5
定　　价：48.00元

前　言

全球化所带来的复杂性通常引起“弱情境”出现，这将给组织战略的选择和实施带来新的挑战。企业必须从“孤胆英雄”模式向团队领导模式转变，通过团队决策来应对环境的变化。作为负责整个企业组织协调的高管团队，决定了企业在市场竞争中的应变能力和决策能力，从而决定企业发展，关系企业兴衰。优秀的高管团队是企业重要的战略资源和核心竞争力，可形成团队协作效应，有利于充分发挥高管团队的决策力和协调组织能力，从而提高决策质量。

高管团队特征一直是高阶理论研究的热点，众多研究着重探讨其与组织结果的关系。高管团队决策效果是决定组织绩效的重要因素，因为高管团队的决策过程是不同利益群体之间相互牵制、相互作用的复杂、微妙的过程，决策效果的好坏直接影响组织绩效。高效的高管团队不能只满足于某一项决策的高效率，团队成员更要在制定与执行决策中体验到满意感和认同度，形成相互间融洽信任的合作关系，这也是团队保持长期高效决策和可持续发展的关键所在。因此，探讨高管团队特征对高管团队决策效果的影响具有现实意义。

为使高管团队特征与组织结果关系更稳定，团队过程的中介作用已引起广泛关注。团队过程揭示了如何提高效率或改进绩效、减少成本及制定更优决策。当高管团队组成有所不同时，整合反映团队状况的过程和构成十分必要。只有实现高层管理者资源、信息和决策共享，即当高管团队行为整合时，才能充分发挥其决策力与协调力，提升竞争力，达到满意的决策效果。

本书以企业高管团队特征（包括背景特征和异质性）和决策效果为主题，探讨高管团队的背景特征（年龄、团队任期、教育水平、团队规模）与异质性（年龄异质性、任期异质性、教育学历异质性、教育专业异质性、职业背景异质性）对高管团队决策效果（决策质量、决策承诺一致性、决策理解一致性以及情感接受性）的不同影响效应，以及高管团队背景特征和异质性通过中介变量行为整合对决策效果产生的影响，为我国在现阶段制度环境和文化环境中整合团队优势，提高团队决策效果提供理论支持和实践对策。具体包括：一是探讨高管团队背景特征与异质性对高管团队决策效果的影响。二是探讨高管团队背景特征与异质性对高管团队行为整合的影响，被认为是打开高阶理论“黑匣子”钥匙的行为整合研究是学术界较为崭新的视角，本书界定了行为整合的内涵和维度。三是探讨高管团队行为整合对决策效果的影响。行为整合对决策效果影响的文献还比较少见，本书研究行为整合的三个维度（即团队合作、有效沟通、决策参与）与决策效果的关系。四是探讨高管团队行为整合的中介效应。随着高阶理论的日趋成熟，学者们通过在高管团队特征与结果间加入中间变量，以揭开黑箱之谜。本书探讨了行为整合在高管团队特征及异质性与决策效果间的中介效应。

通过文献分析和深度访谈确定正式问卷，以辽宁中小企业为样本，进行问卷调查，共收回来自 115 个团队的 391 名高层管理者的有效问卷。本书的设计变量均利用比较成熟的量表进行测度。针对行为整合个别题项的改动，做了题项分析和探索性因子分析。应用 SPSS19.0 和 AMOS17.0 等统计软件对问卷中的变量进行效度和信度检验。为确保个体数据能聚合成团队层次，采用 ICC 和 Rwg 指标，检验组内数据一致性。最后，通过多元回归分析，验证高管团队特征对高管团队决策效果的影响，以及行为整合在高管团队特征与决策效果之间的中介作用。

本书的主要贡献是：发现高管团队特征、行为整合与决策效果间的逻辑关系。

第一，高管团队特征是影响决策效果的重要变量，不同特征类型对决策效果的影响程度不同。平均年龄、教育学历异质性、职业背景异质性与决策效果负相关；平均教育水平与决策效果正相关。本书的研究表明，配置结构合理的高管团队是高效发挥团队效能，达到满意的决策效果的客观前提。在组建高管团队时要注重团队特征的潜在互补效应，如年龄、职业专长的搭配。具体来说，相对年轻化，受教育程度高，并且教育水平差异较小，拥有相似职业背景的高管团队能发挥团队的总体互补聚合效应，有利于决策效果。高阶理论认为高管团队成员的心理和认知是通过他们的背景特征和异质性特征得以反映的，并影响他们的决策行为及决策效果。但这种反映是有限的，为应对超竞争环境及快速多变的外部市场，高管团队必须有效地处理内外部信息，进行资源和行为的整合，从而提升组织的决策力。因此，高管团队特征可能更多地通过行为整合影响决策效果。

第二，高管团队背景特征对决策效果有间接的影响，要通过行为整合起作用；行为整合在高管团队异质性特征与决策效果间起到部分中介作用；行为整合对决策效果有显著的正向影响。

第三，高管团队特征与决策效果的研究属于静态研究，而战略决策是一个动态的过程。在揭开特征与结果关系的黑箱过程中，行为整合是关键过程变量。笔者发现，高管团队行为整合过程是一个集体互动学习的过程，通过这一过程能充分调动分散在高管团队成员中对内外部环境的认知资源，保证团队多样化的知识和观点得到充分融合，使团队成员相互协作，并参与到决策制定和实施过程中。高管团队成员只有进行有效沟通，在决策参与中能够表达自身的看法，充分合作，才能制定出最满意的战略决策，从而保障战略决策的顺利实施。

第四，平均年龄低而平均教育水平高的 TMT 有助于提升团队的行为整合。这进一步表明，年轻有为、高教育水平的成员构成，是实现高管团队 1 +1 >2 的整体团队效能的客观前提。高管团队异质性并没有因为其多样化的资源，而提升团队的行为整合水平。教育学历异质性和职业背景异质性都显著负向影响行为整合。这是因为教育学历异质性和职业背景异质性都属于与工作相关的异质性。这种异质性升高，将降低工作任务相关运作过程的效率，降低信息沟通的数量和质量，导致较高的团队冲突和低水平的互动沟通。这也可能与中国的文化背景有关，中国企业的管理者更注重“圈子文化”，团队更注重统一的目标和行为模式，而不是孤立的“个人英雄”。团队内外的界限划分更明显，这种内外团队的认知降低了高管团队整合资源的能力，不利于达成一致的战略承诺。

目 录

第一章　绪论

第一节　研究背景

一、现实背景

近年来，信息技术的迅猛发展、全球经济的一体化、企业结构的复杂化与多元化、组织资源管理与部门间协作关系的密切化等对企业的高层管理者提出新的挑战，这种全球化所带来的复杂性往往会引起“弱情境”的出现①，给组织的战略选择与实施带来新的挑战。企业要想在海量的信息中做出高效、正确的战略决策，不仅有赖于CEO的特征、行为和背景，还要需求高层管理者构建一个团队，并充分利用团队优势（Hambrick，1994），进行高效协作、集体决策，从而更好地适应市场环境的变化和要求。正如Sundstrom等（1990）所述，随着企业的全球化发展，组织正以更快的频率，综合跨越众多特殊领域的知识，建立工作团队②。

高层管理团队（Top Management Team，TMT）简称高管团队，是由企业中主要承担战略决策使命的高层管理者所组成的团队。TMT负责整个企业的组织与协调，决定企业在市场竞争中的应变能力和决策能力。他们所做的决策是影响企业长期发展、影响企业绩效、关系企业兴衰的战略决策（以下简称决策）。优秀

---

① Walter Mischel（1977）认为不确定的环境会产生弱情境。所谓的弱情境是指情境的特点不是十分明确，因此难以制订恰当的行动方案。在这种情形之下，决策者的个人参照框架，而不是情境的客观属性变成了采取特定行动的依据。

② Sundstrom E.，De Meuse K. P.，Futrell D.. Work teams：Applications and effectiveness［J］. American Psychologist，1990，45（2）：120－133.

TMT被视为企业重要的战略资源和核心竞争力，具有稀缺性、高价值性和不可模仿性等特点。他们通过团队协作，能充分发挥团队决策力和协调组织能力，提高决策质量①。

我们正进入后CEO的时代，全球最具创新力和成功的企业，大多数依靠团队的领导和团队决策。全球创新公司Frog一直在践行团队决策模式，管理者们每周都通电话进行交流或磋商，每月都参加管理层会议，并在会上解决短期和长期问题。要发送给全体员工的邮件需经多名高管审核，以确保邮件所传递的信息与公司目标一致。IBM一直重视团队领导和团队建设，正是依赖于公司建立的强大的TMT，才使得公司非但没受明星CEO郭士纳（Lou Gerstner）离职影响，反而继续繁荣。2010年，IBM调查了全球范围内的1500多名CEO，结果显示：79%的CEO认为企业今后面临的挑战将比现在更大，这表明一名单打独斗的CEO所具备的观点、创意和经验或许不再足以带领组织成功发展。团队决策的必要性正日益彰显，并逐步取代“一言堂”。Frog总裁多林·洛伦兹（Doreen Lorenzo）精辟地概括了这一情形，即“随着商业环境日益复杂化，创新型企业必须从‘孤胆英雄’向团队领导模式转变，要充分实现有价值的创意，必须通过团队决策”②。

当前，中国企业处于相对不确定性的环境中。法制不够健全、政府监管不到位、行业规范尚未完全形成，使得组织在相对无序的状态中发展。企业间竞争重心发生转移，由物质资源竞争过渡到人力资源竞争。于是有人提出，企业的竞争就是高管团队的竞争。目前，许多中国企业已经意识到团队运作模式，认识到TMT集体决策是影响企业绩效的关键所在，并开始践行团队运作模式。但组建团队并不必然会形成团队化的工作模式。相比于在组织中的任何其他部门建立团队，在高层中建立团队将会有更深层次的抵制、更多的误解和更难以克服的障碍（Katzenbach，1998）③。因此，许多TMT并非真正意义上的团队，更多的只能算是高层管理群体。正如Hambrick所言：“在我们的想象中，会议桌旁坐着高管人员，大家讨论问题并作出重大决定。但许多高层管理‘团队’可能缺乏‘团队精神’，倘若事实果真如此，这就与我们的想象不相吻合。”这将造成消极的群体思维（Group Think），导致高管间信息交流不顺畅、内部冲突上升、决策质量下降，必将给企业造成轻则损失，重则破产的局面。另外，在不确定的环境下，

① Katzenbach J. R., Smith D. K.. The wisdom of teams: Creating the high - performance organization [M]. New York: Happer Collins, 1993: 45.

② 转引自：http://tech.sina.com.cn/it/2012-01-11/17456628135.shtml.

③ Katzenbach J. R.. Teams at the top: Unleashing the potential of both teams and individual leaders [M]. Harvard Business Press, 1998: 190-210.

企业面临更加复杂多变的经营环境，顾客需求多样化、个性化，使得组织很难作出准确判断，TMT 管理决策面临愈来愈大的不确定性和风险。正确的战略选择及实施决定着企业的生存和发展，而由于战略选择实施不当，TMT 决策失误的例子比比皆是。2012 年国家审计署发布了 15 家中央企业 2010 年度财务收支审计结果，发现一些企业因不科学决策或决策失误，造成国有资产损失。截至 2011 年 9 月，中石油集团所属新疆石油管理局等单位投资 9 亿多元建设的 3 个项目，皆因可行性论证不充分或条件变化等原因，建成后处于停产或半停产状态，致使产能及资产未能有效发挥作用①。众所周知的李宁品牌，2012 年遭遇关店、发盈警、高层换血等问题，4 年的跌幅达市值的 76%，遭高盛抛弃，订单不断下滑。究其原因，李宁品牌重塑转型“90 后”是其战略中最大败笔，国际化道路遭遇滑铁卢。作为央企旗下的上市公司长航凤凰，2011 年亏损 8.7 亿 ~8.8 亿元，每股亏损 1.29 ~1.30 元。2012 年宣告换届，在新当选的 8 名董事中仅有 2 人系上届留任，整个高管战略团队实现大换血。事实上，现实中没有几个大规模企业的衰败或破产，是由经理人的偷懒或在职消费行为导致的。高管的强迫性离职更多归因于经理人的冒险性决策，或是源于他们为掩盖决策失误而进行持续投机等一连串机会主义行为，最终导致恶果暴露②。

具有怎样组成特征的高管团队可以被视为优秀高效的团队、能制定正确决策，能充分发挥其组织协调能力，这需从考察团队过程入手，对 TMT 的复杂性应具有深刻认识。为反映 TMT 整体性和一致性，Hambrick（1994）提出行为整合的概念，将与团队社会性交往和团队任务相关的活动植入行为整合的概念架构中。那么，TMT 需经过怎样的行为整合呢？行为整合的 TMT 对决策制定和执行结果会产生怎样的影响呢？本书针对现阶段中国企业所面临的制度与文化环境，通过研究 TMT 特征和行为整合，确定对 TMT 决策效果的影响机制，旨在为中国企业的可持续发展提供重要的理论依据。

二、理论背景及研究脉络

早期战略管理研究偏重于探讨组织结构、组织战略、组织之间和组织与外部环境之间的关系等宏观变量，忽略了微观变量，极少提及组织主体“人”的作用，比如：结构学派（Porter）、资源基础理论（Teece，1980、1982；Rumelt，1982、1984、1987；Wernerfelt，1984；Barney，1986b）、核心能力理论（Prahalad and Hamel，1990）和知识基础理论。为了回归对主体“人”的研究，

① 转引自：http：//news. sina. com. cn/o/2012 -06 -02/150324524581. shtml.

② 郭强，蒋东生．不完全契约与独立董事作用的本质及有效性分析——从传统法人治理结构的缺陷论起［J］．管理世界，2003（2）：78 -89.

学者们将组织个体作为研究变量，并逐步发展为以团队作为研究对象，运用经济统计和经济计量学方法探讨其对组织绩效、组织战略和组织创新等的影响。Chester Barnard（1938）在其管理学经典著作《管理人员的职能》中初步探寻管理人员与组织效能之间的关系。Cyert、March（1963）和Thompson（1967）认识到，有效的领导需要整个TMT参与，并证实高管成员优势互补对提高群体效能、减少决策风险具有重要作用①。这为组织领导力的研究从CEO个体水平转变到高管群体水平提供了方法学上的支撑。Child（1973）引用“战略选择”概念解释管理团队在战略决策中的职责与行为模式。Hambrick和Mason（1984）提出高层梯队理论（Upper Echelons Theory）也称高阶理论，更是揭开了TMT研究序幕。高层梯队理论是以TMT为分析单位，用TMT人口统计学特征预测组织的战略选择和绩效水平。Hambrick和Mason（1994）认为，纯粹的人口统计学特征（背景特征和异质性）比心理测量指标更具噪声，如教育背景既可能影响个人的认知基础和价值观，又可能影响个人的风险偏好和其他心理特征。由于认知基础、价值观、洞察力等特质难以直接测量（Milleretal，1982），且对被试样本很难操作。因此，用团队人口特征的诸多变量推断TMT的认知特点、社会心理特征（Kahalas and Groves，1979；Walsh，1988）和观点（Dearborn and Simon，1958），成为TMT研究的一种行之有效的方法。

TMT背景特征及构成异质性变量，可反映团队过程的一个方面（Simsek，2005）。这使得TMT背景特征和构成异质性，以及其对企业战略和绩效影响的机制，成为人力资源和战略管理研究的关注热点（Bantel and Jackson，1989；Finkelstein and Hambrick，1990；Haleblian and Finkelstein，1993；Hambrick，Cho and Chen，1996；Michel and Hambrick，1992；Pegels，Song and Yang，2000；Wiersema and Bantel，1992）。学者们运用认知心理学、社会心理学、组织行为学等学科对TMT展开讨论。他们侧重于分析团队构成的两个维度：一是人口统计变量对组织结果的影响，二是特定的统计特征与相关的管理理念联系而产生的行动和结果。比如，他们具体分析了TMT规模、任期、平均年龄、工作经历、教育背景及构成异质性等多个指标变量与企业战略、绩效之间的作用机制，分别探讨了内外部环境对TMT背景特征的影响（Michel and Hambrick，1992；Keek and Tushman，1993）、对战略变化的影响（O' Reilly，Snyder and Boothe，1993；Boeker，1997；Wiersema and Bantel，1992）、对创新的影响（Bantel and Jackson，1989；Tsui and Gutech，1999；Daellenbach，McCarthy and Schoenecker，1999）、对团队人员更新的影响（Wiesema and Bird，1993；Wiesema and Bantel，1993）、

① Huber G. P.，Glick W. H.. Organizational change and redesign：Ideas and insights for improving performance［M］. Oxford University Press，1993：150.

对组织绩效的影响（Murray，1989；Finkelstein and Hambrick，1990；Norburn and Birley，1992；Halebelian and Finkelstein，1993；Smith et al.，1994；West and Schwenk，1996；Krishnan et al.，1997；Keck，1997；Knight，1999；Kilduff et al.，2000；Pegels et al.，2000；Pitcher and Smith，2001；Jackson and Joshi，2004；Carpenter，2002）以及企业多角化和国际多角化之间的关联关系（Krishnan et al.，1997；Tihanyi et al.，2000）。还有学者单独验证 TMT 异质性的影响，证实异质性与组织结果有显著关系，如 TMT 异质性对环境、战略（Bantel，1989；Lant，1992；Bantel，1993；David Naranjo－Gil，2008）或企业绩效的影响（Murray，1989；Hambrick，1996；Keck，1997）。

很多实证结果支持这一结论：组织战略选择与 TMT 背景特征及异质性有关，组织绩效与管理人员以往业绩、TMT 规模、组成和服务及组织年限相关联（Jensen and Zajac，2004；Pfeffer and Davis，1996；Haleblian and Finkelstein，1993；Murray，1989；Smith et al.，1994）。但有学者得出不同的结论，Finkelstein 和 Hambrick（1996）回顾 TMT 异质性对战略选择和组织绩效的影响时发现，在 116 个经检验的假设中，75 个结果不显著，而在显著的关系中，不同的研究结果是相互矛盾的。

West 和 Schwenk（1996）探讨在动态环境下 TMT 战略目标一致性、人口统计学特征同质性和公司绩效关系比稳定环境时更显著，但检验结果未能被支持。他们将这一结果归咎于 Hambrick 和 Mason（1984）所提出的大样本研究方法①。

Pitcher 和 Smith（2001）在将自己的案例研究与其他学者的大样本研究对比时发现，之所以出现不显著结果（甚至相冲突结果），主要是缺乏对自变量和因变量的精确衡量。他们认为应加强统计研究、案例研究及大样本研究②。

Daniel、Tanja 和 Utz（2007）探索了 TMT 成员不同特征、人格因素和职业经验的多样性对战略选择和决策速度的影响。他们采用 8 个 TMT 样本，对 46 名高管成员进行访谈和调查。结果发现，职业经验的多样性影响战略选择，而对战略制定的速度影响不大。但人格因素如灵活性、成就动机、网络能力和行动取向对决策速度的影响似乎很明显。他们还强调，为减少 TMT 特征（如年龄、任期）与绩效模棱两可的关系，应引入深层次的中间变量③。

---

① West C. T.，Schwenk C. R.. Top management team strategic consensus，demographic homogeneity and firm performance：A report of resounding nonfindings［J］. Strategic Management Journal，1996（17）：575－576.

② Pitcher P.，Smith A. D.. Top management team heterogeneity：Personality，power，and proxies［J］. Organization Science，2001，12（1）：1－18.

③ Kauer D.，Zu Waldeck T. C. P.，Schäffer U.. Effects of top management team characteristics on strategic decision making：Shifting attention to team member personalities and mediating processes［J］. Management Decision，2007，45（6）：942－965.

Certo、Lester 和 Dalton（2006）在研究 TMT、战略和财务绩效时发现，多数研究都是建立在人口统计数据基础上的，这些统计数据是可靠的和易获得的，但出人意料地出现结果不一致的现象。他们归结为 TMT 特征与财务绩效的元分析给这种特征与结果的直接关系提供有力支撑，但中间变量的影响不可忽视①。

Hambrick 等（1996）阐述了不一致的结论的成因，即“TMT 成员之间的人口特征异质性会促进积极的行动，但阻碍响应行为，导致明显的响应滞后”。

2002 年以后，以中国企业为样本的 TMT 研究才开始大量出现。学者们对 TMT 的人口统计学特征进行研究，并针对 TMT 特征与战略决策、团队效能、企业创新活动及企业绩效等一系列的相关关系展开研究②。

肖久灵（2006）选取华东地区的 86 家企业为样本，证实了 TMT 特征与团队效能的关系。他认为提升团队效能（用团队的决策效率、工作效率和企业利润率来刻画）的前提是保持 TMT 组成的异质性，同时要充分考虑年龄、教育和专业背景及任期等因素的影响③。

魏立群和王智慧（2002）在实证分析沪、深两市的 114 家上市公司高管的相关特征与绩效之间关系时发现，高管成员的平均年龄正向影响组织绩效，TMT 背景多元化程度负向影响组织绩效，但影响较弱④。

胡蓓和古家军（2007）通过对民营企业的问卷调查，探讨分析了 TMT 教育水平、平均任期、平均年龄以及异质性与决策的准确性、决策速度和决策成本的相关关系。结果表明：TMT 平均教育水平、平均任期和平均年龄都显著正向影响战略决策的准确性，前两者还对决策速度有显著正向影响，而平均年龄对决策速度正向影响不显著。平均教育水平和平均任期都显著负向影响决策成本，平均年龄显著正向影响决策成本。任期异质性对战略决策的准确性有不显著的负向影响⑤。

还有一些学者尝试从不同视角进行探讨，进一步在理论上拓展高阶理论。如焦长勇等（2003）综述了 TMT 特征对战略效果的影响，总结了如何建构合理有效的 TMT 必备特征，探讨了 TMT 的建设⑥。陈昀等（2011）从社会资本视角拓

① Certo S. T., Lester R. H., Dalton C. M.. Top management teams, strategy and financial performance: A Meta-Analytic Examination [J]. Journal of Management Studies, 2006, 43 (4): 813-839.

② 白新文，王二平. 共享心智模型研究现状 [J]. 心理科学进展，2004，12 (5)：74-79.

③ 肖久灵. 企业高层管理团队的组成特征对团队效能影响的实证研究 [J]. 财贸研究，2006 (2)：112-117.

④ 魏立群，王智慧. 我国上市公司高管特征与企业绩效的实证研究 [J]. 南开管理评论，2002，5 (4)：16-22.

⑤ 胡蓓，古家军. 企业高层管理团队特征对战略决策的影响 [J]. 工业工程与管理，2007 (5)：89-94.

⑥ 焦长勇，项保华. 企业高层管理团队特性及构建研究 [J]. 自然辩证法通讯，2003，25 (2)：57-60.

展了企业多元化战略理论和以人力资本为核心的高阶理论。

在对 TMT 的研究中，学者们认识到 TMT 特征直接作用于组织绩效或组织战略结果变量，忽略了其中的干预过程机制。Lawrence（1997）将基于人口统计学的研究称为“黑箱”研究①。Pitcher 和 Smith（2001）指出对于战略学者而言，研究联系战略顶点和组织绩效的人之间关系更为重要。Carpenter（2002）认为 TMT 人口统计特征与绩效的矛盾结果可能是忽视了重要的调节和干预变量②。由此，学者们尝试打开黑箱，开始寻找新的研究方向和途径，挖掘矛盾结果背后真正起作用的影响因素，以便得到稳定的相互关系。在此基础上，研究者们发现，TMT 内部过程在解释组织对变革的反应时发挥关键作用（Hambrick，1998；Mooney and Sonnenfeld，2001；Simsek，Veiga，Lubatkin and Dino，2005），并能解释上述结果的不一致现象。团队过程研究进一步揭示，人际关系的处理会导致不同的组织结果（McGrath，1984）。这掀起多种团队过程的构念研究的热潮，学者们分别探讨了团队领导、沟通、凝聚力、决策参与、冲突、合作、社会整合及信息分享（Eisenhardt and Zbaracki，1992；Pelled，Eisenhardt and Xin，1999；Peterson，Owens，Tetlock，Fan and Martorana，1998；Peterson，Smith，Martorana and Owens，2003）等动态过程。

Smith 等（1994）首次对行为整合展开研究，指出人口统计特征对公司绩效并无直接影响，而是通过诸如沟通和社会整合等干预过程变量起作用。Hambrick 在 1994 年提出 TMT“行为整合”的聚合构念（Meta – construct），将 TMT 的研究引向更实质的内容。Finkelstein 和 Hambrick（1996）提出 TMT 新的模型：组成→过程→结果。Pelled、Eisenhardt 和 Xin（1999）提出团队统计多样性、冲突与绩效的综合模型，并用 45 个团队数据验证了多样性影响冲突，继而影响绩效③。Ensley、Pearson 和 Amason（2002）在内聚力和冲突两个过程因素中引入 TMT 研究，提出 TMT 动力模型。Carpenter、Geletkanycz 和 Sanders（2004）提出 TMT 的修正模型，以 TMT 特征的代理理念（认知、技能、行为倾向、信息和资源获取等）替代人口统计特征④。孙海法和伍晓奕（2003）在综述 TMT 特征、团队运

① 转引自：Alejandro Escriba – Esteve，Luz Sanchez – Peinado and Esther Sanchez – Peinado. The influence of top management teams in the strategic orientation and performance of small and medium – sized enterprises［J］. British Journal of Management，2009，20：581 – 597.

② Carpenter M. A. . The implications of strategy and social context for the relationship between top management team heterogeneity and firm performance［J］. Strategic Management Journal，2002，23（3）：275 – 284.

③ Pelled L. H.，Eisenhardt K. M.，Xin K. R. . Exploring the black box：An analysis of work group diversity，conflict and performance［J］. Administrative Science Quarterly，1999，44（1）：1 – 28.

④ Carpenter M. A.，Geletkanycz M. A.，Sanders W. G. . Upper echelons research revisited：Antecedents，elements，and consequences of top management team composition［J］. Journal of Management，2004，30（6）：749 – 778.

作过程、文化背景和组织环境基础上，构建 TMT 运作效率模型，并在模型中将运作过程作为中介变量。富萍萍、Farr 和彭泗清（2004）等将基于价值观、特质及能力的领导学理论融入模型，强调价值观共享和认同显著影响团队过程和结果，对 TMT“输入—过程—结果”模型做了进一步修正①。

第二节　问题提出

探究企业决策影响和形成机制一直是企业组织理论、战略分析理论、企业成长理论及厂商理论等研究的热点问题之一。信息决策理论认为，决策过程就是特定的主体（企业决策者）在特定的外部环境刺激下所做的信息处理过程②。虽然外部环境对最终的决策会产生影响，但企业战略行为单纯受环境因素影响的结论，只有在决策者具有绝对理性时才能成立③。行为决策理论表明，企业在制定战略时，不仅受其现有资源和机会的影响，更受到经营者及其决策行为的影响。企业的决策层是由高管团队构成的，高管团队一直被视为企业最重要的资源，并对企业战略决策和战略执行有显著影响④。事实上，尽管许多决策最终是以企业 CEO 个人的名义作出的，但 CEO 所作决策终究会受到以其为中心的 TMT 的影响。相对于 CEO 个人的人口统计学特征和组织战略的关系而言，TMT 人口统计学特征和组织战略的关系更强（Gupta，1988）。苍玉权和杨忠（2008）表明，战略决策影响企业生存和发展，其过程与内容同等重要，高管特征对战略决策过程和结果具有决定性影响。

团队管理和组织管理的核心问题是如何提升团队运作过程的有效性，最终提高决策效果。由于战略决策变量能够反映各种特征和能力之间的相互作用或结构化，因此，战略决策过程变量实际上更直接反映 TMT 在进行战略决策时的特质。尽管近几年，TMT 研究愈来愈重视团队的组成、运作过程对组织绩效的影响。但针对 TMT 特征和运作过程，国内学者通常是在借鉴西方理论基础上，采取准则式研究方法进行探索研究，而在理论上对 TMT 特征与运作过程特征、组织绩效关系的解释不是十分清晰⑤，少量的研究没能真正深入探讨其概念内涵和具体影

① 程贯平，刘海山. 高层管理团队理论模型的发展［J］. 现代管理科学，2009（3）：97－99.

②③ 孙虹，徐康宁. TMT 组合属性视角的决策解析——以我国企业专用性投资行为分析为例［J］. 科研管理，2009，1：56－64.

④ Hambrick D. C.，Mason P. A.. Upper echelons：Organization as a reflection of its managers［J］. Academy of Management Review，1984，9（2）：193－206.

⑤ Lawrence B. S.. The black box of organizational demography［J］. Organization Science，1997，8（1）：1－22.

响机制。团队过程研究的实质是提高效率或改进绩效、减少成本及制定更优决策。学者们大都认同在群体决策过程和结果之间存在因果关系，一个“好”的决策过程将导致更有利的结果（Peterson①，1997；Janis，1972、1977、1982；Hackman，1990；Nemeth et al.，1989②）。TMT 需要整合团队整体优势，才能充分发挥其决策力与协调力，提升竞争力，达到满意的决策效果。Janis（1982）指出，TMT 如不能有效管理群体的行为过程，会造成群体消极思维模式的产生，判断失误和冲突的悬而未决，团队成员不愿参与共同决策和无法兑现决策承诺，势必导致低的战略决策效率和决策效果。

团队概念重点强调团队成员目标一致下的资源整合和行为的整合。行为整合和协调（即高层管理者在班子内参与集体互动）是高层管理团队运作过程研究的核心问题，代表高效团队的工作。虽然针对行为整合的研究已展开，但各个学者多按自己的理解，从不同层面进行分析，只见树木未见森林。行为整合概念还没有清晰、统一的共识，TMT 特征与行为整合的关系，TMT 特征如何通过行为整合进而影响决策效果，尚无专门研究。如何提高 TMT 决策效果？如何通过检验团队过程变量的中介功能以对决策内在机制进行探索？本研究在高阶理论的基础上，从分析 TMT 特征变量入手，对行为整合加以界定，将行业性质、企业规模、企业年龄和企业发展阶段作为控制变量，探讨 TMT 特征如何通过行为整合的中介作用影响决策效果③。

第三节　研究意义

一、理论意义

约翰逊和胡夫（2000）指出，在当前管理研究中，即使将研究焦点转变为分析不确定性、复杂性甚至混沌时期，仍过于关注管理系统中非人性的东西。关于涉及认知功能，有关个人和组织过程的分析在管理学研究中一直处于初始阶段。目前，已有研究揭示了人口统计学特征对于决策过程和组织绩效的重要性，但对

① Peterson R. A.. Directive leadership stylein group decision making can be both virtue and vice: Evidence from elite and experimental groups [J]. Journal of Personality and Social Psychology, 1997, 72: 1107 - 1121.

② Nemeth C. J., Staw B. M.. The tradeoffs of social control and innovation in groups and organizations [J]. Advances in Experimental Psychology, 1989, 22: 175 - 210.

③ 本书中所提决策效果如无明确说明都指战略决策效果。

于 TMT 决策效果的研究还是较少。TMT 行为整合是打开高阶理论“黑匣子”的钥匙①。本书以 TMT 为研究对象，试图探究 TMT 人口统计特征构成，揭示 TMT 行为整合的机制。这不仅能够丰富高阶理论，而且对于完善企业管理理论具有十分重要的理论意义，具体表现在：

（一）对高层梯队理论的贡献

在动态竞争环境下，一个企业的长期竞争力取决于管理者是否愿意持续挑战现有管理模式。全球竞争不仅仅是产品对产品或企业对企业的竞争，更是一种思维模式对思维模式，或管理模式对管理模式的竞争（Hamel and Prahalad，1993）②。本研究依据高管团队相关理论，提出较全面的研究理论模型，并修改了行为整合的量表，运用层级回归方法对行为整合影响决策效果机制进行系统的定量研究。这不仅能够丰富在动态和复杂环境下，高阶团队系统理论的研究，进一步揭开有效制定战略决策过程的面纱，而且还提供了实证支持，从而对其他类型企业的团队系统研究具有借鉴作用。Sambharaya 等（2001）关注影响人口统计学特征变量与组织结果关系的因素，认为揭示人口统计学特征、组织结果与权变因素之间关系的本质能够实现。目前，国内外学者对 TMT 人口统计特征构成还没有统一观点，都是从不同角度进行理论和实证研究。现有有关 TMT 及其对战略决策的影响研究，往往都只关注 TMT 特征直接对决策质量的影响，而针对 TMT 行为动力的研究，国外学者大多是以冲突作为主要研究变量。本论文从文献中提炼出实证研究通常选取的，并被证明合理、有效的 TMT 特征变量和异质性特征变量，探讨以行为整合为中介变量，TMT 特征及其异质性对决策效果影响作用机制。因此，本研究对于打开 TMT 过程这一“黑箱”具有较强的理论和学术意义。

（二）推进与完善战略管理理论的微观基础

Simon 指出“管理就是决策”，解决了决策问题就解决了管理问题。这一论断彰显了决策研究的重要性。探讨决策效果的前置因素成为战略管理的核心问题（Eisenhardt and Zbaracki，1992）③。越来越多的研究者已意识到，战略管理与组织理论研究需要更多地把视角从宏观转向微观，以探析组织集体层面概念的微观基础，即个体自身的因素以及个体之间社会互动的影响。战略领导能力理论认为企业战略反映着 TMT 总体特征和社会关系网络构成，认知在识别和诊断战略问

① 姚振华，孙海法．高管团队行为整合的构念和测量——基于行为的视角［J］．商业经济与管理，2009，12（218）：28－36.

② Hamel G.，Prahalad C. K.. Strategy as stretch and leverage［J］. Harvard Business Review，1993，71（2）：75－84.

③ 转引自：Amason A. C.，Sapienza H. J.. The effects of top management team size and interaction norms on cognitive and affective conflict［J］. Journal of Management，1997，23（4）：495－516.

题和问题解决中起重要作用。战略决策效果如何，将对企业生存和发展具有决定性、全局性和长远性的影响。本研究在 TMT 特征基础上，探讨通过团队成员有效沟通、团队合作和共同参与决策，为形成 TMT 决策参与制度、信息沟通制度、互动合作制度、团队和绩效有效管理制度等提供指导，进一步为完善管理理论提供方法和工具。

二、实践意义

本书探讨高层管理团队背景特征及其异质性与决策效果的关系，强调了高管团队在战略决策和整合资源所发挥的重要作用。企业通过改进团队运作过程，构建有活力和凝聚力的高效高管团队，更好引导企业在寻求长期持续优势和获取短期利益之间实现博弈平衡，为企业创新和可持续发展提供最强有力的保障。本书研究的现实意义主要体现在以下几个方面：

（一）有助于提高企业的经营绩效

TMT 是企业宝贵和独特的人力资源，如何合理配置这种稀缺资源，尽可能发挥其组织协调和决策制定优势，将直接关系企业经营绩效，关系企业能否持续发展。企业 TMT 的年龄结构、所接受的教育形式和在任期中累积的经验，赋予他们特定的技能和工作风格。这些特定的知识存量和思维方式会造成 TMT 决策能力差异，进而影响企业的成长性。TMT 的使命使得其对企业的发展具有极大的推动力。因此，探讨 TMT 特征对决策效果的影响，通过行为整合机制，提高决策效果，进而提高企业绩效。

（二）有助于提高企业的竞争优势

企业竞争的核心是创造竞争优势，并尽可能长时间保持。在激烈竞争中，那些具有创新性、灵活性和进攻性特点的企业能够较容易地进入市场，但是建立持久的竞争优势愈来愈难。机会一闪即逝，只有管理者主动创新和竞争才能把握住（Kirzner，1997）。为避免企业原有的竞争优势被竞争对手削弱，因侵蚀而成为劣势和负担，企业必须对竞争对手的行为做出快速而正确的反应，而且随着动态竞争的加剧，企业必须不断地挖掘其所能获得的资源，以作为竞争优势的来源。但资金、技术等传统资源非常容易被竞争对手模仿，成为竞争优势的可能性越来越小。动态竞争战略的宗旨是在持续寻求暂时的领先过程中，利用主动改变现状和规则所创造的机会，获得超过平均水平的投资收益①。高管团队因兼备稀缺性、高价值性和不可模仿性等优点，愈来愈被企业视为一种战略资源和保持核心竞争力的来源。

---

① Daveni R. A. . Hypercompetition. Managing the dynamics of strategic Maneuvering ［M］. New York: Free Press, 1994: 83 –90.

TMT正确的判断、及时快速地回应环境的变化，才能使企业立于不败之地。调查显示，企业亏损不仅与管理人员的素质有直接的关系，还与管理团队没能实现共同决策相关。TMT如不能有效管理群体的行为过程，会造成群体消极思维模式的产生，势必导致低的决策效率和决策效果。因此，稳定高效的TMT是企业获取持续竞争优势的关键所在，是企业能够提升决策效果及发展的保证。TMT成员只有通过良性互动、资源整合、行为整合和目标一致，才能实现准确的决策，提升企业竞争力。

（三）提高组织的决策能力

企业战略决策为企业提供了新的增长点，可以说，战略决策在很大程度上决定了企业的发展方向，因此提高企业的决策能力是企业发展的重中之重。战略决策是决策者多种行为整合的结果，反映决策者的特征。但其复杂性决定了组织不可能完全预测决策效果，组织必须尽量减少战略决策失误的可能性（Abraham and Schaubroeck，2006）。中国企业家调查系统（2010）在调查中国企业经营者成长与发展时，分析了提升企业战略决策能力的主要途径与因素，将“优化TMT构成”排在第一位。这足以表明TMT的特征构成对企业战略决策具有显著影响。为了确保TMT成员参与战略决策并制定决策，使他们愿意表达分歧意见，愿意聆听来自其他成员的建议，达到被Edmondson等（2003）称之为“心理安全”（Psychological Safety）的境地。同时，为了加强TMT与组织和外部环境的匹配，需要建立合理的团队内部运作机制。团队成员必须在行为上进行整合，才能发挥团队效能，提高团队协作效率，从而提高组织的决策能力。

第四节 研究方法

本书以高阶理论、社会认同、信息决策及行为决策理论为基础，通过深度访谈和问卷调查，以115家企业为研究对象，对高管团队特征与决策效果的关系进行实证研究。为了保证分析过程与结果的客观性与合理性，主要利用以下五种研究方法：

一、文献研究

文献研究是进行任何科研工作的必要条件和必经阶段。为了解前期已取得的成果、明确研究现状，掌握所研究领域的前沿进展、科研动态，就要借助大量的相关文献。文献研究可以为研究者提供广阔的视角、坚实的理论支撑及可借鉴的研究方法，同时也激发研究者从多种崭新的角度分析问题的兴趣，形成对所研究问题的客观认识。由此，研究者能够从中找到感兴趣的具体研究问题，提出相关研究假设。这样不仅可以避免重复性的研究，还可使研究的假设及结论有据可循。本书查阅了大量的国内外文献，通过对这些经典文献的阅读和梳理，了解TMT 相关理论的前沿研究以及具体的进展情况，尝试找到现有研究的局限性。通过文献研究系统梳理和总结了 TMT 特征、行为整合及决策效果相关的国内外相关文献与研究成果，确定了本书的基本理论框架。

二、人口统计学方法（Demographic Studies）

人口统计学方法为研究高管团队常用的一种定量方法，它是把人口统计特征变量（Demographic Variables）作为替代变量来进行理论假说的检验，旨在检验某一类的人口统计特征在整个团队中的分布效应。通过这种量化方法，可以分析研究中 TMT 成员人口统计特征对组织结果的影响，并从数学的角度进行验证。人口统计学方法主要是针对 TMT 人口统计特征的内容和结构进行分析。其中，内容是指 TMT 背景特征对结果的影响；而结构分析是指 TMT 异质性对组织结果的影响。人口统计学方法作为组织理论中重要的研究方法，突破了以往组织理论研究的局限性。

三、深度访谈与问卷调查法

深度访谈和问卷调查法是管理学领域常用的实证研究方法，成熟的量表是有效使用这些方法的前提。本书之所以采用深度访谈和问卷调查法，一是由于本书所研究的对象是 TMT，对于测量行为整合与决策效果的指标都无法在上市公司的年报中找到，正如 Amason（1996）所说对于某个特定的战略决策效果很难用客观指标来度量，只有参与决策的 TMT 成员才能观察、判断、回顾决策的来龙去脉，并根据事后他们主观感知到的指标来判断决策效果好坏；二是以往的研究中皆采用访谈和问卷调查法。

为了对本研究构思进行初步验证和进一步的调整，以及获取较全面的行为整合和决策效果数据，本研究采用半结构化访谈法。具体来说，通过文献研究确定行为整合、决策效果的访谈提纲，对辽宁省 3 家高管团队的 5 名成员进行访谈。访谈内容是，影响企业发展的重大项目有哪些？在这些项目决策中团队成员是如何交换信息以及如何进行沟通和交流的？这些项目的执行和实施效果怎样？

借鉴国内外成熟量表，经过深度访谈及与专家教授的讨论，形成初始问卷。对问卷的语句、语序和描述进行修订，然后设计正式问卷，形成包含 TMT 人口统计特征、行为整合与决策效果的完整问卷，并且通过现场调查、电子邮件和邮寄方式进行问卷调查，以验证研究构思与研究假设，以及本书所提出的模型。

四、规范分析法

规范分析法是根据相关的经济管理理论，着重对研究对象进行定性分析，通常是依据一定的价值观念对社会经济活动中人的行为进行分析。本书主要运用行为决策理论、高阶理论、信息决策理论和社会认同理论，在严密的理论分析基础上提出高管团队特征、行为整合和决策效果理论模型及假设，为后续实证研究奠定理论基础。

五、实证分析法

科学研究的目的是对现象寻求理解、解释，并进一步进行预测。作为社会科学的主要研究方法——实证分析法侧重于对研究对象客观、合理定量的分析，对客观事实进行检验，并预测其发展趋势。实证分析方法作为一种辅助工具，可以验证所构建模型的准确性和合理性，确保所得结论的正确性。回归分析作为实证分析常用的方法，在引入控制变量的情形下，通过回归模型探讨自变量和因变量的关系。本书主要对企业高管团队特征与决策效果的关系进行实证研究，在实证研究中除使用效度分析、信度分析及相关分析、因子分析等方法进行统计分析之外，还主要采用层级回归方法分析自变量、因变量以及中介变量之间的关系，并对相关研究模型进行检验。

第五节　研究内容与基本框架

一、研究内容

本书内容共分七章，各章主要内容如下：

第一章是绪论。在绪论中，首先，介绍有关高管团队研究的理论和现实背景，提出要研究的问题，阐述本书研究的理论与现实意义；其次，提出基本研究方法、技术路线、研究内容和基本框架；最后，介绍本书的创新之处。

第二章是文献综述。本书梳理了 TMT 特征及其异质性、行为整合和战略决策效果的相关研究，对现有研究进行评价，据此提出本书的研究方向。

第三章是研究的理论基础。对高阶理论、信息决策理论、社会同一理论（Social Identity Theory）又称社会认同理论以及行为决策理论进行探讨和评价。

第四章是研究假设及模型构建。通过理论探讨，提出 TMT 特征对决策效果和行为整合的影响假设，行为整合对决策效果的影响假设以及行为整合中介效应假设，建立研究模型。

第五章是研究设计、数据收集与分析方法。设计问卷量表，对问卷量表进行修正，然后选择研究样本进行问卷调研，回收问卷。界定研究变量，探讨中介变量研究方法。

第六章是数据分析和实证研究。运用分析软件 SPSS19.0 和 AMOS17.0 对问卷信度、效度进行检验。针对由个体数据整合到团队层次问题，检验研究变量的内部一致性。对研究模型进行统计分析和假设检验，总结实证研究结论。

第七章是结论与展望。总结结论，对已支持和未支持假设的结论进行讨论，提出管理建议，再分析和讨论本研究的局限性，并对未来研究方向进行展望。

二、基本框架

本书研究基本框架如图 1－1 所示：

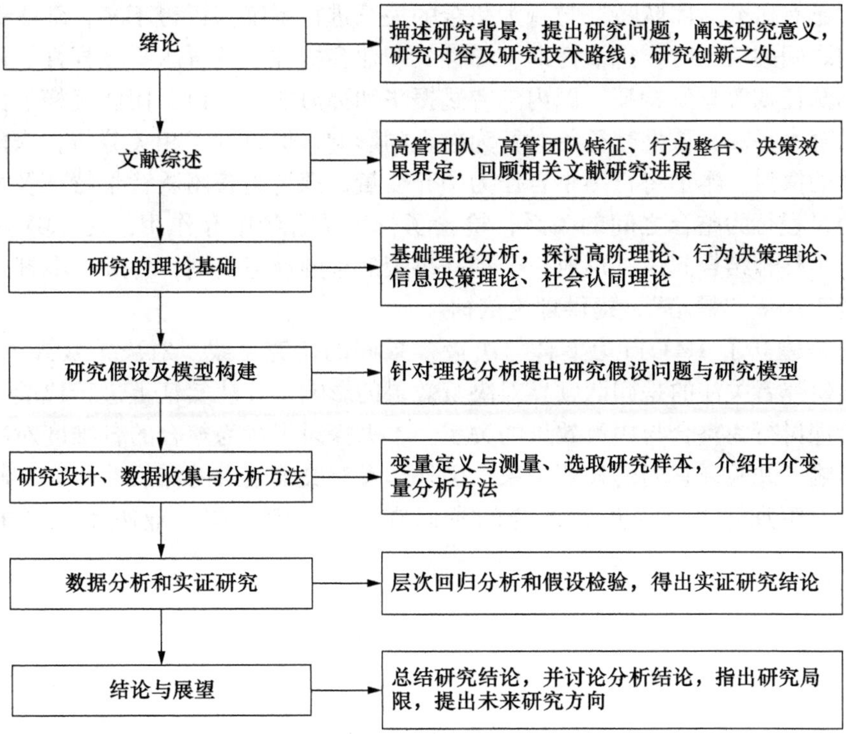

图 1－1　研究框架

第六节 拟创新点

本书在中国情景下，主要研究 TMT 背景特征及异质性、行为整合及决策效果的关系，创新点主要体现在：

一是验证并深化了高阶理论的相关问题。目前已有研究对高管背景特征及其异质性和决策效果关系探讨得不多，本书探讨它们之间的相关关系，进一步完善了高阶理论。同时，以国内企业为样本，在中国情景下检验 Amason 提出决策效果量表。提出适合中国企业特点、TMT 特征合理构成的研究结论。

二是团队过程研究既是高层梯队理论研究瓶颈的突破点，也是摆脱高管团队特征研究所面临困境的关键所在。在以往的研究中，研究者考虑到团队过程研究的重要性，多选取团队冲突作为中介变量，对行为整合的系统研究是近几年才兴起的。已有研究对团队特征与行为整合的关系进行系统探讨得不多，Simsek 在讨论它们之间的关系时，选取任期多样性、职业多样性、教育水平多样性、团队规模和团队任期等背景特征。国内学者姚振华和孙海法虽探讨了团队规模、团队任期、教育水平和异质性特征等对行为整合的影响，但只做了相关分析，未能进行深层次的探讨。本书将行为整合作为中介变量，探讨高管团队背景特征及异质性与互动过程行为整合之间的关系，检验了行为整合的中介作用，使 TMT 特征与团队行为整合结合起来，形成一个提高决策效果的动态机制，为进一步打开 TMT 运作过程这一“黑箱”，提供理论依据。

三是建立了 TMT 行为整合与决策效果间的研究路线。对决策效果的研究，大多数研究者关注的是团队领导对决策效果的影响，并从实证上进行检验。很少有学者探讨行为整合与决策效果的关系。本书探讨了行为整合的各维度对决策效果的影响，并验证它们的显著关系。国外学者对决策效果的滞后性研究一般以三年作为考察期，本书通过访谈与问卷调查，来确定我国企业决策效果的滞后期限。

第二章　文献综述

第一节　高管团队相关文献综述

一、团队的内涵

（一）团队的定义

罗宾斯（1994）认为："团队是指为实现特定目标，由至少两个相互作用及相互依赖的个体，按照一定规则而结合在一起的组织。" Katzenbach 和 Smith（2003）指出团队是由技能知识互补，遵循共同的目标，能够相互为对方负责的雇员，所组成的为数不多的群体。一般而言，团队是一个共同体，在这个共同体中，每一个成员的知识和技能都能被充分利用，为达成共同的目标，成员间需协同工作，共同解决问题。为了应对复杂多变的商业竞争环境，企业要精简组织结构层级和程序，合并提供同一服务却处于不同部门的人员，及在不同部门却服务于同一顾客的人员，使得组织内形成各种跨部门的、更为灵活的团队。

（二）团队的构成要素

（1）团队成员。它是构成团队最核心的力量，一般两人以上。

（2）团队目标。既定的目标是团队存在的意义所在，目标为团队成员指明方向。

（3）团队定位。团队定位包括：团队在企业中所处的位置，团队成员的甄选和决定权归谁，团队负责对象是谁，团队激励下属的方式。

（4）团队领导者的权限。团队中领导的权力大小跟团队的发展阶段相关，团队发展初期，领导权力相对比较集中，而团队越成熟，领导者所拥有的权力相应越小。

（5）计划。计划的含义有两层：其一，目标的最终实现，需要一系列具体的行动方案，因此，计划被视为实现目标的具体工作程序；其二，提前按计划进行，保证团队进度顺利。团队只有制定周密计划，才会逐步贴近目标，最终实现目标。

（6）团队决策权。与传统组织方式相比，在团队组织过程中，把一些决策权下放给团队，可提高组织的决策速度和效率。

二、高管团队成员与一般管理成员的差别

TMT 作为企业重要决策的执行者，与一般管理成员有着明显的差别。

第一，TMT 拥有战略决策权和控制权。TMT 处于企业顶端，拥有战略决策制定权和企业经营管理控制权，而一般管理人员主要拥有决策执行权和日常业务决策权。在权限范围上，高层管理人员拥有的权力更大，主要制定战略决策和指导战略实施，并不一定从事具体的执行工作。

第二，TMT 负责企业的经济效益，而一般管理人员只负责职能部门的运转效率。高层管理人员的决策常常事关企业兴衰，他们必须意识到自己的行为对企业经济责任的影响，承担决策执行后果。

第三，TMT 有超强的影响力。由于高管人员制定的是战略决策，他们的工作对整个企业的生存、发展产生直接和全局的长远影响。而一般管理人员对企业的影响相对来说较小，只是局部或间接的。

第四，TMT 承担较大的风险。这是由于他们所做的决策不确定性与风险性很大，而一般管理人员工作的风险程度相对较小。

第五，TMT 是高效能的领导团队，他们集目标整合和资源整合于一身，相互依赖，共同担负企业的组织和协调工作。

三、高效团队的内涵

高效的团队是由一群有能力的成员组成的，他们对所要达到的目标有清楚的了解，具有实现理想目标所必备的技术和能力。团队成员具有良好合作的个性品质，有为实现团队目标的奉献精神，对团队表现出高度的忠诚和承诺，从而能够出色完成任务。高效团队的领导者往往充当教练和后盾的角色，他们对团队仅仅提供指导和支持，并不试图去控制它。高效团队的主要特征是：明确的目标、信息交换、知识共享、必备的技能、相互依赖与协同工作、良好沟通、一致承诺、恰当领导和内外部支持。高效团队更注重团队成员的价值实现和团队成员参与决策的积极性，最大限度地满足个人发展的需求，通过有效的学习达成共同目标。在环境动荡、竞争异常激烈的市场环境下，TMT 更需要紧密合作，充分发挥其高

效的优势，对市场做出更快速的反应，更灵活地解决问题，力求达到更大化的功效[①]。

四、群体决策

杨雷等（1996）认为群体决策是各个决策成员通过交互影响和分享信息，按某种偏好集结方法形成群体一致偏好的特定群体行为过程[②]。卢相毅（1999）[③]强调群体决策是在由两人或多人组成的群体中决策成员通过相互的影响、共享信息、遵循某种协商规则，以确定集体行动方案或选择评选对象。Nitzan 等[④]将群体决策定义为“为实现最优决策将拥有共同利益、不同的信息和决策能力的群体成员联合起来，充分利用群体成员的决策资源的行为过程”。群体决策有五个显著的特征：第一，群体决策是决策者的行为集结和数量集结的结合；第二，决策主体是由两个或两个以上拥有一定决策能力的成员组成的群体，各个成员决策权的比重不尽相同，参与决策的成员人数影响群体决策的结果；第三，决策取决于各成员的意见或偏好；第四，群体决策受规则影响，不同的决策规则可能带来不同的结果[⑤]；第五，群体决策解决的是非结构化的复杂决策问题。

学者们普遍认为群体决策比个体决策更正确，一方面，成员间的异质性呈现了群体决策的优势，因为决策过程中是每个不同成员的知识、经验、价值、目标、知觉、态度以及动机的写照；另一方面，在群体决策过程中，不同成员之间可进行深入的交流和讨论，能够聚集更多的信息、观点和建议，就会有更多的备选方案和选择机会。在做最终的选择和判断时，集体的智慧总会超过个体的智慧，从而能够找到更加正确的问题解决方案，取得理想的决策结果。再者，由于群体身份而带给成员的安全感和归属感，以及因为共同参与决策而带给成员的满意感和公平感，使得群体决策更加开放、民主，从而使最终的决策结果更容易得到接受和执行。Stoenr（1986）发现，群体决策受文化价值的影响比个体决策要大，实验研究也肯定了群体决策有和文化价值一致的倾向[⑥]。

Carson 等（2007）的研究表明，团队成员有共同目标感，能感受到社会支持

① Smith K. G. , Smith K. A. , Olian J. D. , et al. . Top management team demography and process: The role of social integration and communication ［J］. Administrative Science Quarterly, 1994, 39 (3): 412 -438.

② 杨雷等．群体决策的跨文化研究［J］．决策探索，1996（7）：16 -17.

③ 卢相毅．虚拟群体决策支持系统——理论、模型与实验［D］．西安交通大学博士学位论文，1999.

④ Nitzan S. , Paroush J. . Collective decision making: An economic outlook ［M］. Cambridge: Cambridge University Press, 1985.

⑤ 李向军．群体决策中的一致性若干问题研究［D］．西安电子科技大学硕士学位论文，2004：12.

⑥ Stoner J. A. . Risk and cautious shifts in group decisions: The influence of widely held values ［J］. Journal of Experimental Social Psyehology, 1986 (4): 442 -459.

（团队成员对其他成员提供的情绪和心理支持），团队内部有建言（团队建设性变革导向的沟通）氛围以及团队领导的教练氛围有助于群体决策。当团队有共同目标并且采取措施确保团队目标实现，团队成员感知到他们会更愿意与其他成员合作并承担责任。当团队成员被鼓励和支持，个人绩效和团队绩效被认可，团队成员会感受到他们的投入是值得的，他们就更愿意进行合作，并共担责任。当团队成员感受到团队的建言氛围，才能积极参与到决策活动中①。

群体决策的质量，DeSanctis 和 Gallupe 指出应考虑任务绩效和满意度，并在两者之间寻求均衡。其中，任务相关的变量有决策质量、决策速度、分析深度和一致性；与满意度相关的变量包括决策信念、过程满意度和决策满意度等②。

五、高管团队界定

针对企业 TMT 的研究很多，但学者们对 TMT 概念没有达成一个统一的、明确的定义。TMT 所包含的成员数量决定了研究中数据收集，以及解释变量测量的真实性和准确性，并最终影响研究结果的可靠性和科学性。但在实际操作中，TMT 成员构成的界定未能统一。

Cyert 和 March（1963）最早给高层管理者下定义，即高层管理者就是企业战略决策的主要制定者③。此后，高层管理团队的概念鲜见于 19 世纪 70 年代的战略管理文献。1984 年，Hambrick 和 Mason 在提出高阶理论的同时，给出 TMT 定义，即 TMT 是由公司总经理、副总经理和直接向他们汇报工作的高级经理组成的相关小群体。此后的学者们都沿着这一定义展开研究，确定 TMT 成员构成。Fredrickson 等（1984）将与企业 CEO 讨论，在关键经营决策中经常性发挥效用的经理人所组成的团队界定为高层管理团队④。Finkelstein 和 Hambrick（1990）界定 TMT 为所有加入董事会的高层管理人员。Keck 和 Tushman（1993）则把副总裁及其以上级别的管理人员定为高管团队成员。1992 年，Finkelstein 又进一步概括了 TMT 概念，将其界定为“处于企业最高层，拥有战略制定、决策与执行权，负责整个企业的组织与协调高层经理群体”⑤。Hambrick 等（1996）在探讨

① Carson J. B., Tesluk P. E., Marrone J. A.. Shared leadership in teams: An investigation of antecedent conditions and performance [J]. Academy of Management Journal, 2007, 50 (5): 1217 - 1234.

② DeSanctis G., Gallupe R. B.. A foundation for the study of group decision support systems [J]. Management Science, 1987, 33 (5): 589 - 609.

③ Cyert R. M., March J. G.. A behavioral theory of the firm [M]. Englewood Cliffs, NJ: Prentice Hall, 1963: 68 - 72.

④ Fredrickson J. W., Mitchell T. R.. Strategic decision process: Comprehensiveness and performance in an industry with an unstable environment [J]. Academy of Management Journal, 1984, 2 (27): 399 - 422.

⑤ Finkelstein S.. Power in top management teams: Dimensions measurement and validation [J]. Academy of Management Journal, 1992, 35: 505 - 538.

TMT 异质性对企业竞争活动影响时，将 TMT 界定为包括内部董事在内的，处于公司高层并从事关键活动的高层管理者，具体是指副总以上级别的经理①。后来的学者都没能突破这一界定，如 Boeker（1997）、Amason 和 Mooney（1999）将所有直接向 CEO 汇报的、直接向 CEO 负责的、直接参加企业的战略决策管理人员界定为高层管理团队成员。Finkelstein 等（2009）将 TMT 称为处于组织顶端，最具影响力的、直接向 CEO（或总经理）汇报的相对小群体。另外，随着高管薪酬研究的兴起，一些学者从薪酬角度对高层管理团队加以界定，即由公司创建者组成的（Kamm et al.，1990），由薪酬最高的前五名高管组成（Gelet - Kanycz，1997）。

在国外研究基础上，国内学者针对自己的理解对 TMT 加以界定。从他们对 TMT 的界定可看出，成为 TMT 成员所必备的前提条件是：其一，必须参与企业战略决策或重大经营决策；其二，处于公司最高层；其三，具有副总及以上头衔。孙俊华和贾良定（2009）强调高层管理者是企业战略决策最主要的发起者和主导者，他们的战略活动对组织的生产和管理活动有显著影响。

表 2 - 1 国外学者对高管团队成员的界定

研究者	高管团队成员界定
Hambrick 和 Mason（1984）	总经理、副总经理和直接向他们汇报工作的高层经理组成的相关小群体
Finkelstein 和 Hambrick（1990）	加入董事会的高层管理人员
Keck 和 Tushman（1993）	副总裁及其以上级别的管理人员
Wiersema 和 Bantel（1992）	董事长、总裁、首席执行官、执行副总裁、副总裁
Sutcliffe（1994）、Boeker（1997）	直接向 CEO 汇报、直接向 CEO 负责、直接参加企业战略决策的管理人员
Krishnan 等（1998）	总裁、首席执行官、首席运营官、首席财务官及下一个层次的最高级管理人员
Tihanyi 等（2000）	董事会主席、副首席、首席执行官、首席运营官、副总裁和执行副总裁
Smith 等（2006）	主要对战略负责的关键高层管理者群体
Finkelstein 等（2009）	处于组织顶端，最具影响力的、直接向 CEO（或总经理）汇报的相对小群体

资料来源：作者整理。

① Hambrick D. C.，Cho T. S.，Chen M. J.. The influence of top management team heterogeneity on firms' competitive moves [J]. Administrative Science Quarterly，1996，4（41）：659 - 684.

表2-2　国内学者对高管团队成员的界定

研究者	研究样本	高管成员界定
魏立群和王智慧（2002）	上市公司	首席执行官、总经理或者总裁、副总经理或副总裁、总会计师、首席财务总监等头衔的公司高级管理人员
赵峥和井润田（2005）	无	CEO、总经理、以及直接向他们报告的高级经理，团队规模3～10人
张平（2006）	上市公司	副总裁、副总经理、总工程师、总会计师、总经济师等以上头衔的高级管理人员
陈立梅（2007）	无	董事会主席和副主席，首席执行官和首席经营主管、总裁、资深副总裁和执行副总裁等
孙海法等（2006）	纺织和信息技术上市公司	董事长、总经理、副总经理、总经理助理、各职能部门经理在内的高层决策者
中华人民共和国公司法	上市公司	经理或副经理、财务负责人、上市公司董事会秘书和公司章程规定的其他人员
陈晓红、张泽京和曾江洪（2006）	中小上市公司	董事长、总经理、董事和独立董事、副总经理、财务总监及监事等高级管理人员
谢凤华、姚先国和古家军（2008）	民营企业	CEO、总经理以及直接向他们汇报工作的高级经理
林新奇和蒋瑞（2011）	房地产上市公司	董事长、董事（不包括独立董事）、总经理、副总经理、财务总监、董事会秘书等高级管理人员
张进华和袁振兴（2011）	制冷企业	由总经理确定
何霞和苏晓华（2012）	高新技术上市企业	董事会成员、监事会成员以及其他高级管理人员

资料来源：作者整理。

从上述国内外研究来看，对高管成员确定主要有四种方式：一是通过文献梳理，按照高级管理人员的头衔和职位，判断哪些成员应纳入TMT范围。或者直接把参与战略决策的副总及以上的所有高管作为研究对象；二是通过与CEO的访谈或问卷调查，让CEO确定参与企业战略决策或重大经营决策的高层管理者有哪些，从而确定TMT成员（Fredrickson，1984）；三是以高管的薪酬水平为评判标准，将领取薪酬最高的前五名高管作为TMT成员；四是直接采纳上市公司对高管的界定来选取样本（上述几种界定方法见表2-3）。在此基础上，本研究将TMT定义为能够参与企业经营决策与战略决策的制定与实施，对整个企业的组织、协调和经营管理具有很大的决策权和控制权的高层管理者团体，包括董事长、总经理、首席执行官、各部门总监（如财务总监、人事总监、销售总监）、党委正副书记（特指国有企业）等。团队成员具有共同的目标与愿景，知识与技能互补，相互协作，其规模取决于企业规模，一般为3~13人。

表2-3 高管团队成员的界定方式和内容

界定方式	内容	研究者
文献研究	高级管理人员的头衔和职位	Carpenter 和 Fredrickson（2001）、Hambrick 等（1996）、Amason 和 Mooney（1999）、赵峥和井润田（2005）
	直接参与战略决策的副总裁及以上的所有高管	
与CEO访谈或问卷调查	CEO确定哪些管理者参与了企业的战略决策	Bocker（1997）、Smith 等（1994）、Knight 等（1999）、Iaquinio 和 Fredrickson（1997）、Eisenhart 和 Schoonhoven（1990）
薪酬水平	领取薪酬最高的前五名高管	Kamm 等（1990）、Gelet（1997）
上市公司的界定	采纳上市公司对高管的定义	Elron（1997）、Murray（1989）、张平（2006）、李华晶和张玉利（2006）

资料来源：张平．我国上市公司高层管理团队异质性与企业绩效的关系研究［D］．华南理工大学博士学位论文，2006：5.

第二节 高管团队特征综述

一、高管团队背景特征及其异质性的界定

（一）TMT背景特征及其异质性的理论来源①

Hambrick 和 Mason 在提出高阶理论时，指出决策者总是把反映认知和价值、经验和能力的特征带入决策。决策信息会被决策者的认知和价值过滤后，才被选择。他们认为TMT人口统计特征决定了团队对组织环境的真实感知水平和面对复杂环境的决策力，进而影响组织的战略决策与执行。因此，他们把可见的TMT人口统计特征（很多学者简称为TMT特征）：包括背景特征（如年龄、职业背景

① 这里异质性是来自高阶理论的一个特定概念，是相对同质性而言，也有学者称之为多样性。

和教育等）及异质性，视为高层管理者的认知和价值的反映，并将 TMT 特征（包括背景特征及异质性）与组织结果（包括战略及其效果）建立联系（见图 2－1）①。在高阶理论框架中，TMT 可见的背景特征比心理特征更为重要，前者可以解释后者（诸如个人信仰、价值观等），大量实证研究证明了此结论（Dearborn et al.，1958；Kahalas et al.，1979；Walsh，1988）。后续的研究者都在这一理论框架的基础上，建立 TMT 特征与各种组织结果间的联系。

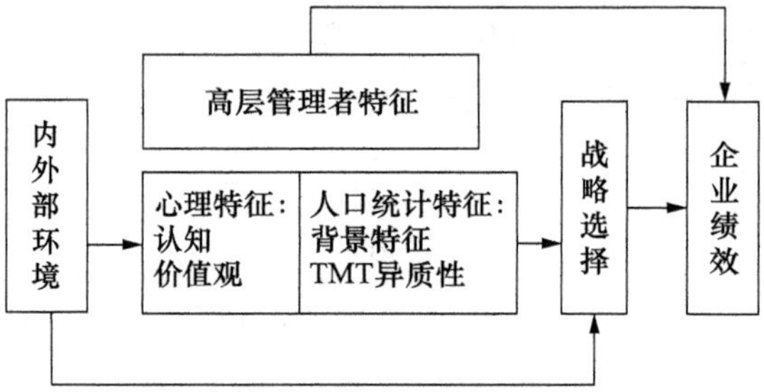

图 2－1　高阶理论研究框架

（二）异质性概念内涵

对于高阶理论中异质性的理解，学者们给出解释。Jackson 等（1991）将异质性定义为一个社会单元中群体成员所表现出的差异。McGrath、Berdahl 和Arrow（1995）则认为异质性是两个或两个以上的人所组成的团队，其团队成员在人口统计变量上体现出的不同特征②。Blau（1977）将它定义为"某一群体在人口统计特征上的差异程度"。Jackson 等（1993）在之前研究基础上又将异质性重新定义为"行为者对于某些属性的不同偏爱程度"。Katzenbach 和 Smith（1993）定义了创业团队的异质性，即由少数成员组成的团队，每个人的特点、技能与想法的不同，并且能够对团队目标与绩效产生影响的因素集合。John（1995）认为，异质性是指团队整体特性，为呈现这种性质，团队要着重吸收具有不同特质的成员进入团队。这种特性体现在团队领导者拒绝平庸、拒绝同质化严重的团队的想法。同时，这种异质性会充分激发团队成员的潜能与积极性。Mcgrath 等（1995）指出，团队异质性是团队成员在人口统计学变量上呈现出的各自不相同的特性。Carpenter 等（2004）将 TMT 的异质性定义为团队成员之间人口特征差异，成员

① Hambrick D. C.，Mason P. A.. Upper Echelons：The organization as a reflection of its top managers［J］. Academy of Management Review，1984，9（2）：193－202.

② McGrath J. E.，Berdahl J. L.，Arrow H.. Traits，Expectations，culture and clout：The dynamics of diversity in work［J］. American Psychological Association，1995：17－45.

因性格、认知、经历、经验、专业不同而形成知识的互补和知识的汇集，以及团队成员之间的“合作专用化”特征。

王道平等（2004）认为，团队同质性是指团队成员在年龄、能力和知识等方面比较接近，而异质性指的是团队成员在能力、年龄和知识等方面的迥然不同。张平（2006）则定义为团队成员间背景特征以及重要的经验、价值观及认知观念的差异化。刘嘉、许燕（2006）指出异质性又称多样性，通常指的是团队中成员的特质（Attribute）如性别、年龄、受教育程度、性格特征、工作年限等的差异程度大小。一般而言，TMT的异质性是指TMT各种不同人口统计特征的总体构成[①]，也即团队成员之间人口特征差异，如年龄、认知、学历、专业、经验不同而形成知识的互补和知识的整合[②]。

团队异质性包括多个维度，研究者根据不同标准，分类不尽相同。大多数学者将其分为两类（Jackson et al.，1996；Maznevski，1994；Pelled，1996；Tony，1999；Jackson，2003；Susan and Apama，2003），还有学者分为三类（Prendergast and Stole，1996；Jehn，1997；Simons，1999；Bunderson and Sutcliff，2002）。

根据可观察的难易，Jackson等（1996）将TMT异质性分为易观察特质（即外部）的异质性和深层特质（即内部）的异质性。其中，外部异质性是指TMT的年龄、性别、种族、教育水平和职业背景等可见的差异性；内部异质性是指TMT的人格、价值观、偏好和态度及信念等方面的不同。Milliken和Martins（1996）对在1989~1994年管理研究期刊上排名前13位的杂志中有关异质性的文献归纳总结后，指出应将异质性的14个维度分为易观察的异质特征和不易观察的异质特征两类，他们的分类标准得到一致认可。易观察的异质特征，包括种族、国籍、年龄、性别；不易观察的异质特征，包括技术能力与知识（教育背景、职务背景、职业背景、产业经验及组织成员地位）、任期和价值观（人格、文化价值观、社会经济背景）等。Pelled（1996）从异质性变量的外显程度，将异质性特征分为两类，一类是显性特征变量，包括年龄、性别、种族等；另一类是隐性特征变量，包括教育水平、专业、任期、文化、经验等。

Maznevski（1994）把团队异质性分为角色相关和内在固有特质的异质性两个部分。角色相关异质性是指每个团队成员可以有多重身份与角色，如在职业和团队中的职务、专业知识，在家庭中的角色等外在的属性；固有特质的异质性，

---

① Amason A. C. . TMT demography, conflict and (effective) decision making: The key role of value congruence [C] . Academy of Management Proceedings, Academy of Management, 2010, 1: 1 –6.

② Carpenter M. A. , Geletkanycz M. A. , Sanders W. G. . Upper echelons research revisited: Antecedents, element, and consequences of top management team composition [J] . Journal of Management, 2004, 30 (6): 749 –778.

既包括性别、年龄、国籍等人口统计学常用指标，也包括文化水平、工作能力、人格特质等深层次的特征。他指出固有特性的异质性不易被发现，这两类异质性具有相关性。年龄、人格特质及信息处理方式相似的成员，常会倾向于选择近似的职业或组织职务，因此在角色异质性方面具有类似性。

根据团队异质性与工作的相关程度，Tony（1999）将其分为非工作性的团队特征，如年龄、性别等；工作性的团队特征，如职业经验、教育类别等。Pelled（1999）将团队异质性划分为低工作相关的特质和高工作相关的特质。低工作相关的特质是指与团队任务相关性不显著，更多的是与团队的内部非客观任务和社会关系相联系的特质，包括性别、年龄、种族等；高工作相关的特质是指与团队的工作任务有较强的相关性且对绩效影响较大的特质，包括职能背景、工作经验、教育水平等。Susan 和 Apama（2003）则依据创业团队组合动机的不同，把团队异质性分为任务取向的异质性和关系取向的异质性。其中，任务取向的异质性指的是创业团队工作中所需要的与知识和技能等能力相关的异质性，如教育水平、职能背景、工作经验等；关系取向的异质性则依据人口统计学的标准，包括团队成员性别、年龄、种族等方面。关系取向的异质性主要影响人际关系的形成，但通常与绩效之间没有直接的相关关系。

根据异质性特征之间的相互关系，Kilduff（2000）将异质性分为前因变量与自变量。前因变量包括年龄、任期、教育、文化等；自变量包括认知特性和行为特性等。Jehn（1997）、Simons（1999）及 Bunderson 和 Sutcliff（2002）都将团队异质性分为三类：信息异质性、社会类别异质性和价值观异质性。其中，信息异质性指的是个体的知识基础与观点的差异程度，包括教育背景、专业知识、经验等；社会类别异质性是指人口统计学特征上的差异性，包括性别、民族和种族等；价值观异质性指的是团队成员对团队目标、任务的不同看法和观点。但他们的结论不同，Jehn 发现信息异质性显著正向影响团队绩效，信息异质性和社会类别异质性对团队氛围影响显著，而价值观异质性将削弱团队的凝聚力，减少团队成员的满意度。Bunderson 和 Sutcliff 研究结果表明信息异质性在不同研究中，由于所用的绩效评估方法和研究对象不同，可能得出不同的结论。

按照异质性测量的难易程度，Jackson（2003）将异质性分为外部异质性与内部异质性。其中，外部异质性是指团队成员的易观察和测量的人口统计学特征，包括性别、年龄、种族、职能背景、教育水平等；内部异质性是与外部异质性相反的，不易被观察和判断的成员特征，包括认知、价值观、生活工作态度等。他通过这一分类发现两类异质性对团队创业过程与创业绩效的影响不同。

Prendergast 和 Stole（1996）分别探讨了年龄、兴趣和价值观异质性。他们认为团队成员间的异质性会造成团队内成员的不同价值观和兴趣点的碰撞，激发团队成员的工作热情和创新，有利于团队整体的发展。Zierman（2008）指出团队异质性应包括职能背景、教育背景、任期和年龄等维度。其中，职能背景主要以财务、人力资源、经理、市场营销等方面来进行考察（Murry，1989）；教育背景异质性主要以创业团队成员的最高学历来考察；任期异质性则着重研究创业团队成员加入团队的时间。

表 2-4 异质性分类

分类标准	研究者	类别	指标
可观察的难易	Jackson 等（1996）	易观察特质	年龄、性别、种族、教育水平、职业背景
		深层特质	人格、价值观、偏好、态度、信念
	Milliken 和 Martins（1996）	易观察特质	种族、国籍、年龄、性别
		不易观察特质	技术能力与知识、任期和价值观
	Pelled（1996）	显性特征变量	年龄、性别、种族
		隐性特征变量	教育水平、专业、任期、文化、经验
与工作的相关程度	Tony（1999）	非工作性的团队特征	年龄、性别
		工作性的团队特征	职业经验、教育类别
	Pelled（1999）	低工作相关的特质	性别、年龄、种族
		高工作相关的特质	职能背景、工作经验、教育水平
	Susan 和 Apama（2003）	任务取向异质性	教育水平、职能背景、工作经验
		关系取向的异质性	性别、年龄、种族
异质性特征之间的相互关系	Kilduff（2000）	前因变量	年龄、任期、教育、文化
		自变量	认知特性和行为特性
	Jehn（1997）、Simons（1999）、Bunderson 和 Sutcliff（2002）	信息异质性	教育背景、专业知识、经验
		社会类别异质性	性别、民族和种族
		价值观异质性	不同观点、看法
其他类型	Maznevski（1994）	角色相关异质性	职务、专业知识、在家庭中的角色
		固有特性的异质性	性别、年龄、国籍文化水平、工作能力、人格特质

资料来源：作者整理。

（三）TMT 背景特征及异质性界定

国家不同、地区差异，使得各地区的文化、教育和经济发展程度都有所不同，TMT 人口统计特征呈现也不尽相同。当然研究者根据研究侧重点不同，会选择适合的 TMT 特征维度。Wiersema 和 Bantel（1992）在探讨 TMT 人口统计特征与公司战略变革时，选取背景特征和异质性两方面来讨论它们对公司战略变革的影响。其中，背景特征包括年龄、组织任期、团队任期、教育水平和技术专业；异质性指年龄、教育专业、团队任期和组织任期的异质性（如图 2 -2 所示）①。

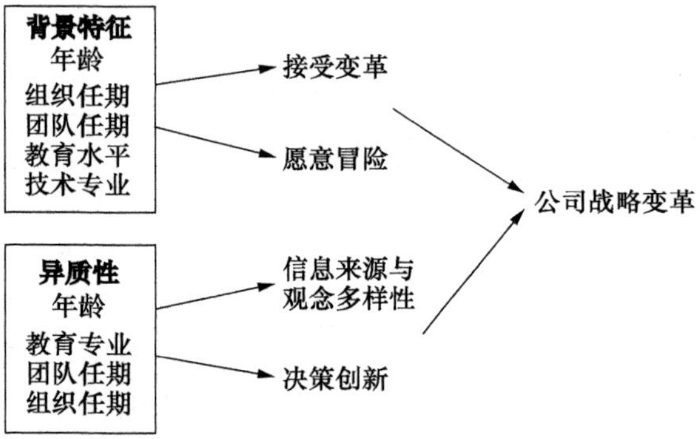

图 2 -2　Wiersema 和 Bantel 高管团队特征的选取

从上面异质性分类（见表 2 -4）及国内一些杂志《管理学报》、《南开管理评论》、《自然辩证法通讯》关于 TMT 特征研究及其实证研究中可看出，学者们依然遵循高阶理论的框架，同时探讨 TMT 背景特征及其异质性。只是在具体各个特征变量的选择上会有所不同。魏立群、王智慧（2002）将 TMT 的特征归纳为成员的平均教育水平、平均任期、平均年龄以及这些变量的异质性②。

焦长勇和项保华（2003）在总结 TMT 人口统计特征与战略效果关联关系时，界定 TMT 平均年龄、平均受教育程度、平均任期、国际经验、年龄结构差异、任期差异、受教育程度差异和职业背景差异等为研究变量③。

王道平与陈佳（2004）在研究 TMT 异质性对企业绩效的影响时，用受教育水平异质性、工作经验与背景异质性以及团队任期异质性等指标来衡量异质性。

孙海法等（2006）运用纺织业和信息技术业上市公司的数据，实证高管团队人口统计特征对纺织和信息技术公司经营绩效的影响，他们选取高管团队特征的

① Wiersema M. F., Bantel K. A.. Top management team demography and corporate strategic change [J]. Academy of Management Journal, 1992, 35 (1): 93.

② 魏立群，王智慧. 我国上市公司高管特征与企业绩效的实证研究 [J]. 南开管理评论，2002, 5 (4):16 -22.

③ 焦长勇，项保华. 企业高层管理团队特性及构建研究 [J]. 自然辩证法通讯，2003, 25 (2): 57 -60.

基本变量和异质性变量两部分作为自变量，把这些变量放在一个框架下进行探讨。其中，基本变量包括高管团队的规模、平均年龄、平均受教育程度、平均任期。异质性变量包括年龄、受教育程度、任期、职业背景异质性（见图2－3）。

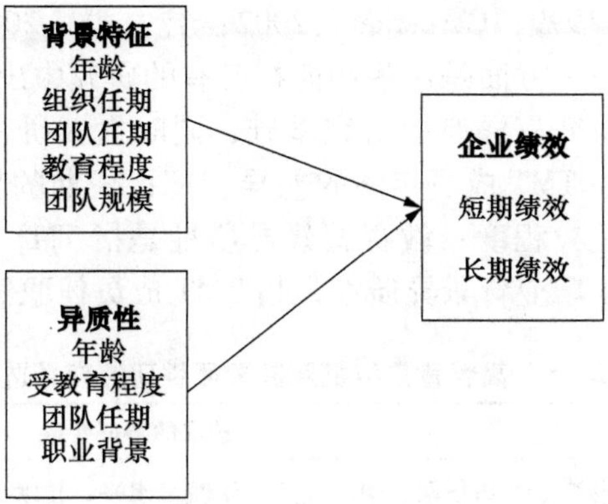

图2－3 孙海法等高管团队人口统计特征选取

胡蓓和古家军（2007）选取民营企业为样本，建立TMT的平均任期、平均受教育水平和平均年龄对战略决策影响的分析模型①。

贺远琼和杨文（2010）研究TMT特征对企业多元化战略影响时，使用平均年龄、平均受教育水平、TMT规模、平均任期及年龄异质性、任期异质性、教育背景异质性和职能背景异质性等特征②。

从上述可看出，学者们在研究TMT特征与组织结果的关系时，在关注TMT背景特征的同时也把异质性作为自变量一起探讨。而且我们发现，TMT背景特征与异质性并不是一一对应的，也就是说比如有平均年龄，就一定有年龄异质性。还有一些学者（Carpenter，2002；Keck，1997；Stewart，2006）指出由于TMT面对的是动态战略，他们的教育、职业背景和任期比年龄更重要。前者是认知的重要源泉，也是应对复杂多变环境的主要有利因素。

本书参考Hambrick、Wiersema和Bantel及其他学者的称法，将高管团队人口统计学特征简称为高管团队特征，包含高管团队背景特征和异质性。本书选取的TMT背景特征有年龄、团队任期、团队规模及受教育水平等。异质性特征选取的是

① 胡蓓，古家军．企业高层管理团队特征对战略决策的影响［J］．工业工程与管理，2007，5：89－94.

② 贺远琼，杨文．高管团队特征与企业多元化战略关系的Meta分析［J］．管理学报，2010，1（7）：91－93.

年龄异质性（Tihanyi et al.，2000；Wiersema and Bantel，1992）、任期异质性（Carpenter and Fredrickson，2001；Johnson et al.，1993）、教育背景异质性（Eisenhardt and Schoonhoven，1990；Smith et al.，1994）以及职业背景异质性（Carpenter，2002；Hambrick et al.，1996），并把它们作为衡量异质性的主要指标（Hambrick，1996；Knight，1999；Carpenter，2002；魏立群，2002；古家军，2008）。之所以选取这些特征，一方面是这些特征在已有的研究中出现的频次较高，另一方面是对这些特征的研究有深厚的研究基础，同时也被研究者证实了其合理性。这里，年龄的异质性指 TMT 成员年龄的差异程度；任期的异质性是指 TMT 成员在本企业工作时长的差异程度；教育背景异质性是指 TMT 成员教育学历和所学专业方面的差异程度；职业背景异质性是指 TMT 成员任职经历的差异程度。

表 2－5　高管背景特征及其异质性研究变量选取

研究成员和年份	选取的特征变量
Wiersema 和 Bantel（1992）	年龄、组织任期、团队任期、受教育水平、技术专业、年龄异质性、教育专业异质性、团队任期异质性、组织任期异质性
Bantel 和 Jackson（1989）	受教育水平、平均年龄、平均任期和年龄异质性、任期异质性、教育背景异质性和职业背景异质性
Michel 和 Hambrick（1992）	团队平均任期、任期异质性、职业背景异质性
Daboub 等（1995）	职业背景、教育、年龄和职业背景异质性、年龄异质性、教育水平异质性
Tihanyi（2000）	平均年龄、精英教育水平、平均任期、平均国际经验、年龄异质性、任期异质性、教育专业异质性和职业背景异质性
Goll 等（2008）	年龄、任期、教育和职业背景异质性
Herrmann 等（2005）	受教育水平、任期、年龄、职业背景、国际经验
魏立群和王智慧（2002）	团队规模、平均年龄、年龄多元化、教育背景多元化、职业来源多元化、团队经验
焦长勇和项保华（2003）	平均年龄、平均受教育程度、平均任期、国际经验、年龄结构差异、任期差异、受教育程度差异、职业背景差异
胡蓓和古家军（2007）	平均任期、平均受教育水平、平均年龄、年龄差异、任期差异、教育水平差异
姚振华和孙海法（2010）	任期、团队规模、受教育程度、最高学历异质性、工作经历异质性、任期异质性等
贺远琼和杨文（2010）	平均年龄、平均受教育水平、团队规模、平均任期及年龄异质性、任期异质性、教育背景异质性和职能背景异质性

资料来源：作者整理。

二、高管团队的背景特征研究回顾

团队个性构成对团队运作的影响是组织行为研究的重要对象，也是团队运作研究的重要主题（Moynihan and Peterson，2001）①。Hambrick 和 Mason（1984）指出基于可见人口统计学特征变量测量的心理和认知对团队的过程和决策是至关重要的。Mintzberg（1973）表明这种认知和心理在很大程度上决定了管理者的决策效果。Tihanyi（2000）指出尽管学者们选取 TMT 不同特征为研究对象，但一致的结论是：决策主体的特征，通过他们的决策影响组织成功。Hambrick 等（2005）证实高层管理者在强烈的工作要求下所做的决策，会显著反映他们的职业背景、受教育水平、年龄和任期。Preffer（1983）指出，使用可观察到的管理者特征，可以帮助克服主观研究的局限性，如测量误差、概念化的差异和低水平的解释方差。这些都为本书探讨 TMT 特征与决策效果的关系提供了理论基础。后续的一系列研究证实高层管理者的特征对战略决策效果有显著影响。

（一）年龄

年龄是与预测非工作经验相关的重要人口背景特征变量。现有研究基本是依据管理者年龄惯有的优势和劣势来得出结论。年轻管理者的优势是：具备旺盛的精力和体力，快速的反应能力和较强的学习能力，他们更乐于主动接纳新鲜事物、新颖的思想及新的行为方式，更喜欢尝试探索、创新和冒险。许多研究者就此探讨了 TMT 成员年龄对决策行为的影响。

Wiersema 和 Bantel（1992）发现越年轻的 TMT，越倾向于战略变革和风险决策，越容易适应环境的变化（Hambrick and Mason，1984），对环境和技术变化的感知能力强。尤其在超竞争的市场环境下，平均年龄低的 TMT 自信心强，能抓住战略机会，从而使得企业可以抢占战略布局优势（孙海法等，2006；Tihanyi and Ellstrand，2000），推进企业的国际多元化经营的进程（Tihanyi and Ellstrand et al.，2000）②。

Wiersema 等（1992）在研究美国银行高管时，指出年轻的 TMT 倾向于战略变革。尽管年龄低的管理者由于其自身的优势能够促进企业的增长，但年轻的管理者尚未累积丰富的管理经验，工作满意度低而且不稳定，这导致了企业销售收入的波动（Halt and Mellors，1970；Child，1975）。Tihanyi 等（2000）对 146 家国际化企业进行调研后发现，TMT 平均年龄与组织的国际扩张程度显著负相关。

---

① Moynihan L. M.，Peterson R. S.. A contingent configuration approach to understanding the role of member personality in organizational groups［J］. Research in Organizational Behavior，2001，23：327－378.

② Tihanyi L.，Ellstrand A. E.，Daily C. M.，Dalton D. R.. Composition of the top management team and firm international diversification［J］. Journal of Management，2000，26（6）：1157－1177.

Taylor（1975）认为，随着年龄的增长，管理者的认知能力（如体力、逻辑推理能力和记忆力）逐渐减退，对变化的适应度逐渐降低。年长的管理者容易积淀形成思维定式，这使得他们对环境变化和信息的敏感度降低，削弱其整合信息和适应变化的能力。他们在决策前花大量时间收集和整合信息，相应也会延长决策的时间。因此，年长的管理者做决策更多地依赖过去所积累的经验，不愿意接纳新见解和新行为（Bantel and Jackson，1989），不愿创新。他们将财务安全放在首位，顾及职业安全，注重经济利益，倾向于制定保守战略，回避风险决策（Carlsson and Karlsson，1970），安于现状（Barker and Mueller，2002），这样会导致企业丧失更多机会。但他们工作满意度高，愿意保持工作及经济地位的稳定（Wiersema and Bantel，1992）。

年长的管理者的优势正如 Flood 等（1997）所指出的，年长管理者对企业风险决策的认识更为明确、清晰，在承担风险的考虑上更为成熟，深谋远虑（Flood and Fong Cher et al.，1997），经验更丰富。针对各持己见的上述结果，蹇明（2006）指出，年龄应以 56 岁为一个临界值，超过 56 岁，高管年龄对组织结果几乎没影响，56 岁及以下，高管年龄与组织结果呈正相关①。

（二）任期

任期反映了团队成员的自我选择过程，表明他们接受企业的准则和观点，愿意或被允许留在企业（Pfeffer，1983）。TMT 任期与团队的社会整合程度密切相关（O'Reilly et al.，1989），是决定团队成员间知识共享和认知传递的关键因素（Finkelstein and Hambrick，1996），对 TMT 识别外部机会和威胁的能力影响深刻（Sutcliffe，1994），进而影响企业的战略选择的改变（Wiersema and Bantel，1992），导致企业战略改变的幅度大（Wally and Becerra，2001）②。已有研究表明，团队任期与战略的持久性和抵制变革紧密相关（Finkelstein and Hambrick，1990；Grimm and Smith，1991；Wiersema and Bantel，1992）。高管任期长的优势是，随着任期时间增加，组织的凝聚力就会增强，就越容易形成基于理论、信念和过去经验的共同的认知模式及相似的技能（Michel and Hambrick，1992）。Bantel和 Jackson（1989）的研究表明，任期长的 TMT 会使得团队成员更加信任乃至认可企业价值观、文化、规范准则和战略内涵，更容易形成整体信念系统③，更加有利于制定国际化经营决策（Tihanyi et al.，2000）。

---

① 蹇明．我国上市公司高管人员报酬影响因素分析及实证研究［J］．软科学，2006，5：46－50.

② Wally S.，Becerra M.．Top management team characteristics and strategic changes in international diversification the case of US multinationals in the European community［J］．Group & Organization Management，2001，26（2）：165－188.

③ Bantel K. A.，Jackson S. E.．Top management and innovations in banking：Does the composition of the top team make a difference?［J］．Strategic Management Journal，1989，10（S1）：107－120.

但任期长的高管有可能会安于现状（Katz，1997），形成思维定式和圈内思维。他们更依赖组织模式和惯例，在制定战略决策时变得更加保守，并厌恶风险，抵制变革，他们更关注稳定和效率（Barker et al.，2002）。Michel 和 Hambrick（1992）认为团队任期越长，越容易在企业内部产生小团体，造成功能失调，TMT 成员间的互补优势被削弱，导致他们对已有战略行为过于依赖。Bantel 和 Boeker（1989）得出高管任期与企业战略变革负相关的结论。Bantel 和 Jackson（1989）证实，TMT 的长任期使得团队内部产生群体思维模式，排斥外部观点和意见。Athanassion（1999）指出高管团队成员的任期与他们所拥有经验和关系网络成正比，团队成员的任期将影响他们所提建议的重要程度和效用。Barker 和 Mueller（2002）指出，任期长的 TMT 对研发投资的创新战略热情不高，更倾向于强调稳定和效率①。

任期短的团队的劣势是因为时间短而限制团队成员间彼此了解和认识程度，未来得及建立有效沟通渠道，导致理解和共识很难一致。这使得他们在做决策时，无法将信号与噪声剥离开，提取有用信息有限，难以触及核心问题。同时，他们对环境的敏感度降低，容易错失发展机遇或及时回避风险，增加决策失误率，从而使企业陷入困境（Sutcliffe，1994）。任期短的优势是团队成员为证明自己而愿意承担风险，做出决策。

（三）团队规模

团队规模取决于团队成员的人数，团队规模是决定组织绩效的重要变量之一（Haleblian and Finkelstein，1993），与企业资源获得紧密相关。大规模团队的优势在于他们获取信息数量增多，可获得较多的能力与资源（Schoonhoven，1990；Manjuka et al.，1991），从而有助于提升团队成员的理解能力。同时，战略决策方案的可选择性增多，并能减少决策失误的概率②。Brunning 等（2007）认为 TMT 规模越大，越有可能采用新的战略，做出正确的战略决策。

Srivastava 等（2005）研究显示，规模大的 TMT 有可能成为先行者，即他们对新产品流动和定制的安排会很早，流动时间也快。同时，他们会拥有更为广泛的社会关系网络，能够实现从更广阔的领域中，为企业的战略决策搜寻信息③。

Haleblian 和 Finkelstein（1993）全面阐述了大规模团队的优势：一是吸收更

① Barker V. L.，Mueller G. C.. CEO characteristics and firm R&D spending [J]. Management Science, 2002, 48 (6): 782 - 801.

② Haleblian J.，Finkelstein S.. Top management team size, CEO dominance, and firm performance: The moderating roles of environmental turbulence and discretion [J]. Academy of Management Journal, 1993, 36 (4): 844 - 863.

③ Srivastava A.，Lee H.. Predicting order and timing of new product moves: The role of top management in corporate entrepreneurship [J]. Journal of Business Venturing, 2005, 20: 459 - 463.

多信息，增加信息来源数量，TMT成员越多，团队信息来源的数量越大；二是减少失误，在分析和讨论的过程中，参与的人员越多，企业改正判断失误的机会越大；三是在面对问题时，拓广视野宽度，提高对问题的理解能力；四是获得更多可供选择的战略决策方案。

当然，TMT规模越大，团队内部成员的非正式交流就会越少，团队内部出现交流和协调的障碍以及团队的内部整合程度就越低（Smith，1996）。而且规模越大的团队，其潜在的差异性就越大，组织结构越期待细化，团队的凝聚力和沟通强度会变得紧张。还会派生众多小团体，阻碍工作任务的完成。Sanders等（1998）研究发现，越多TMT成员参与公司决策，越会降低TMT解决复杂问题的能力和速度。

（四）教育水平

Wiersema、Bantel和Jackson（1992）以美国的制造业、银行业TMT为研究样本，探讨组织变革。结果发现，高学历的TMT在执行变革中更为成功。TMT学历水平越高，获得的有效信息就越多，会拥有更多的社会资本（Shipilov and Danis，2006）。高学历的高层管理者具备较强的学习能力、洞察力、辨别能力，能够沉稳冷静地面对剧烈变化的市场环境（Bantel et al.，1989）①，具备更强的环境适应能力及反应能力，并能进行理性决策。他们对企业战略变革发生更为敏感，对战略结果具有更高的预见力（Cho et al.，1994），勇于承担风险，愿意接受变革，在决策的制定和实施过程中积极创新。Smith等（1994）指出，个人的学历水平与灵活应变及信息处理能力呈正相关。Carmen和Ana（2005）研究表明，TMT平均正规教育水平与组织创新能力正相关。Pesel和Yang（2000）研究表明，平均学历程度高的TMT，聚集战略资源的效率会更高。

Hambrick（1984）和Bantel（1989）认为，TMT的受教育水平越高，越能拥有更高的探索信息的能力和水平，其制定的决策就更为全面，从而与组织的创新活动之间存在正相关关系。这是由于高管人员所接受的教育和学习使得他们具有识别和认知能力，能够更好地进行信息处理，把握创新的机会。当他们面对复杂环境和遭到竞争对手的攻击时，能够快速认清环境形势，并迅速做出反应（Hambrick，Cho and Chen，1996）。Goll和Johnson等（2008）研究表明学历高的TMT能够更多地容忍外部环境的模糊性，更有能力应对复杂情境。在动态不确定性环境下，高管团队的教育背景会显著正向影响差异化战略，有助于企业拓

① Bantel K. A.，Jackson S. E.. Top management and innovations in banking：Does the composition of the top team make a difference?［J］. Strategic Management Journal，1989，10（S1）：107－124.

宽战略边界，更易进入新的业务领域[①]。相反，受教育水平低的高管，在做决策时会受到自身知识结构的限制，可能很难识别和收集与决策相关的信息，难以在海量的信息中甄选出决策优化的信息。

高管成员选择专业类型受个性和偏好及环境的影响。TMT 成员先前的教育课程培养了其独特的认知结构及价值观，而这些又决定了他们的思维和行为方式，进而体现在专业技能上（Smart，1986）[②]。TMT 成员的专业背景会使他们不经意地将企业战略引至其擅长的专业领域。因此，专业背景是高层管理者制订和实施战略决策的基础。Grimt 和 Smith（1991）发现，具有 MBA 学位的高层管理者更愿意进行战略变革。Hitt 和 Tyler（1991b）则认为高层管理者的专业背景影响了他们对并购对象的评价及企业战略决策的制定[③]。

Michel 和 Hambrick（1992）研究表明，高层管理者的专业技能促使企业运作效率的提高。相对于非相关多元化企业，相关多元化的企业，主要影响其经营业务的是 TMT 成员的专业背景。管理人员的学位类型影响战略决策，某些专业领域更为明显，如具有科学和工程专业背景的管理者更关注流程、发明和持续改进。因此，TMT 内具有科学或工程专业背景的成员对战略变革有正向促进作用（Wiersema and Bantel，1992）[④]。

李华晶和张玉利（2006）在研究 TMT 特征与企业创新决策关系的实证研究中发现，TMT 中具有技术专业背景的成员越多，越利于企业创新决策[⑤]。

（五）职业背景

职业背景主要指高管成员所擅长的专业领域，包括对所从事工作的专业化程度和相关知识、技能的熟练掌握程度。团队研究证实职业背景能够反映团队成员在专业技能和经验的差异（Certo et al.，2006；Bunderson and Sutcliffe，2002；

① Goll I.，Johnson N. B.，Rasheed A. A.. Top Management Team Demographic Characteristics，Business Strategy，and Firm Performance in the US Airline Industry：The role of managerial discretion［J］. Management Decision，2008，2（46）：201－222.

② Smart J. C.. College effects on occupational status attainment［J］. Research in Higher Education，1986，24（1）：73－95.

③ Hitt M. A.，Tyler B. B.. Strategic decision models：Integrating different perspectives［J］. Strategic Management Journal，1991b，12（5）：327－351.

④ Wiersema M. F.，Bantel K. A.. Top management team demography and corporate strategic change［J］. The Academy of Management Journal，1992，35（1）：91－121.

⑤ 李华晶，张玉利. 高管团队特征与企业创新关系的实证研究［J］. 商业经济与管理，2006，5（175）：9－13.

Bunderson，2003）①②③，决定了他们对企业战略重点的不同认知、风险偏好程度，继而影响整个 TMT 的团队效能和所采取的战略类型（Hambrick and Mason，1984）。高管从事某一职业时间的增加，会逐渐地适应该职业的工作需要，形成与之匹配的信息处理方式，从而越来越会从自己所从事职业的角度出发进行决策。

Hambrick 等（1992）将 TMT 成员的职业背景分为关键技能和补充、辅助性技能两类。其中，关键技能包括：生产、营销与管理，它们能提高企业的核心竞争力。而会计、金融及开发属于补充、辅助性技能。

Ocasio 和 Kim（1999）将职能背景分为四类：生产技术、营销和销售、财务、经营管理及其他。也有相当一部分学者将职能背景分为产出型（市场营销、销售和研发）和过程型（生产、财务、管理和会计）两类（Wiersema and Bantel，1992；Chaganti and Sambharya，1987；Norburn and Birley，1988；Finkelstein and Hambrick，1996），具有产出型背景的高管注重发现机会，乐于关注和了解技术方面的内容，他们的技术经验和营销经验与差异化战略正相关（Shrader and Siegel，2007），并根据外部市场的竞争性和消费者的需求调整产品和服务。因此，他们愿意加强产品和技术创新投入（Finkelstein，1993），倾向于创新战略，能快速回应环境的变化。

事实上，TMT 成员在关键技能（生产、技术和营销）和财务、法律等领域所积累的专业经验对高层管理者战略决策产生重要影响。实证结果表明，具备科研人员和技术专家身份的高管往往具有创新力，具有技术性背景（如工程师）的高层管理者更愿推进产品创新战略（Porter，1990）。学者们还得出具有财务背景的成员比例居多的高层管理团队，更愿意促进企业的多元化发展（Jensen and Zajac，2004）。但如果高管成员的任职过于单一，会限制他们的视野，不利于团队决策和组织绩效，若高层管理者始终在企业内部生产型部门任职，那么他们对外部市场和宏观环境有着认知的局限；若他们始终在产出型部门任职，则很难深刻了解企业内部的具体运作过程（Lee and Park，2006）。

三、高管团队异质性理论综述

目前，TMT 异质性对管理者行为的影响仍然是个未知数（Kilduff et al.，

① Certo S. T.，Lester R. H.，Dalton C. M.，et al. Top management teams，strategy and financial performance：A Meta－Analytic Examination［J］. Management Studies，2006，43：813－839.

② Bunderson J. S.，Sutcliffe K. M. Comparing alternative conceptualizations of functional diversity in management teams：Process and performance effects［J］. Academy Management，2002，45：875－893.

③ Bunderson J. S. Team member functional background and involvement in management teams：Direct effects and the moderating role of power centralization［J］. Academy Management，2003，46：458－474.

2000)[①]，但由于异质性是与群体现象最相关的一个群体结构维度（Jackson，1992），故而在展开高阶理论研究时就同时被研究者所关注，形成高管团队研究的新一轮研究趋势。

Priem 等（1999）认为 TMT 的人口统计学特征的异质程度对组织结果的贡献，是目前相关研究中最值得关注的内容。Jackson（1992）也指出异质性是与高管团队情景更相关的维度。事实上，贯穿于人口统计学变量的 TMT 异质性，在实证研究中已被证实与大多数的 TMT 战略决策行为相关。这个结论使得 Jackson（1992）提出了将异质性作为后续高管团队研究的杠杆支点（Fulcrum）。

Finkelstein 和 Hambrick（1996）将 TMT 的异质性研究上升到理论高度，视为基于价值观和认知观的人口统计学研究方法的重要补充。理由是：第一，与 Ashby' s（1956）多样性定律（Law of Requisite Variety）相一致，复杂战略和多界面环境使具有认知异质性的 TMT 成为主角；第二，异质性是 TMT 中的认知多样性的表征（Milliken and Martins，1996）。

关于 TMT 异质性的研究，学者们分别从社会认同理论（Social Identity Theory）和信息决策理论（Information and Decision - making Theory）角度加以阐释。他们对异质性的研究主要集中在异质性是否有利于团队决策以及异质性与战略的关系。

从信息决策理论角度，学者们认为异质性高的团队倾向于战略调整，善于制定更激进的战略决策。由于异质性高的高管团队可以扩充其整体战略认知基础，提高其接受和辨析外界信息的宽泛度和灵敏度，从而在同等的信息刺激强度下可甄别出重要信息，还可吸收内化多方面的信息和经验（Beckman，2006[②]；Beckman and Haunschild，2002[③]）。因此，这种多样性有助于高管团队克服信息过载及复杂性，减少阻碍全球化活动的内部短视现象（Ohmae，1989；Sanders and Carpenter，1998）。越是异质性的团队就越多元化，他们解决战略问题的想法越丰富（Hambrick and Mason，1984）。

Naranjo - Gil 等（2008）指出 TMT 的异质性是组织能够快速适应竞争挑战和复杂环境，成功进行战略重新定位的能力预警器[④]。Ferrie（2001）在定义企业

---

① Kilduff M. , Angelmar R. , Mehra A. . Top management team diversity and firm performance: Examining the role of cognitions [J] . Organization Science, 2000, 11 (1): 21 - 34.

② Beckman C. . The influence of founding team prior company affiliations on firm behavior [J] . Academy of Management Journal, 2006, 49: 741 - 758.

③ Beckman C. M. , Haunschild P. R. . Network learning: The effects of partners' heterogeneity of experience on corporate acquisitions [J] . Administrative Science Quarterly, 2002, 47: 92 - 124.

④ Naranjo - Gil D. , Hartmann F. , Maas V. S. . Top management team heterogeneity, strategic change and operational performance [J] . British Journal of Management, 2008, 19 (3): 222 - 234.

竞争战略序列时指出，团队异质性有利于企业竞争战略的频率，异质性高的团队首先青睐采用进攻型战略，这种类型战略的复杂性会随之提高，而它的持续时间则很短①。

李卫民（2009）通过对我国深沪两市的149家成长型上市公司数据进行实证分析，结果是年龄异质性、任期异质性、团队规模和职业经验异质性与企业战略类型的选择正相关。他指出具有相似的认知模式的团队能够更高效地采取措施应对外部环境的变化。

针对异质性团队的优势，有国外学者提出异议，认为异质性团队的劣势可能会超过和覆盖其优势（Williams and O'Reilly，1998）。其原因是异质性团队使得每个成员意见不一致，团队内部的矛盾上升，团队管理成本增加（如频繁处理团队内部的冲突等），有可能造成团队的不稳定性。因此，学者们认为异质性成为团队决策和信息沟通的阻碍力量（Labich et al.，1990；O'Reilly et al.，1993）。

Hambrick等（1996）研究表明，尽管异质性对竞争战略是重要的，为其提供多元化的分析视角，但易导致团队意见不统一和效率低下。异质性TMT比同质性TMT的行动缓慢，反应也较为迟钝，而且对竞争对手的主动攻击很少做出回击②，从而影响决策的速度和高竞争环境下的战略选择（Eisenhardt and Schoonhoven，1990）。同质性的团队在快速制定和执行决策方面具有优势（Eisenhardt and Schoonhoven，1990；Brown and Eisenhardt，1997）。

Pelled（1996）研究表明与工作相关的两个异质性特征——教育水平异质性和职业背景异质性，决定异质性引起冲突的强度。

Knight等（1999）在探讨TMT的多样性、团队过程与战略一致性时，选取年龄多样性、任期多样性、教育水平多样性和职业背景多样性。他们发现，教育水平多样性和职业背景多样性与战略一致性负相关，年龄多样性和任期多样性对战略一致性的影响不显著。由此他们认为越多样化的TMT，越不利于战略一致性，从而导致低的决策效果。因为战略一致性是TMT做战略决策的首要任务，也是战略成功实施的关键。

Kor（2003）验证基于经验多样性高管团队的能力影响创业企业持续增长时，得出"企业创始人加入TMT的情况下，经理人过去的经验以及TMT低的职业经历异质性，对创业型企业成长以及高的经营绩效有利"的结论。他还指明创业企业应学会平衡高管团队不同的管理经验水平，平衡方法是保留有价值的创始团队

① Ferrier W. J.. Navigating the competitive landscape: The drivers and consequences of competitive aggressiveness [J]. Academy of Management Journal, 2001, 44 (4): 858-875.

② Hambrick D. C., Cho T. S., Chen M. J.. The influence of top management team heterogeneity on firms' competitive moves [J]. Administrative Science Quarterly, 1996: 659-684.

的资源，避免特定团队经历和行业管理经验的高度共享①。

Maznevski 和 Distefano（2000）的研究表明，跨国企业 TMT 国际化背景同质性程度虽然很高，但企业经营绩效仅为中等水平；团队异质性高的企业的经营绩效两极分化，不是较好就是较差②。

Harrison 等（2001）表明，为创建有效的团队，要减小与任务相关（如教育学历异质性与职业背景异质性）的信念、态度和价值等的差异程度。

国内学者基于我国企业的样本也对 TMT 异质性进行研究，如白云涛（2007）等探讨了 TMT 风险偏好的异质性对战略投资决策的影响，陈忠卫等（2009）探讨了 TMT 特征变量异质性与集体创新能力及公司绩效的关系，指出集体创新能力在 TMT 异质性与公司绩效关系中起中介作用。相当一部分学者认为中国具有独特的国情，国内企业高管与国外企业高管差别很大。国外发达国家企业 TMT 成员异质性很大是不争的事实，由此得出的异质性有利的结论不一定适用于我国，国内学者进行了相应的实证研究（张平，2005；常极，2008；黄丹，2010）。

表 2－6　高管团队的异质性特征对不同组织结果的影响

年份	研究者	验证结果
1988	Norburn 和 Birley	高管团队异质性对企业决策的影响
1990	Priem	高管团队异质性对企业战略的一致性的影响
1990	Eisenhardt 和 Schoonhoven	高管团队异质性与企业增长率的相关性
1992	Finkelstein 和 Hambrick	高管团队异质性对企业战略多样化影响
1993	Wiersema 和 Bantel	高管团队异质性对企业组织变革的影响
1996	Snyder 和 Booth	高管团队异质性对企业适应性的影响
1997	Greening 和 Johnson	高管团队异质性与企业危机程度的倒 U 形关系
2000	Tihanyi	高管团队异质性对企业的国际化程度
2001	Ferries	高管团队异质性对企业竞争战略的影响
2003	Kor	高管团队异质性对创业团队绩效的影响
2004	Boone	高管团队异质性降低后续企业绩效
2006	Olson、Parayitam 和 Twigg	高管团队异质性对绩效的影响以创新和 M&A 为中介变量

资料来源：作者整理。

① Kor Y. T.. Experience－based top management team competence and sustained growth［J］. Organization Science, 2003, 14 (6): 707－716.

② Maznevski M. L., Distefano J. J.. Global leaders are team players: Developing global leaders through membership on global teams［J］. Human Resource Management, 2000, 39 (2－3): 195－208.

（一）年龄异质性

年龄异质性是对战略决策产生影响的重要人口特征因素之一（Tihanyi，2000）。不同年龄群组的人经历不同环境事件，这对他们的态度和信念的形成影响深刻（Naranjo－Gil et al.，2008）。已有的关于高管团队年龄异质性的研究，大多探讨其与企业决策行为的关系，但得出的结论却不同。

一个结论是：学者认为在高层管理团队内，年龄异质性越大，就越有可能造成团队成员间的冲突，甚至引发团队的分裂。也就是说，年龄异质性对组织决策行为、组织绩效会产生负向影响，并且一些实证研究也支持了这个结论。如Zenger和Lence（1989）证明了年龄异质性越大，项目团队内的技术交流就越少；Jehn等（1997）也指出团队年龄的差异增加了团队成员间的情感冲突，而年龄相近的人会有相似的经验，更易形成知识和信念的共享，团队在进行决策时拥有的信息、数量就越多，质量越高。

另一个结论是：研究者认为年龄异质性对团队的决策水平、企业绩效有显著的促进作用。因为年龄异质性大的团队成员具有不同的知识结构，所触及信息覆盖面广，促使成员间交流观点，团队成员更愿意接受变革，故这种团队的决策质量是较高的。同样，也有很多实证研究为这种观点提供了支撑。Cox（1994）指出年龄异质性团队由具有不同观点的成员组成，可以提高决策的质量。李芳英和庞荣辉（2008）认为由于不同年龄团队成员有不同特征，他们会考虑各方意见，使得最终制定的决策不会过于保守或冒风险，这就在一定程度上避免了决策的片面性，改善了决策质量。

有学者对上述观点做了总结，他们认为虽然年龄异质性在一定程度上，由于信息来源和知识面的扩大，对决策效果产生了一定促进作用；但是，当团队的年龄异质性过高时，由于冲突的升级，对团队决策质量会产生负向影响（Pelled，1997；Richard and Shelor，2002）。如Christian和Niels（2008）实证研究发现，团队的年龄异质性与公司绩效呈倒U形关系，年龄的异质性有最高值，处于这一点的公司绩效最好。这与Richard和Shelor（2002）同出一辙，他们也认为年龄异质性有临界值，小于或等于该值时，负向影响销售增长，一旦超过这个值，与销售增长正相关。

（二）教育背景异质性

教育背景异质性主要指教育学历水平和教育专业的多样性。教育课程选择与个体性格、态度和认知有关（Wiersema et al.，1993）[①]，故而专业背景决定了TMT在决策中的认知模式。教育学历水平和教育专业的异质性会导致不同的结

① Wiersema M. F., Bantel K. A.. Top management team turnover as an a adaptation mechanism: The role of the environment [J]. Strategic Management Journal, 1993, 14 (7): 485－511.

果：一是 TMT 成员的教育学历水平差异越大，团队成员越容易产生冲突，对于制定战略计划、战略程序和战略目标各持己见。贺远琼和杨文（2010）研究 TMT 特征与企业多元化战略关系的 Meta 分析时，指出教育学历异质性与企业多元化战略之间存在显著负相关关系①。Amason 和 Shrader（2006）证明了在高风险的情况下，教育学历水平异质性越大，企业成长能力越低，公司绩效越弱。二是 TMT 教育专业背景相差越大，获得信息越多，越有利于对信息的深层次理解和加工。Smith 等（1994，2005）认为教育专业背景的异质性有利于实现团队多元化信息的整合，加深对现象的理解，有利于提升战略决策质量以及组织绩效。教育专业的异质性越大的团队，获得的多元技能和观念越多，能从多种视角分析问题和解决问题，对战略制定和战略方案的设想也越多。Carpenter（2002）研究高层管理团队在企业国际化中的作用时指出，由多种专业人士组成的 TMT，经过共同讨论，能够对现有战略进行准确评价，可以产生多种备择的战略方案，并且可以全面地比较这些备择方案。Amason 和 Sapienza（1997）指出，高管成员教育背景的多样性促使他们可以从不同的角度来审视和分析一个复杂的问题，故有利于改善决策质量。

（三）团队任期异质性

TMT 任期是预测企业战略持续性的变量（Hambrick，1996），是管理者成为团队成员后工作的时间。任期影响管理者与团队其他成员的互动模式（Pfeffer，1983），与团队内沟通的性质和深入程度相关（Zenger et al.，1989）②。团队成员的任期异质性越小，成员脱离团队的概率就越小，团队的凝聚力就越强（O'Reilly，1989）。团队任期的异质性越大，TMT 打破所在企业原有管理模式可能性越大，企业战略改变幅度增大（Boeker，1997）③。Finkelstein 和 Hambrick（1990）研究了 TMT 的任期与组织绩效的关系，指出 TMT 的任期对团队信息的多样性，高层管理者对待风险的态度以及所承担的责任影响显著。由任期不同的成员组成的 TMT，具备丰富的社会经验及企业实践经验。这使得他们在进军国际化过程中，能够更好地控制潜在的风险和高度不确定性，不断推进企业的国际化经营。这表明 TMT 的异质性越高，企业的国际化程度越高（Tihanyi，2000）。

（四）职业背景异质性

高层管理者经常在某一特定的职能领域工作，就会积累较多的经验，逐步建

---

① 贺远琼，杨文．高管团队特征与企业多元化战略关系的 Meta 分析［J］．管理学报，2010，7（1）：91－96.

② Zenger T.，Lawrence B.．Organizational demography：The differential effects of age and tenure on technicalcommunication［J］．Academy of Management Journal，1989，32（2）：353－369.

③ Boeker W.．Strategic change：The influence of managerial characteristics and organizational growth［J］．Academy of Management Journal，1997，40（1）：152－177.

立起特殊的技术和认知模式。Finkelstein 和 Hambrick（1996）指出即使高层管理者处于所擅长的职能领域之外的管理位置，但长期职能领域的训练使他们能够解决自己所熟悉的问题。若 TMT 成员只在单一职能部门工作，他们积累的工作经验和对所从事职业的熟练程度可以帮助他们更好地完成常规性任务。但由于他们对外部环境理解是有限的，做决策时循规蹈矩，不能以宽泛的视角审视战略①。而且他们也容易形成思维定式和惰性，缺少创新的动力。由职业经验背景丰富的成员所组成的 TMT，能对外部环境进行全面的扫描，团队获得的信息要比个体获得的信息多得多（Weick，1987）。

在 TMT 决策中，职业背景的差异是处理复杂的、非结构化信息的先决条件（Hambrick，1995）。Hambrick 和 D'Avenil（1992）认为在复杂环境中，由于顾客群体的多样化和个性化需求的差异化，TMT 成员的多样化职业背景显得很重要。因此，规模较大的企业或多元化经营的企业，吸纳具备各种专业背景的成员是必要的。Bantel 和 Jackson（1989）考察了小型银行，在研究 TMT 组成特征异质性与战略的关系时发现，职业背景多样性的 TMT 成员能提升战略决策的质量。Lyon 和 Ferrier（2002）研究发现，TMT 职能背景异质性程度积极影响企业创新战略，TMT 成员差异化所带来的全面的认知使得战略变革取得成功，并能产生更为创新的战略决策②。李芳英和庞荣辉（2008）认为高管团队不同的职业经历有助于他们利用各自的技能和优势制定高质量的决策。

另外，由于团队成员观点和意见的不一致，职业背景异质性又阻碍团队过程和效能。Sutcliffe（1994）的研究发现，职业背景异质性越高，团队的对外界识别能力就越差，妨碍了团队成员间有效交流沟通。因此，TMT 职业背景异质性削弱了团队识别外部环境中机会的能力。职业背景异质性会激化冲突（Knight et al.，1999；Pelled et al.，1999），降低竞争的回应（Hambrick，Cho and Chen，1996），不利于战略决策，甚至危害绩效（Murray，1989；Simons，Pelled and Smith，1999）。有学者指出，TMT 职业背景的异质性过高会影响成员间的交流，过低会限制团队对外部环境的搜索、扫描及理解能力③。

由以上可看出，TMT 的异质性就是一把“双刃剑”，基于不同企业样本得出不同的结论。学者们大多针对 TMT 异质性与绩效进行直接线性研究，但 TMT 的知识结构是制定战略的基础，其异质性通过战略决策影响了企业业绩，因此，探

① 孙俊华，贾良定．高层管理团队与企业战略关系研究述评［J］．科技进步与对策，2009，26（9）：150－153.

② Lyon D. W.，Ferrier W. J.. Enhancing Performance with Product－Market Innovation［J］. Journal of Managerial Issues，2002，14（4）：452－469.

③ Sutcliffe K. M.. What exceutives notice：Accurate perceptions in top management teams［J］. Academy of Management Journal，1994，37（5）：1360－1378.

讨 TMT 异质性与战略决策效果间关系是十分必要的。

四、不同行业高管团队背景特征比较

有学者指出，在研究 TMT 人口统计学特征时，应考虑不同国家和地区的差异，Wiersema 和 Bird（1993）对日本企业人口特征的研究开启这一研究的先河。他们将结果与美国企业进行对比，研究发现不同民族文化背景下个体对人口特征差异的心理冲击感应是不同的。这引发学者们对不同地区、不同行业 TMT 人口统计研究的热潮。

郑蕾（2011）选取中国上市公司的数据，分别将房地产、信息技术和制造业作为劳动密集型、资本密集型和技术密集型行业的典型代表，对比研究三个行业人口统计学特征（TMT 团队规模、高管平均年龄、平均任期和学历水平）的不同①。2005～2009 年房地产高管团队规模基本呈上升趋势，2006 年有小幅下降，到 2009 年最高为 560 名。团队平均年龄也呈现稳步上升趋势，平均任期基本维持在两年左右。样本平均学历评分为 3.5，介于大学本科和硕士之间。信息技术行业高管团队规模基本维持在 590 人，到 2009 年团队规模最大。团队平均年龄逐步上升，平均任期在两年左右。样本平均学历评分为 3.5，但大学本科及以上学历人数比重较大。制造业的 TMT 团队规模基本上呈上升趋势，2008 年和 2009 年跨度较大。团队平均年龄逐年上升，平均任期为 2～2.5 年。从三个行业团队规模来说，规模较大的是制造业，房地产行业规模较小。从高管平均年龄来看，制造业高管年龄较大，房地产行业高管年龄偏小。从三个行业高管成员平均任期可看出，2005～2009 年都有小幅波动，房地产行业高管任期波动较大，信息技术行业较稳定基本上在两年，制造业高管任期较长。这与行业性质有关，制造业属于传统产业，人员流动性较小，高管年龄偏大。房地产行业人员流动性较大，高管变更相对较频繁，任期时间较短。

表 2－7　三个行业高管团队规模　（单位：人）

年份	房地产	信息技术	制造业
2005	525	592	619
2006	510	590	614
2007	522	592	617
2008	550	594	666
2009	560	615	657

① 郑蕾．上市公司高管团队对公司绩效的影响研究［D］．天津大学博士学位论文，2011.

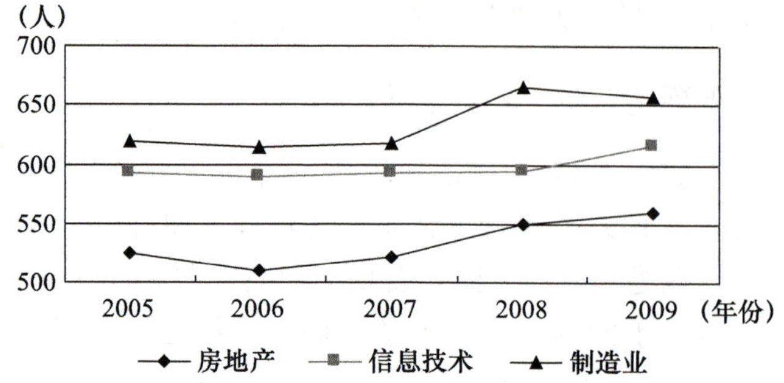

图 2-4　三个行业 TMT 团队规模

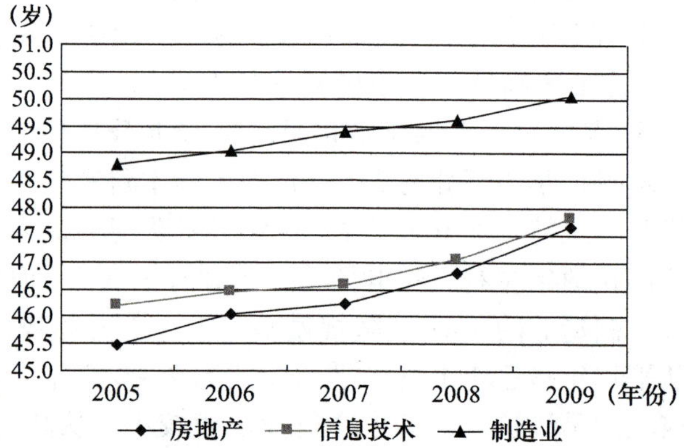

图 2-5　三个行业高管平均年龄

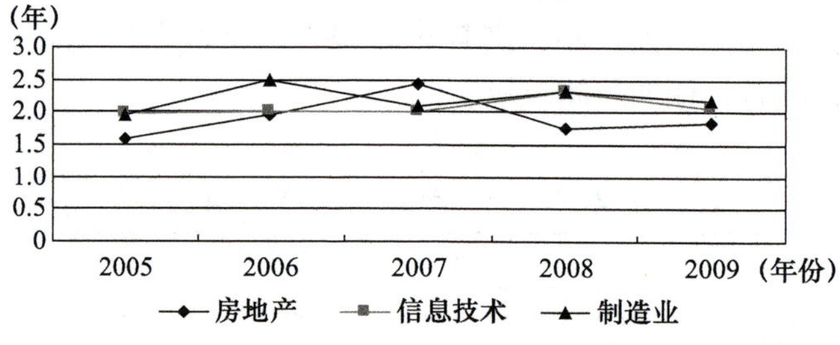

图 2-6　三个行业 TMT 平均任期

TMT 异质性特征方面，2005～2009 年，房地产行业高管年龄异质性和受教育水平异质性及专业异质性基本持平。制造业高管年龄异质性（其值从 0.17 到 0.42）和受教育水平异质性相差很大，专业异质性基本趋于同一值。信息技术行业高管年龄异质性（其值从 0.06 到 0.26）和受教育水平异质性（其值从 0.23

到0.74）及专业异质性都相差很大。

孙海法、刘海山和姚振华（2008）选取珠海党政、民企和国企227套828份问卷，大多来自中小型企业。比较三类组织的人口统计学特征，如团队规模、平均年龄、学历水平、工作经验和团队任期等。通过统计分析发现，民企团队规模较大，均值为6.63，国企团队规模较小，均值为4.08，这反映民企管理情景的复杂程度。党政团队的学历水平最高，本科学历以上的占79.2%，国企和民企分别为50.9%和56.9%。党政、国企和民企高管的平均工作经验分别为24.3年、26.2年和17.7年，可以看出民企用人较灵活。党政高管的平均年龄最大，但国企46岁以上高管所占比例较大，为69.1%，说明国企整体年龄水平偏大。国企高管组织任期较长，平均为11.16年，反映出国企人员流动性较低。

表2－8 党政、国企、民企人口统计特征

<table>
<tr><th colspan="2"></th><th>党政</th><th>国企</th><th>民企</th></tr>
<tr><td colspan="2">团队规模</td><td>4.85</td><td>4.08</td><td>6.63</td></tr>
<tr><td colspan="2">平均年龄（岁）</td><td>43.95</td><td>39.34</td><td>40.62</td></tr>
<tr><td colspan="2">组织任期（年）</td><td>7.2</td><td>11.16</td><td>6.53</td></tr>
<tr><td colspan="2">工作经验（年）</td><td>24.3</td><td>26.2</td><td>17.7</td></tr>
<tr><td rowspan="5">学历水平</td><td>高中及以下（%）</td><td>1</td><td>12.7</td><td>9.6</td></tr>
<tr><td>大专（%）</td><td>19.8</td><td>36.4</td><td>33.5</td></tr>
<tr><td>本科（%）</td><td>60.4</td><td>34.5</td><td>44.9</td></tr>
<tr><td>硕士（%）</td><td>16.4</td><td>16.4</td><td>10.8</td></tr>
<tr><td>博士（%）</td><td>2.4</td><td>0</td><td>1.2</td></tr>
</table>

五、对现有研究的评价

人口统计特征变量在TMT研究领域的研究意义不言而喻，各国学者主要研究了TMT某些人口统计特征与组织结果显著相关或统计意义上无关。

从20世纪90年代初起，学者们开始批判和反思传统的基于人口统计特征的TMT研究。Finkelstein和Hambrick在1996年发现，在探讨TMT人口统计特征的异质性和绩效之间的关系时，所得出的研究结论缺乏收敛一致性，由此对这两者之间直接的关系产生质疑。研究高管团队过程可以更好理解为什么、怎样做有效的战略决策（Carpenter et al.，2004；Peterson，Smith，Martorana and Owens，2003）。考虑到这些问题，本书引入行为整合为中介变量，考察TMT特征如何通过行为整合进而影响决策效果。

第三节　行为整合的相关文献综述

一、行为整合概念界定

TMT 中存在冲突和团队成员目标不一致，将影响团队效能。高管团队行为整合（Behavioral Integration）对于提高团队效能具有积极作用。有关 TMT 行为整合的实证研究更是打开高阶理论运作过程这一“黑匣子”的钥匙（Hambrick，2007）。首次对行为整合展开研究的是 Smith 等（1994），他们指出，人口统计特征直接影响公司绩效的可能性很小，要通过社会整合和有效沟通起作用。遗憾的是他们没有给出 TMT 行为整合的概念。

Hambrick（1994）发现一些高层管理团队实际上几乎没有团队的属性，而缺乏团队属性时，人口统计学特征也就失去了预测的意义。他围绕被分散团队过程要素，诠释了团队成员心理吸引的社会整合（O' Reilly，Caldwell and Barnett，1989）和关键团队特征（Smith et al.，1994）。这些要素包含反映感知、和谐关系的凝聚力、社会互动、成员间信息交换频率、数量及合作。他们将 TMT “行为整合”定义为聚合构念（Meta Constuct），指出行为整合具有紧密相互作用的特征，并由此产生开放的信息交换和基于决策的合作行为。这种衍生的共同决策来源于团队成员的高度承诺和凝聚力。他们认为行为整合是指 TMT 成员在思想和行动上参与的集体互动程度，这种互动包括信息交换的数量和质量、合作行为以及共同决策①。也就是说，一个行为整合的 TMT 能够共享信息与资源，并能共同决策。

Gillbert 等（1998）在研究组织信任培育时，确认行为整合所涵盖的基本内容，即重要信息共享、开放沟通、决策参与及情感的真实分享。

Simsek 和 Veiga（2005）表明，行为整合相对全面地反映团队整合能力，这种特征体现在相互联系的社会相关和团队任务相关的过程中，涵盖了“团队成员共同参与和集体互动的程度”（Hambrick，1994），并有针对性地提出行为整合的三个维度：合作行为、信息交换和联合决策。合作行为水平是属于社会维度，而信息交换的质量和数量及联合决策的制定，则强调的是任务相关维度。

2005 年后我国学者开始行为整合研究，他们对行为整合概念的表述并不完

① Hambrick D. C.. Corporate coherence and the top management team [J]. Strategy and Leadership, 1997, 5: 24-29.

全相同，成谨等称之为行为集成，姚振华等称之为行为整合，还有的学者称之为行为凝合。行为整合概念的提出为后续研究者所普遍接受。中国是一个高权利距、集体主义、母系文化（追求和谐发展）和低不确定性避免（倾向于通过改变自身行为来适应环境）的国家[①]。针对这一特点，姚振华和孙海法（2010）从中国情境出发，指明 TMT 行为整合不是团队呈现的表面和谐，背后的尔虞我诈。团队成员间也不仅是被动的相互合作、相互依赖。行为整合构念是“合而不同”与“不同而合”的辩证关系，重点在于“分享”[②]。TMT 行为整合的实质在于实现“1+1>2”的团队整合优势，以及团队成员分享信息和决策及资源的求同存异[③]。于是，他们将 TMT 行为整合定义为“TMT 成员积极主动地分享信息、资源和共同决策的行为过程”。

行为整合更加全面刻画了 TMT 过程，它是关于团队互动多种因素的整合（Barrick et al.，2007）[④]。因为它不仅包含被社会整合所刻画的社会倾向性，还囊括 TMT 情感倾向，而且更包含 TMT 任务和行为倾向（Simsek，2005），强调各维度的互补、整合与相互强化。基于 Hambrick 定义，本研究参考姚振华、孙海法（2010）的定义，将 TMT 行为整合定义为“TMT 成员主动积极地分享信息、资源，进行有效沟通，共同合作和参与决策的行为过程”。

二、行为整合的维度分析

Hambrick 在给出 TMT 行为整合概念的同时，也界定了行为整合的维度：合作水平、信息交换和决策参与。决策过程信息的充分分享和合作行为是 TMT 行为整合的最显著特点（Hambrick，1994、1995）。

学者们在此基础上展开行为整合的研究，并从理论上探讨这三个维度的重要性。Siegel 和 Hambrick（1996）认为这三个维度在团队的运作过程中是相互关联和加强的，能获得团队运作效率的整体效果，比单独研究其中的任一维度对团队运作的影响更有意义。

Mooney（2000）开发了行为整合的研究量表，实现了行为整合概念的可操作化，但遗憾的是未能被学界认可。

---

① 孙健，吴力文．中国文化对信息系统实施的影响［J］．科技管理研究，2004，2：85－86.

② 姚振华，孙海法．高管团队组成特征与行为整合关系研究［J］．南开管理评论，2010，13（1）：15－22.

③ 姚振华，孙海法．高管团队行为整合的构念和测量：基于行为的视角［J］．商业经济与管理，2009，12：28－36.

④ Barrick M. R.，Bradley B. H.，Kristof－Brown A. L.，Colbert A. E.．The moderating role of top management team interdependence：Implications for real teams and working groups［J］．Academy of Management Journal，2007，50（3）：544－557.

Li 和 Hambrick 在 2005 年研究了合资企业 TMT 的小派别现象，研究了这种派别对冲突和团队“行为不整合”（Behavioral Disintegration）的影响，提出用来测量行为整合的 4 个项目：①高层管理者都参与重大决策，都有发言权；②高层管理者间最好的沟通方式是公开和畅通；③当制定影响合资企业的重要决策时，所有团队成员都要集体交流、互换意见；④高管们经常交流经验和专业知识①。

Simsek 等（2005）在总结 Seers（1989）团队成员信息交换质量量表和 Mooney设计的行为整合量表基础上，扩展了行为整合的概念，开发了测量 TMT 行为整合的 9 个题项量表，并进行了聚合效度、区分效度的检验。这不但开启行为整合的实证研究之门，还为后续研究奠定了理论基础。此后的学者大都参照 Hambrick提出的行为整合的三个维度（Simsek，2005；Abraham and John，2006；Carmeli and Schaubroeck，2006；马可一，2005；伍莹，2008；逄晓霞，2012），使用 Simsek 量表，同时验证量表中具有的较高信度和效度。他们使用量表的不同之处是在量表语义表述上的区别（如表 2－9 和表 2－10 所示）。

表 2－9　Simsek 的行为整合量表

维度	题项
合作行为	当团队中一成员的工作异常繁忙的时候，其他团队成员会主动帮助他（她）分担他（她）的工作量
	团队成员能灵活地转换职责使事情对彼此变得更容易
	在完成工作最后期限团队成员愿意互相帮助
信息交换	团队成员经常交流意见
	团队成员经常交流工作的困难产生解决方案
	成员间交流产生高水平的创造力和创新精神
决策参与	当团队成员的行为将会影响其他人时，会让彼此知道
	团队成员非常了解他们共同面临的问题和其他成员的需要
	团队成员之间经常探讨他们对彼此的期望

资料来源：Simsek Z.，Veiga J. F.，Lubatkin M. H.，Dino R. N.. Modeling the multilevel determinants of top management team behavioral integration［J］. Academy of Management Journal，2005，48（1）：75－79.

① Li J.，Hambrick D. C.. Factional groups：A new vantage on demographic faultlines，conflict，and disintegration in work teams［J］. Academy of Management Journal，2005，48（5）：802－803.

表 2-10 Abraham Carmeli 和 John Schaubroeck 的行为整合量表

维度	题项
合作行为	当团队中一成员的工作异常繁忙的时候，其他团队成员会主动帮助他（她）分担他（她）的工作量
	团队成员能灵活地转换职责使事情对彼此变得更容易
	处理复杂工作及在完成工作最后期限团队成员愿意互相帮助
信息交换	TMT 成员交流高质量的想法
	TMT 成员交流高质量的解决方案
	TMT 员间交流产生高水平的创造力和创新精神
联合决策	当团队成员的行为将会影响其他人时，会让彼此知道
	团队成员非常了解他们共同面临的问题和其他成员的需要
	团队成员之间经常探讨他们对彼此的期望

资料来源：Abraham C.，John S.. Top management team behavioral integration，decision quality，and organizational decline［J］. Leadership Quarterly，2006，17（5）：441.

从上面两个行为整合量表可看出，量表中有 3 个维度：合作行为、信息交换和联合决策，用 9 个题项来测量这 3 个维度。如前述，一些学者沿用了这 9 个题项，但实际上这 9 个题项存在两个问题：①对信息交流的测量注重的是团队成员间的交流，但对信息的测度没有完全体现出来，只倾向于沟通；②对联合决策维度的测量，只将注意力放在信息沟通与工作协作配合等方面，忽略了 TMT 现场决策时，有不同意见成员的参与行为①。我们从行为整合概念提出初衷来看，行为整合的本意是能够关注持有不同意见团队成员的决策参与，能结合知识和见解，及时、准确地解决问题并达到共识，以应对市场需求，打造核心竞争力。

一切平等、更开放的沟通和更可靠的信息通常是组织有效性的体现（艾森伯格和威滕，1987）。沟通是团队行为的核心，充分有效沟通是实现团队行为整合的重要方式。Gillbert 等（1998）在组织培育信任的研究中，将开放性沟通作为刻画行为整合的一个重要维度。国内学者姚振华和孙海法（2009）对行为整合的内涵做了深入的分析阐述，以决策参与、开放沟通和团队合作三个维度来刻画行为整合概念，并开发适合我国企业样本的量表。古家军（2010）在探讨行为整合对战略决策影响时，界定了行为整合的四个维度：合作行为、信息交换、联合决策和有效沟通。本书参考借鉴姚振华和孙海法及古家军对行为整合的界定，用团队合作、决策参与、有效沟通三个维度来刻画行为整合。

① 姚振华，孙海法. 高管团队行为整合的构念和测量：基于行为的视角［J］. 商业经济与管理，2009，218：28-36.

团队合作是指 TMT 成员之间在工作上的合作互助及自愿地相互帮助等行为，它刻画了 TMT 真正作为团队的行动，及高层管理者之间真正实现合作的程度。团队成员间的合作行为，一方面，可以使个体成员掌握信息、专业知识，资源得以共享并聚合成团队资源，有效解决工作任务（Karabenick and Knapp，1988）；另一方面，可以提升团队整体和个体的学习能力，以便团队成员尽快掌握新技巧和技能，从而解决组织所面临的问题（Leonard – Barton，1959；Morrison and Bies，1991；Tyre，1992），同时还可增强团队成员彼此间的联系。Erikaherb、Keithleslie 和 Colinpriee（2001）通过对美国不同机构和企业的500多位 TMT 研究发现，致力于合作是成为最有效率团队的先决条件。

决策参与强调团队成员通过参与决策及共同决策，能够了解自己与团队中其他成员行动的关联性，能经常真实地表露自己的看法，认真对待和采纳不同意见。决策参与促进成员间的信息交流，这一过程对团队成员而言是一个学习过程。通过决策参与他们能够清晰地理解所面临决策问题，实现不同而合的整合性。团队成员可获得更多的决策信息，增强他们的判断能力，增进集体决策的可靠性①。TMT 成员的决策参与能形成对团队成员的激励，提高工作满意度和工作承诺，促进信息流动，使团队成员彼此间交流更加开放和透明（Anderson and Me Daniel，1999；Pearson and Duffs，1999）。同时，还可缩小他们独特知识的差距，增强深层次、创造性处理信息的能力（Van Knippenberg et al.，2004；Dahlin et al.，2005）。TMT 成员通过参与决策，使得他们的认知能力、管理经验和个人观点相互碰撞的结果，都可以在企业战略决策过程中得到反映②。当 TMT 成员感觉到他们能够自由地发表意见和看法，可以开诚布公地挑战现状时，他们才有可能表达自己的关心，提出不同建议③。

沟通是指团队成员间信息、思想与意见的传递与交换的过程。有效沟通被定义为团队成员如何协同有效地完成任务，所强调的是沟通的方式和质量，其目标是保证团队成员理解和接收信息的准确性。团队沟通被视为群体行为的本质（Shaw，1981）和社会系统的关键所在（Katz and Kahn，1978），也是高管间协同合作以实现团体目标的重要变量。TMT 的沟通行为决定了团队成员分享信息的方式，体现 TMT 成员间互动的本质。Green（2003）认为，沟通能够整合所有

---

① Nitzan S.，Paroush J.. Collective decision making：An economic outlook［M］. Cambridge：Cambridge University Press，1985.

② Hambrick D. C.. Upper echelons theory：An update［J］. Academy of Management Review，2007，32（2）：334 – 343.

③ Amason A. C.，Sapienza H. J.. The effects of top management team size and interaction norms on cognitive and affective conflict［J］. Journal of Management，1997，23（4）：495 – 516.

TMT 成员的专业知识和有效信息①。Shaw 指出，团队成员间有效、顺畅地进行沟通是团队得以有效运行的保障。TMT 成员之间有效沟通，有利于成员之间的相互帮助，增进理解，集思广益，能提高解决问题的质量，产生更高的工作效率。Lumsden 等（2000）指出，良性团队运作依靠团队成员的顺畅沟通，不管语言还是非语言的沟通都是必要的。管理者认知的局限导致他们对同一问题的理解不同。若不进行沟通，就会引起困惑和潜在的群体冲突（Tekleab et al.，2009）②。密集的人际沟通不仅有利于处理复杂问题、减少冲突、提升团队凝聚力，而且能够提升决策质量。

事实上，TMT 行为整合强调的是“和而不同”，这不同于“同而不和”，“同而不和”被称为阿背伦悖论，其实质是在群体运行过程中，若成员未能开诚布公地表达自己的不同看法，将导致群体采取的行动与成员真正的意图相悖。这也是 TMT 成员在做出一致性决策时易出现的功能失调现象③。

三、行为整合与社会整合

社会整合是建立在 Shaw（1981）凝聚力的概念基础上的，更侧重于团队的精神（Li and Hambrick，2005；Smith et al.，1994）。凝聚力是指团队成员被团队所吸引，并归属于团队的程度（Schemerhorn et al.，2002）。早期社会整合的概念来自社会学领域，社会学家杜尔克姆最先提出了社会整合的概念，之后许多学者都从社会学方法和视角对社会整合进行研究。Dennise 等（1998）对社会整合的解释具有代表性，即社会整合是人类社会一体化的过程④。TMT 社会整合反映了 TMT 成员行为的一致性程度，为追求一致而避免冲突⑤。社会整合是一个融合了多个维度的社会现象，具体表征为团队吸引力，团队成员之间的满意度（O' Reilly et al.，1989）及团队成员间的社交⑥。三个维度的联系程度取决于有效决策中，团队成员心理和情感上相互吸引。但社会整合不总是对团队决策产生正向

---

① Green S. G.. Examing a Curvilinear relationship between communication frequency and team performance in cross – functional project team [J]. Engineering Management, IEEE Transaction on, 2003, 50 (3): 262 – 269.

② Tekleab A. G., Quigley N. R., Tesluk P. E.. A longitudinal study of team conflict, conflict management, cohesion, and team effectiveness [J]. Group and Organization Management, 2009, 34 (2): 170 – 205.

③ 赵慧群，陈国权．同而不和：群体决策中的阿背伦悖论［J］．科学学与科学技术管理，2008，9：34 – 38.

④ Rousseau D. M., Sitkin S. B., Burt R. S., et al.. Not so different after all: A cross discipline view of trust [J]. Academy of Management Review, 1998, 23 (3): 393 – 403.

⑤ Smith K. G., Smith K. A., Olian J. D., et al. Top management team demography and process: The role of social integration and communication [J]. Administrative Science Quarterly, 1994, 39: 412 – 438.

⑥ O' Reilly C. A., Caldwell D. F., Barnett W. P.. Work group demography, social integration, and turnover [J]. Admi – nistrative Science Quarterly, 1989, 34 (1): 21 – 37.

影响。因为为了维持和谐关系和满意度，团队成员不会质疑其他成员的决策方案，也不会提出不同的方案，导致群体思维和组织多种功能失调的症状，从而改变任务性质，导致高社会整合团队做出低质决策（Janis，1971、1972）。为避免团队成员做出低质的决策，适当增加其他任务相关过程是必要的（Schweiger，Sandberg and Rechner，1989）。正是基于这一原因，Hambrick 重新将社会和任务过程融合在行为整合的架构中。

尽管社会整合和行为整合都是研究团队过程的重要测量变量（Dess，1987；Smith，1991），但社会整合和行为整合无论从概念还是操作上都是不同的。社会整合过于强调凝聚力以及在任务过程中表现出的高效率。然而，纯粹凝聚力的团队会导致“群体思维”，使得团队决策质量下降。行为整合强调的是任务的交流和合作（如信息共享），不但不会造成上述的局面，还会减少群体思维的副作用。因为行为整合是一个聚合的概念，突出三个维度的互补和整体性，是一种真正意义的整合。它不仅包括高管的社会和情感趋势（以社会整合刻画），还包括任务和行为趋势，这种固有的特性往往会避免每个单个维度的极端化。团队的异质性是社会整合存在的根本前提，社会整合是连接异质性和团队共识之间的纽带（Finkelstein and Hambrick，1996）①。社会整合和行为整合的共同之处是都着眼于团队，强调团队成员间相互作用与互动。

四、行为整合中介作用分析

由于业务流程变得更加复杂以及问题和活动复杂性程度增加，人们倾向于尝试合作、集思广益、分享信息和解决问题。团队成为活动发生的主要组织形式②③④。近年来，在有关 TMT 研究的文献中，团队过程的中介作用已引起广泛关注（Carmeli and Schaubroeck，2006；Barrick et al.，2007；Simons et al.，1999）。基于信息决策理论，TMT 团队个人的时间、精力、知识是有限的，TMT 内部团队过程有利于团队成员之间的信息交流、集思广益、达成战略共识，从而

① Finkelstein S.，Hambrick D. C.. Strategic leadership [M]. West Publishing Company，1996：83 – 113.

② Potter R. E.，Balthazard P.. The role of individual memory and attention processes during electronic brainstorming [J]. MIS Quarterly，2004，28 (4)：621 – 643.

③ Schweiger D. M.，Sandberg W. R.，Rechner P. L.. Experiential effects of dialectical Inquiry，devil's advocacy，and consensus approaches to strategic decision making [J]. Academy of Management Journal，1989，32 (4)：745 – 772.

④ Paul S.，Nazareth D. L.. Input information complexity，perceived time pressure，and information processing in GSS – based work groups：An experimental investigation using a decision schema to alleviate information overload conditions [J]. Decision Support Systems，2010，49 (1)：31 – 33.

提高决策的质量和满意度①。一些研究者在解释 TMT 绩效时，强调中介变量的重要作用（Ancona and Caldwell，1989；Hambrick，1994；Simons and Pelled，1999）。Hambrick（1994）强烈要求当 TMT 组成有所不同时，行为整合将反映团队状况的过程与构成。他认为，只有实现高层管理者资源、信息和决策共享，即当 TMT 行为整合时，TMT 多样性的影响才能实现。换句话说，行为整合的存在会改变 TMT 异质性与公司战略间的性质关系（Annc Mooney，2001）。因而，需要更多关注描述 TMT 成员参与程度与共同合作的中介机制（Hambrick，1994、2007；Barrick et al.，2007）。Hambrick（1994）解释行为整合构念时说"将使它作为联结 TMT 特征和组织结果的中介变量"。

（一）行为整合的前因变量探讨

国外研究者愈来愈重视 TMT 人口统计学特征与团队行为关系方面的研究。社会认同理论认为，TMT 人口统计学组成的静态特征会对团队的动态运作过程产生一定影响。Hambrick（1994）从公司层面、团队层面和 CEO 个体层面探讨 TMT 行为整合的决定因素，其中团队层面是其所关注的主要方面。团队层面变量包括高管的人口统计特征、团队认知和团队关系等。公司层面的变量包括企业规模、企业所属的行业、企业所处的发展阶段、企业的外部环境等。个体层面的变量包括 CEO 领导方式和人格以及 TMT 其他成员的感知等。

Smith 和 Scully（1994）选取 53 家高科技行业的公司样本进行研究，结果发现 TMT 人口统计学特征影响团队的非正式沟通和沟通频率。所有制形式、选聘制度、管理体系等组织文化制度都会影响 TMT 的运作过程。

Simsek 等（2005）实证检验了 CEO 个体层面、企业整体层面和团队层面对行为整合的影响。其中，CEO 个体层面主要探讨 CEO 的集体主义倾向和任期。他的研究表明任期较长的 CEO，由于自身丰富的组织经验，可以为高管团队设置更具有挑战性和洞见力的问题，能加强高管团队的信息交换和共同决策的完成。具有集体主义导向的 CEO 和任期更长的 CEO 更能促进高管团队行为整合。团队层面包括团队多样性、团队任期及团队规模。从 Simsek 模型中可知，其研究侧重点是 TMT 人口统计特征，包括任期多样性、教育水平多样性、职业多样性、团队规模和团队任期等。他指出团队层面的目标偏好多样性、教育背景多样性，以及团队规模显著负向影响行为整合。尽管团队多样性具有增加异质性信息的优势，但成员间理解差异加大，会破坏合作和信息共享，从而减少 TMT 决策成功的可能性。

① Few W. T.，Joshi M.. Top management team decision making: The role of functional and organizational identities on the outcomes of TMT diversity [J]. European Journal of International Management, 2013, 7 (1): 56-73.

高管团队异质性与行为整合的关系，大多数学者认为两者负相关（Triandis et al.，1993；Moreland，1985；Crocker and Major，1989；Stephan，1985）。Sutcliffe（1994）认为高管团队职业经历的异质性会阻碍团队内部的有效交流；Schneider 和 De Meyer（1991）指出具有不同文化背景的管理者面对同一战略决策，会做出不同的解释和反应。Taylor（1975）认为不同年龄的管理者对沟通、合作及信息掌握程度都不相同，因而导致低的行为整合水平。Elron（1997）认为 TMT 成员的认知异质性对团队内部的交流与合作影响显著，而且还影响团队成员间的人际关系。

此外，一些国外学者还探讨了其他因素对行为整合的影响。Simons 和 Peterson（2000）考察团队关系中的人际间的高度相互信任与团队行为整合的强相关性。Carmeli 和 Shteigman（2010）探讨中小企业的 TMT 行为整合时，证实了 TMT 成员的认知对行为整合有显著正向影响。Li 和 Zhang（2002）从行业增长和市场化等公司层面探讨对行为整合的影响，认为行业增长、市场化正向影响行为整合。Li 和 Hambrick（2005）侧重派系小群体（Factional Groups）的前置因素研究，结果表明，派系小群体中人口统计学特征（如年龄、性别及种族）不同，这种不同会造成派系断层（Factional Faultlines），进而引发情感冲突和任务冲突，从而造成行为不整合。Ling、Simsek、Lubatatkin 和 Lyon 等（2008）主要探讨变革型领导对企业创业精神的影响，在对个体层面领导和行为整合进行研究时发现，领导行为（变革性领导和 CEO 授权）对 TMT 行为整合有正向影响。Edmonson 等（2003）研究高管团队权利分配对高管团队行为整合的影响，指出当权力高度集中在企业 CEO 或者其他个别人手中时，团队成员因缺乏主动分享信息的欲望，而负向影响高管团队行为整合。

国内学者也对 TMT 行为整合的前置因素展开了研究，他们大多数关注 TMT 人口统计学特征对行为整合的影响。伍莹（2008）考察了国企、民企和外企三种不同类型企业 TMT，发现三类企业 TMT 人口统计学特征对行为整合三个维度（合作水平、沟通和集体决策）影响存在差异。其中，男性比例、性别异质性正向影响民企 TMT 合作水平；男性比例、教育水平和教育异质性负向影响外企 TMT 合作水平。教育异质性和任期异质性负向影响外企团队沟通和集体决策；在民企中，男性比例与团队合作有利于集体决策水平，外企的男性比例与团队沟通对合作水平有负向影响。外企的教育水平与团队沟通负相关，团队任期对外企的沟通水平有正向影响。

姚振华和孙海法（2009）以党政机关、国企、民企和外资企业为样本，比较不同所有制背景下的高管团队行为整合水平（见图 2 – 7），及处于不同发展阶段的高管团队行为整合水平（见图 2 – 8）。实证结果显示：四类企业在决策参与开放沟通两个维度上不存在显著差异；在合作水平方面，外企高管团队的合作水平显著低于其他三类组织；在企业初创、成长、成熟和衰退不同发展阶段，高管团队合作水平均大于决策参与及开放沟通，决策参与又大于开放沟通。在初创期行为整合的三个维度聚合度最好，团队合作维度在企业成熟期最高，在四个发展阶段，高管团队的团队合作行为呈倒V型，决策参与和开放沟通在初创期和成长期呈现持续下降趋势，在成熟期有一个波动上升，在衰退期决策参与和开放沟通及团队合作的数值都降到最低点。

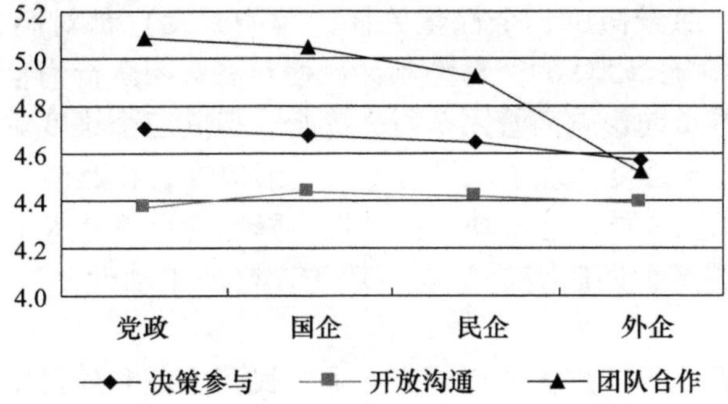

图2-7　不同性质TMT行为整合差异比较

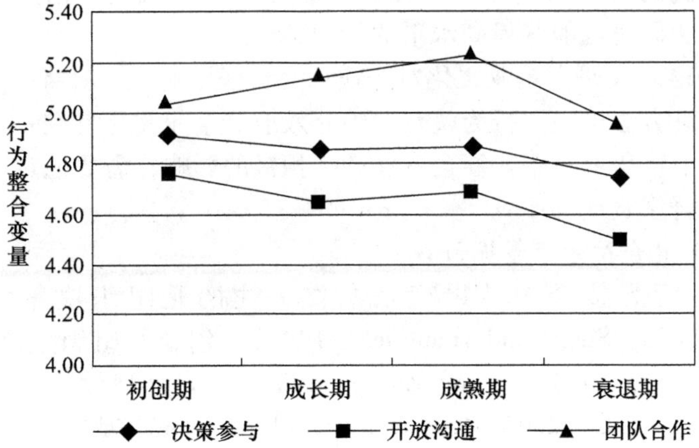

图2-8　不同发展阶段TMT行为整合差异比较

姚振华和孙海法（2010）遵循Hambrick（1984）的研究思路，分别探讨了团队人口统计特征、团队关系特征和团队认知特征与TMT行为整合的关系。研究发现：高管团队规模与行为整合显著负相关；在TMT异质性方面，他们强调尽管异质性意味着潜在性的“互补优势效应”和多样化的资源，但不能提升团队行为整合。团队学历异质性、入职方式的异质性、海外学习考察时间异质性、任期的异质性、每周工作时间的异质性和工作经历的异质性都负向影响行为整合；而高管团队信任、目标偏好一致性与行为整合正相关。上述研究表明，TMT背景特征和异质性是对行为整合产生影响的重要前置因素。

逄晓霞（2012）将CEO领导行为作为行为整合的前置因素，以环境因素为调节变量，阐述领导行为与行为整合的关系。其结论是：不同CEO领导行为及各维度对高管团队的行为整合的影响会有所不同。CEO变革性领导行为及其四个维度（领袖魅力、愿景激励、个性化关怀、智能激发）都对高管团队行为整合具有显著的正向影响；CEO的交易型领导风格对高管团队行为整合的影响并不显著；CEO权威领导负向影响高管团队行为整合，但其三个维度对行为整合的影响各不相同，权威领导维度体现了领导者专权、形象修饰和贬抑下属能力及教诲行为，会导致高管团队成员反感、缺乏主动性，降低行为整合水平，而仁慈维度和德行维度能够促进高管团队成员感恩、效仿，增加主动性，进而促进行为整合水平。

成瑾和白海清（2013）主要以国有企业、民营企业和外资企业三个典型的不同所有制企业为样本，构建企业文化层面（智识导向与和而不同）对高管团队行为整合的影响因素模型。他们指出，在团队过程中体现出以智识导向的价值准则和以和而不同的沟通准则时，不仅能有效促进TMT成员的信息交流、合作和集体决策活动，同时也能获得高水平的行为整合。

辛杰（2014）在研究企业文化对企业社会责任影响机制时将行为整合作为中介变量，用实证方法检验了行为整合的中介效应。企业文化特别是讲究创新和权变的灵活型企业文化要对企业社会责任产生积极的影响，需要通过较高水平的高管团队行为整合来实现①。

（二）行为整合结果变量探讨

学者们对行为整合的结果变量主要关注的是组织决策（Carmeh and Schaubroeck，2006；Siegel and Hambrick，1996）、创新及组织战略（Hambrick，1997；Chen et al.，2010；Li and Zhang，2002）、企业绩效（O' Reilly et al.，1993；Michalisin et al.，2004；Carmeli，Schaubroeck and Tishler，2011）等方面。绝大多数实证研究验证了行为整合有助于TMT整合知识和提升识别能力，使企业能够快速适应多变环境，快速响应市场需求，重新进行战略定位，提高产品创新强度，提供新产品和新服务，提高决策质量，并能够在组织衰退时降低衰退速

① 辛杰．企业文化对企业社会责任的影响：领导风格与高管团队行为整合的作用［J］．上海财经大学学报（哲学社会科学版），2014，16（6）：30－39.

度，最终提高企业绩效。

Lubatkin 等（2006）对 139 家中小企业进行实证研究，验证了 TMT 行为整合对企业双元性有正向影响，认为行为整合可以在一定程度上弥补中小企业的资源短缺。Ling 等（2008）研究指出，TMT 行为整合对企业的公司创业行为有促进作用。

Abraham 和 John（2006）对所提的三个假设进行检验，结果发现 TMT 行为整合与组织衰退负相关，TMT 行为整合有助于提升战略决策质量，战略决策质量在行为整合与组织衰退之间发挥中介作用。Carmeli 和 Schaubroeck（2006）实证研究表明 TMT 行为整合对团队决策质量有直接显著影响。

Li 和 Zhang（2002）针对中国高科技企业样本进行研究，发现高管团队行为整合有助于减少创业团队浪费在公司政治和讨价还价上的时间，有助于将注意力转移到产品创新上来，是新创企业能力开发、提高竞争优势的基础，因此可以通过促进产品创新来提高新创企业绩效。

Marks 等（2000）认为高水平的 TMT 行为整合反映了团队高度的社交自信（Interpersonal Assertiveness）、适应性、柔性和沟通水平，从而能够提高企业绩效。在解决异常环境所导致的繁杂的任务，及面对灵活多变的决策时，TMT 行为整合的作用更加显著。高水平行为整合的 TMT 能够以问题为导向，处理差异、冲突，形成解决方案，促进合作与承诺。

Chave、Andalo 和 Brown 等（2008）利用 1996 年以来的组织数据研究 TMT 行为整合与服务组织绩效间的关系，结果显示 TMT 行为整合显著影响人力资源和经济绩效，对服务质量和发展的影响显著性不强。

Raes 和 Bruch（2011）从理论上研究高管团队与企业中层管理团队的行为整合对企业战略决策以及企业绩效的作用模型。他们进一步证实，TMT 行为整合正向影响组织氛围，促进组织绩效，提高员工满意度，降低离职倾向。

还有一些学者从行为整合信息共享、相互协作和共同决策三个维度分别进行探讨。如 Pearce 在 1987 年提出决策过程中信息共享行为可以促进组织绩效和创新；Anderson（1992）指出低水平的合作程度会阻碍创新绩效的产生；Wall 和 Lischeron（1997）发现决策过程中参与程度高可以产生更大的团队效能和组织承诺。高水平的合作、沟通和集体决策水平对提高组织绩效有促进作用。

马可一（2005）验证了在中国情境下 TMT 行为整合对组织的成长绩效和利润绩效有促进作用。古家军（2009）在研究企业 TMT 决策过程时，揭示了 TMT 行为整合对战略决策速度的影响机制，行为整合在领导风格和决策速度间起中介作用。

姚振华和郭忠金（2012）通过对比研究，探索了国企、民企和欧美外企三类企业，发现 TMT 行为整合对组织绩效有正向影响。国企和民企的行为整合在整体水平和团队合作水平上都高于欧美外企，但其行为整合水平对短期绩效和长期绩效的影响显著低于外企。

表 2-11　行为整合结果变量研究

研究者	关注角度	研究结论
Siegel 和 Hambrick（1996）	决策水平、团队绩效	行为整合与决策水平、团队绩效正相关
Simsek（2005）	教育异质性、团队任期、团队规模	行为整合与教育异质性相关，与团队任期无关，与团队规模负相关
Carmeli 和 Schaubroeck（2006）	决策质量	行为整合与战略决策水平正相关
Lubatkin 等（2006）	企业双元性	行为整合与企业的双元性呈正相关
曾晓华（2006）	高管团队特征、绩效	行为整合在 TMT 特征与绩效间起中介作用
张平（2006）	团队情感冲突	行为整合有利于降低情感冲突
伍莹（2008）	传记特征	传记特征与行为整合正相关
江岩（2008）	企业创新战略	行为整合对双元创新战略有正向影响
Gu 和 Xie（2009）	公司绩效和决策速度	行为整合显著正向影响公司绩效和决策速度
Carmeli 等（2011）	绩效	对服务型组织的绩效有支持作用
刘宁等（2012）	团队多元性、创新绩效	行为整合的中介作用
丁安娜等	创新行为	行为整合正向影响创新行为
郭然等（2013）	决策效果、决策行为	行为整合正向影响决策效果
田瑞岩（2014）	行为整合、绩效	行为整合对企业长期及短期绩效的显著影响
刘鑫、蒋春燕（2015）	行为整合、战略决策周密性	行为整合能够提升组织的战略决策周密性

资源来源：作者整理。

郭然、刘兵和李媛（2013）在探讨企业 TMT 决策行为影响决策效果时，发现行为整合的三个维度有效沟通、信息共享和联合决策都显著正向影响决策效果①。

丁安娜、刘景江（2012）以文献研究的方法探讨高管团队行为整合、创新行为及创新绩效的关系。他们指出，高管团队行为整合对企业探索型创新和利用型创新均具有正向影响，提高高管团队行为整合水平能够促进创新行为，有利于企业开展探索型创新和利用型创新，增强创新能力②。

---

① 郭然，刘兵，李媛．企业高层管理团队决策行为对决策效果的影响［J］．企业经济，2013（9）：19-23.

② 丁安娜，刘景江．高管团队行为整合、创新行为与创新绩效关系研究［J］．科学学与科学技术管理，2012，33（12）：71-76.

田瑞岩（2014）验证了高管团队行为整合对企业长期及短期绩效的显著正向影响，并验证了协调探索式创新和开发式创新的双元能力在高管团队行为整合与企业绩效之间的中介作用。他指出，一个共享信息、资源和决策的高管团队能够积极影响企业长期和短期绩效，而这种影响作用是通过协调企业在探索式创新和开发式创新达到相对平衡状态。

刘鑫、蒋春燕（2015）通过对京津唐、长三角和珠三角地区的327家企业的654名高管的大规模配对调查，实证研究TMT的行为整合、长期薪酬和战略决策周密性对组织双元性的影响。结果发现：TMT行为整合能够提升组织的战略决策周密性，进而有助于培养组织的双元性①。

五、对现有研究的评价

从以上文献综述看出，行为整合概念没能达成共识。值得借鉴的是，孙海法和姚振华从中国背景出发，整合了以Simsek和Li等为代表的行为整合构念的两种观点。Simsek研究打开行为整合的实证之门，提出了被后来学者引用和推崇的测量行为整合的量表。但分析Simsek测量题项会发现，其在表述上存有异议，更侧重沟通。对此，姚振华和古家军对行为整合量表进行了修改，加入有效沟通这一维度。同时根据中国的实际验证了其合理性。

学者们将行为整合的前置因素TMT特征、团队关系，选取绩效、情感冲突和企业双元性、决策水平、决策效果等变量作为结果变量，分析行为整合在团队关系与绩效、TMT特征与绩效之间的中介作用。但很少有学者探讨行为整合对TMT特征和战略决策效果的中介作用，探讨高管特征对行为整合的影响也不全面。TMT作为一个团队，通过行为整合，提高团队效能。因此，揭开行为整合的面纱，探讨其在TMT特征与决策效果间的中介作用势在必行。

第四节　决策效果的相关文献综述

一、决策效果概念界定

战略决策不仅是战略理论研究核心之一，也是学术界和企业界共同关注的重要问题。战略决策是企业成败的关键，决定企业的生存和发展，是企业经营的核

① 刘鑫，蒋春燕．高层管理团队行为整合对组织双元性的影响：战略决策周密性的中介作用及长期薪酬的调节作用［J］．商业经济与管理，2015（7）：25－33.

心。其本质特征是：①战略决策考虑企业长期发展方向，而非企业的日常管理活动，属于非程序性决策；②战略决策对企业有重大影响，解决关系企业发展的全局性和长远性问题；③战略决策涉及所需资源的选择和承诺；④战略决策相对复杂，通常面临不确定性的环境。在制定战略决策过程中需要大量的信息，而具有不同技能和知识结构的团队成员可以为决策过程提供不同的观点和信息，这使得战略决策在制定过程中考虑的因素更加全面，质量也较高。

复杂的决策取决于行为的结果，而非机械的追求经济最大化（Cyert and March，1963；March and Simon，1958）。由于 TMT 决策过程是一个极其复杂的过程，在这一过程中不同利益集团之间相互制约、相互作用及相互博弈，其决策效果会受到诸多因素的影响。一个高效的 TMT 不能仅满足于某一项战略决策的高效率，团队成员更应该在决策制定与执行过程中体验到满意感，形成融洽信任的合作关系，这是团队保持长期有效决策和可持续发展的必要前提。

James 和 Mark（1996）认为，决策效果是决策达到预期目标的程度。Abraham Carmeli（2009）考虑了战略决策的长期预见性及滞后影响，将决策效果定义为在过去三年 TMT 已做战略选择所达到的程度。

Friedlander 和 Pickle（1968）认为决策效果是高层管理者对当时决策所达成目标的一种感知，这种感知会因高管理解的不同而不同。

曾建励（1987）认为决策效果评价是指对决策实施后达到决策目标的程度，以及对企业绩效的影响作用的评估，它既是检查决策成败的关键，也是改进决策质量的途径。

尽管国内外学者对决策效果构成内容还没达成共识，但绝大多数人比较赞同 Amason 的观点。Amason（1996）研究表明，TMT 决策质量、一致性共识和对不同决策方案有效的接受性对持续高绩效都是非常必要的。一方面，管理者所处的决策环境异常复杂，管理层的决策质量可直接对企业经营绩效产生影响；另一方面，获得 TMT 成员一致认可的决策，比没有获得共识的决策更能促进经营绩效。要想获得成功，在 TMT 所做出的众多战略决策中，每项决策都应是高质量的，并获得团队成员的共识。要实现上述目的，TMT 成员必须做到情感上能相互接受，保持有效共同工作的情感关系。

本研究主要参照 Amson 的观点，将决策效果界定为管理者制定和执行决策时所达到的决策质量和对决策的认可程度，其实这是管理者对决策达成目标的一种感知。

二、决策效果的维度分析

制定和实施有效的战略决策是企业成功的关键所在。对一个组织而言，战略决策不仅会给组织带来相应的资源要求，还将产生至关重要的结果。战略决策研究的显著意义在于对战略决策本质构成的理解。战略决策是指一种旨在寻求组织与多变的外部环境之间实现动态平衡的决策。它所处理的是涉及组织资源的复杂、模糊的问题（Mason and Mitroff，1981）。为使决策和行动方案选择更科学合理，使特定目标得以顺利实现，西蒙（1979）指出，科学的决策需采用定量分析方法和使用新的计算技术及方法论，不能忽略决策者在决策中所起的作用。TMT决策是群体决策的特殊形式，在决策中，团队成员相互影响、共享信息。更为重要的是高管成员对决策结果的满意度和认同感，否则会成为决策实施的阻碍，极具破坏力。

TMT 决策效果是一个具有多维度的概念，不单受到决策本身质量的影响，还取决于团队成员能否对决策内容形成共同认识，及对决策执行达成一致的承诺。高质量决策如果不能被实施，相当于没做，而成功地实施需要 TMT 成员的参与及合作。

Milliken 和 Vollrath（1991）认为，测量决策效果有多个指标，诸如决策完成速度、决策错误数量、成员满意度和凝聚力等。Korsgard 等（1995）则用决策速度和成本来衡量决策质量。Wooldridge 和 Floyd（1990）从对战略的承诺和理解的维度来考察决策效果。Rajagopalan、Rasheed 和 Datta（1993）用决策质量、决策速度、决策效力、组织学习和承诺评价战略决策的过程与结果①。

Dess 和 Robinson（1984）认为，决策效果度量可采用自我报告方式（Vassilis，1998），原因在于企业的财务数据较为敏感（Bird and Beechler，1995）。虽然自我报告难免会出现偏误，但在客观资料匮乏的情况下，自我报告是可接受、可信的替代品。

基于同样的观点，Amason（1996）强调，对于某个特定战略决策其效果是很难用客观指标来度量的，只有参与决策的高管人员才能观察、判断、回顾决策的来龙去脉，并依据他们主观感知的指标判断决策效果好坏，这些指标包括：决策质量、理解一致性和承诺一致性、情感接受性等。

大多数国内学者也对决策效果的度量进行了分析，如胡蓓、古家军（2007）认为决策效果需从决策质量、决策成本和决策速度三个维度上进行度量。李芳英等（2008）将决策效果划分为决策质量、决策理解一致性、决策承诺一致性三个维度。陈璐（2011）在研究 CEO 家长式领导行为对高管团队决策效果的影响机制时使用决策质量、决策理解一致性、决策承诺一致性和情感接受性来衡量决策效果。

① Rajagopalan N.，Rasheed A.，Datta D. K.. Strategic decision process：Critical review and future direction [J]. Journal of Management，1993，19（2）：349 -384.

表 2-12 决策效果的维度

研究者	决策效果的测量维度
Quinn 和 Rohrbaugh（1983）	决策速度和决策的时效性、组织对变化的适应能力、组织成员的接受程度、组织学习程度等
Vassilis（1998）	资产报酬率和收益增长率
Nandini 等（1993）	决策质量、决策速度、决策效力、组织学习和承诺
Milliken 和 Vollrath（1991）	决策完成的速度、决策错误的数量、成员的满意度和凝聚力
Wooldridge 和 Floyd（1990）	战略的承诺和理解
Amason（1996）	决策质量、决策共识、情感接受
De Dreu（2003）	决策质量、产出数量、团队效应、产出质量
胡蓓、古家军（2007）	决策的质量、决策成本和决策速度
李芳英等（2008）	决策质量、决策承诺一致性、决策理解一致性
陈璐（2011）	决策质量、决策承诺一致性、决策理解一致性、情感接受性

资料来源：作者整理。

决策质量是指决策在多大程度上有助于实现组织的目标。它有两个前提：TMT 的认知能力和决策中团队成员的互动（Amason，1996）。Mohammed 和 Dumville（2001）认为，决策质量的高低取决于组织能否将外部市场环境与自身期望、新技术采用、任务实施流程、团队角色以及资源分配等内部因素进行有效匹配，做出适应市场环境的高质量决策①。Olson 等（2007）强调，决策质量是指战略决策是否与公司的外部环境、其他决策、内部资源和能力相一致，能否符合逻辑，充分反映相关问题的内在性，对公司发展产生良好的效果②。高阶理论认为，决策质量反映 TMT 集体行动能力。汪丽等（2007）将决策质量定义为决策对达成组织目标的贡献。郭立新和陈传明（2011）在总结 Tilles 于 1963 年提出衡量决策质量标准（内部一致性、环境一致性、适应性、风险程度、时间范围和有效性）的基础上，将战略决策质量定义为决策与外部环境、内部资源和能力以及企业主要目标相一致的程度。

决策一致性的达成预示决策过程的结束，团队成员对于决策结果一致性的程度不仅直接表明了成员对于最终方案的认可与接受程度，还影响方案下一步的执

① Mohammed S., Dumville B. C.. Team mental models in a team knowledge framework: Expanding theory and measurement across disciplinary boundaries [J]. Journal of Organizational Behavior, 2001, 22 (2): 89-106.

② Olson B. J., Parayitam S., Bao Y.. Strategic decision making: The effects of cognitive diversity, conflict, and trust on decision outcomes [J]. Journal of Management, 2007, 33 (2): 196-222.

行。在决策的执行和决策细节处理中会产生许多并发症，团队决策过程可以提升一致性。为有效执行战略决策，一致性比简单的赞同和遵从更为重要，团队成员必须理解决策并做出承诺，一致战略的成功实施需要高层管理者通过决策过程来统一思想（Floyd and Wooldridge，1992）[①]。Child（1972）指出，战略决策执行取决于团队成员积极主动的合作。高质量决策的最终价值在很大程度上取决于管理者渴求决策实施的合作意愿（Guth and Macmillan，1986；Maier，1970；Wooldridge and Floyd，1990）。

战略的成功执行需要管理者按照一套共同的战略准则来行动（Floyd et al.，1992）。决策团队的首要任务就是要把团队成员的不同意见整合起来达成一致，促使团队成员对战略决策有一致的理解和认同（Whyet，1989）。Fredrickson（1984）将决策理解定义为组织尝试详尽制定和整合战略决策的程度。决策理解是团队成员对决策根本原理的透彻认识，并为团队成员指出了共同的方向，使团队成员的行动保持一致。决策理解反映团队过程，在这一过程中，团队成员将会以更宽广的视角看问题，以多种方法、多种行动方案和决策标准考虑问题（Simons et al.，1999）[②]。决策理解为团队成员提供一致的方向，不仅体现在个体成员独立行事的能力，也体现在与其他人行动和决策的精神相一致。

Korsgard 等（1995）将承诺定义为团队成员对战略决策的接受以及合作完成战略决策的意图[③]。缺乏承诺的 TMT 成员在执行决策时可能会采取拖延、消极怠工甚至是破坏的行为。决策承诺的一致性可以减少特定决策成为冷嘲热讽目标的可能性，减少妨碍变革的阻力（Mason and Mitroff，1981）及破坏决策执行的机会（Guth and MacMillan，1986），并能创造可见的价值观，促使高层管理者确保决策成功的执行。Laquinto 和 Fredrickson（1998）探讨了 TMT 决策一致性对组织绩效的影响，认为 TMT 对战略决策过程理性要求的一致性正向影响组织绩效。团队成员为有效合作，必须维持情感关系，若团队成员对个人或团队持有强烈的负面情绪，则不可能完全参与决策。

综上所述，本书用决策质量、决策理解一致性、决策承诺一致性和情感接受性四个维度来测量决策的整体效果。决策质量是指决策本身对团队和组织目标的贡献程度。决策理解一致性是指团队成员之间对决策中关键因素理解的一致性程

---

① Floyd S. W.，Wooldridge B.. Managing strategic consensus：The foundation of effective implementation［J］. The Executive，1992，6（4）：27－39.

② Simons T.，Pelled L. H.，Smith K. A.. Making use of Difference：Diversity，debate，and decision comprehensiveness in top management teams［J］. Academy of Management Journal，1999，42（6）：662－673.

③ Korsgard M. A.，Schweiger D. M.，Sapienza H. J.. Building commitment，attachment，and trust in strategic decision－making teams：The role of procedural justice［J］. Academy of Management Journal，1995，38（1）：60－84.

度。决策承诺的一致性是指团队成员之间愿意执行决策的一致性程度。情感接受性是指在决策过程中，团队成员对其他成员和团队整体的满意程度。决策质量的高低直接影响组织目标的实现，决策理解一致性和承诺的一致性决定了决策能否得到有效的执行，而为了保持长期制定和执行高效决策的能力，成员之间必须维持积极的情感关系以达成共识。

三、决策效果前因变量探讨

已有关于 TMT 的研究，很多研究者把组织绩效作为研究的结果变量，将战略决策制定行为与组织绩效视为等同的，这忽略了过程的影响机理研究。因为没有高质量的战略决策行为，决策结果是难以保证的。因此，考察战略决策过程和效果成为研究重点。

决策效果前因变量的研究是从两方面展开的，第一，学者们认为组织环境、思维过程的心理特点和决策者的个性特征影响战略决策（Kazt et al.，1978）。Hambrick 和 Mason（1984）在高阶理论中对这种观点进行高度的理论概括。高阶理论认为，环境的复杂程度远超出人们所能理解和处理的范围，因而必须对信息进行筛选和取舍。在动荡的环境中，组织制定战略，不仅受到所具有资源和机会的影响，更需要决策者对环境进行解释和判断，才能制定新的战略决策。高层管理者的人口统计学特征，体现了他们的价值观和认知能力，决定了他们的管理行为和决策习惯。从某种程度上说，企业的战略决策方案就是高层管理者背景特征的写照。Datta 和 Rajagopalan（1998）指出 CEO 个人特征是其知识水平和心理导向的表征，会对企业的战略选择及决策有影响。郭立新（2010）全面回顾和阐述企业战略决策影响因素的相关研究成果，重点关注五个因素对战略决策的影响，如决策者的特征、企业的外在环境特征、决策过程特征和决策特点以及内在组织特征等。汪金爱（2011）指出，基于高阶理论的大量关于高管团队客观背景数据的研究，无不证实 TMT 对企业战略决策结果的重要影响作用。

由于异质性是刻画团队成员对问题观点和见解的不同认知指标，认知多样性是决定决策理解的前置因素（Finkelstein and Hambrick，1996；Simons et al.，1999）[①]。研究者将 TMT 异质性作为重要的自变量，探讨了异质性对战略决策的影响，得出异质性各个特征对战略决策影响程度不同的结论。如教育水平异质性为 TMT 提供了多样化的信息，使得团队成员对环境会有更深层次的理解，有利于提高战略决策质量和组织绩效（Smith，1994）。团队任期异质性促进 TMT 打

① Talaulicar T.，Grundei J.，Werder A.. Strategic decision making in start－ups：The effect of top management team organization and processes on speed and comprehensiveness［J］. Journal of Business Venturing，2005，20（4）：519－541.

破企业现有管理模式，重塑企业战略。任期异质性高的 TMT，其所在企业战略改变可能性会很大（Boeker，1997）。环境变化与竞争的加剧使 TMT 决策及其效果更多地受到外部情景影响，TMT 构建必须与外部环境相匹配。在动荡环境中，异质性高的 TMT 对企业战略重新定位有利，而在稳定环境下，同质性 TMT 更有利于组织发展①。

第二，学者们发现 TMT 特征与战略结果的关系不稳定，进而探讨团队运作过程对战略决策效果的作用。一些学者关注战略决策过程中的程序理性和政治行为对战略决策效果的影响作用（James and Mark，1996）②。Dean 和 Sharfman（1993）以决策过程中收集和处理信息的视角，对程序理性进行解释，他们指出程序理性是指行为要经过适当考虑，行为过程要符合规范标准。他们考察了程序理性的影响因素及其与战略决策效果的关系③。朱振伟和金占明（2010）探讨了企业战略决策过程中，最高决策者影响程序理性，程序理性影响战略决策质量的理论模型。政治行为是"通过有意的行为实现保护个人或团体的利益"（Allen et al.，1979）。由定义可看出，政治行为更强调个体和团体的利益及权力。当个人或团体利益与组织利益不一致或出现矛盾时，抑或个人权力过强，以至于对有利的决策方案施加影响时，政治行为就会妨碍组织利益，歪曲传递的信息（Cyert and March，1965），从而降低决策效果。Greenberg、Flogger 和 Konovsky（1987）探讨决策程序的公正性、信任对战略决策的影响，结果发现在高层管理团队中公正的决策程序可以提升团队信任，进而提高决策效果。Elbann 等（2007）的研究颇为全面地验证了"战略决策中若运用理性，则正向影响决策效率和效果，而政治行为对决策效率和效果有负向影响"④。

决策过程中的冲突行为时有发生，这不单强化了决策参与者之间的互动程度，而且还可能影响到最终的决策质量（Bono and Anderson，2005）⑤。很多学者选择冲突作为决策过程的主要特征，分析冲突对决策效果的影响。他们将冲突分为认知冲突和情绪冲突，通常认知冲突是建设性的和有益的，认知冲突是与团队任务有关，产生于成员对共同目标的认知差异，认知冲突使团队成员可获得充分

① Carpenter M. A.，Fredrickson J. W.. Top management teams，global strategic posture，and the moderating role of uncertainty ［J］. Academy of Management Journal，2003，44（3）：533－545.

② Dean J. W.，Sharfman M. P.. Does decision process matter? A study of strategic decision－making effectiveness ［J］. Academy of Management Journal，1996，39（2）：368－390.

③ Dean J. W.，Sharfman M. P.. Procedural rationality in the strategic decision－making process ［J］. Journal of Management Studies，1993，30（4）：587－609.

④ Elbann S.，Child J.. Influences on strategic decision effectiveness：Development and test of an integrative model ［J］. Strategic Management Journal，2007，28（4）：431－453.

⑤ Bono I. E.，Anderson M. H.. The advice and influence networks of transformational leaders ［J］. Journal of Applied Psychology，2005，90（5）：1306－1314.

的信息并就决策方案展开全面的讨论，因此有助于决策质量的提高（Schweiger，1989；Simons et al.，2000）。情绪冲突则降低团队成员的满意度，限制团队成员获取信息的能力和沟通渠道，对决策效果有负向影响（Amason，1996；Parayitam and Dooley，2009；Lira，2008；Simons et al.，2000）。

还有少部分学者关注行为整合这一过程变量，以行为整合为中介变量在TMT特征与战略决策结果间架起桥梁。孙海法等（2003）继承并扩展高阶理论模型，提出TMT运作效率模型。他们认为TMT特征对战略决策质量的影响有两条路径，一是直接影响，二是通过团队过程的间接影响（如图2－9所示）①。陈权等（2014）分析影响战略决策过程六个行为特征，包括程序理性、直觉、政治行为、风险偏好、承诺升级及伦理，并在此分析的基础上建立战略决策过程的理论模型（如图2－10所示）。他们探讨了战略决策过程通过行为整合影响决策绩效（包括决策成本、决策时间和决策质量及财务指标）。郭然（2014）在探讨企业高层管理团队决策影响因素分析及优化研究时，总结高管团队特征对决策效果的研究进展，构建研究框架（如图2－11所示）。他认为高层管理团队决策效果主要受到三大类因素的影响：一是团队因素，包括TMT人员特征因素（包括特征平均水平和异质性）、结构性因素和团队运作因素；二是决策因素，包括决策行为和决策流程及决策过程；三是包括资源、环境、信息、需求和决策中非决策人参与的其他因素。其中，决策行为对决策效果的影响，主要探讨信息共享、联合决策和有效沟通对决策效果的显著正向影响。

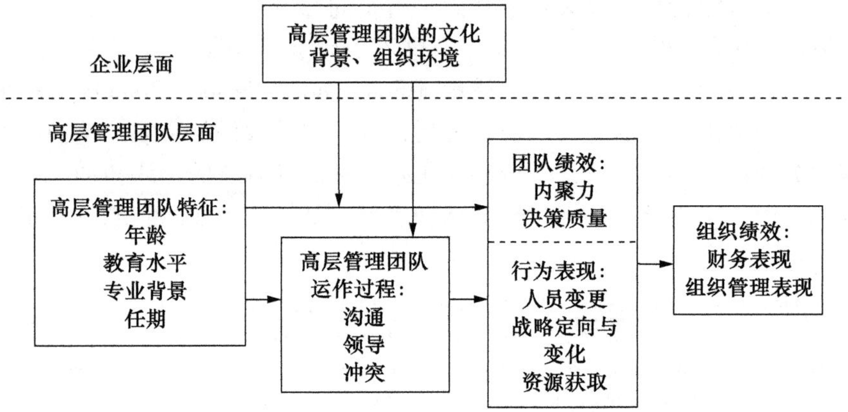

图2－9　TMT运作效率模型

① 孙海法，伍晓奕．企业高层管理团队研究的进展［J］．管理科学学报，2003，6（4）：87.

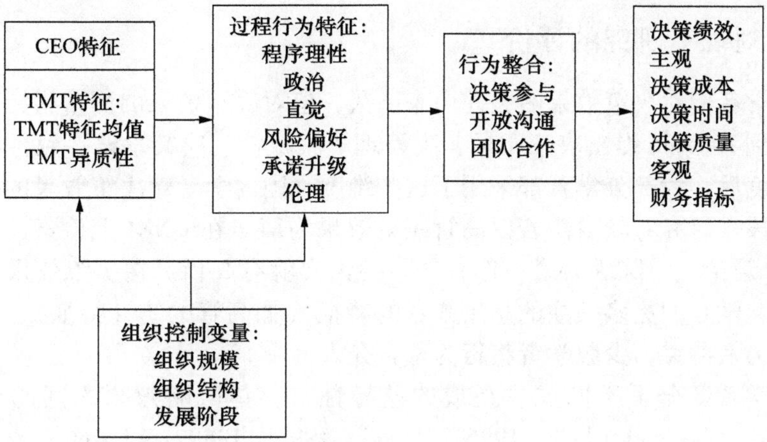

图 2-10　TMT 战略过程理论模型

资料来源：陈权，张凯丽，施国洪．高管团队战略决策过程研究：一个理论模型——基于行为决策理论［J］．管理现代化，2014，1：38.

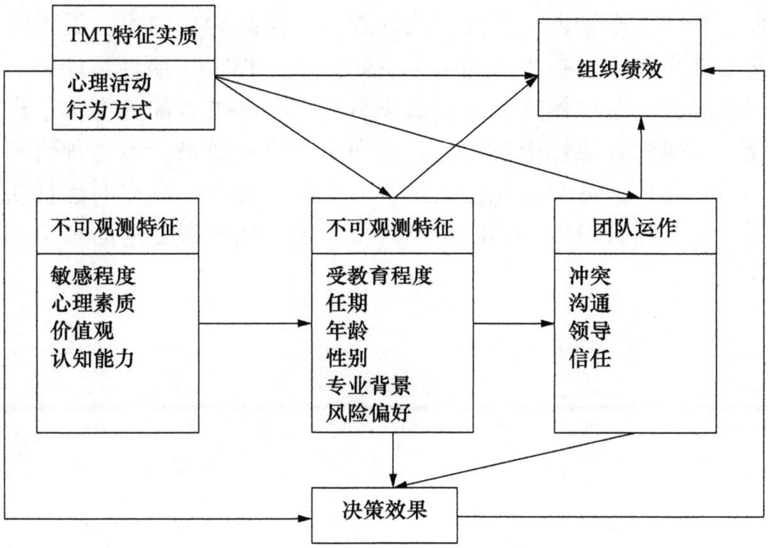

图 2-11　TMT 特征与组织绩效关系

资料来源：郭然．企业高层管理团队决策影响因素分析及优化［D］．河北工业大学博士学位论文，2014.

四、对现有研究的评价

国外学者们对决策效果的关注由来已久，但对决策效果的测量指标并未达成一致。直到 Amason 提出决策质量、决策理解一致性、决策承诺一致性和情感接受性的维度后，大部分学者都采用了这些维度。国内学者对决策效果的研究还处于起步阶段，研究者较少。若以高管决策效果为篇名在 CNKI 上检索，可检索到不超过 15 篇论文。陈璐为第一作者合写的论文就有 5 篇。在决策效果前因变量的探讨上，学者们更多关注的是决策者的特征（如高管的统计特征）、决策理性和政治行为及冲突，少数学者将行为整合介入其中。

国外学者区分了不同成员组成的差异性与整体战略效果之间的重要联系（Hambrick，Cho and Chen，1996；Bantel，1993、1989；Wiersema and Bantel，1992），但结论未能达成共识。一些学者认为，异质性有利于 TMT 解决问题，进行积极争论，不利的意见则不予考虑（Simons，1995）①。TMT 异质性能够提高企业行为倾向、行动及响应幅度（Chen et al.，1992）②，可提升决策的丰富程度（Kilduff，Angelmar and Mehra③，2000）。另一些学者则认为，TMT 异质性增加团队的反复性，会产生不和谐，因此异质性越高，团队冲突越大，继而降低决策效果。这种两面结果的产生在于未能考虑中介变量，TMT 异质性可能通过团队过程的方式和团队过程的管理模式来影响决策效果④。一些学者将团队过程变量冲突作为中介变量，研究异质性引发冲突，进而影响决策效果。但这种研究具有局限性，一是异质性是引发冲突的充分条件；二是冲突的产生具有时点性质。故为获得稳定结果，在探讨决策效果影响机制时应考虑其他过程变量的影响。

---

① Simons T.. Top management team consensus, heterogeneity and debate as contingent predictors of company performance: The complimen tarity of group structure and process [C]. Academy of Management Proceedings, 1995, 1: 62-66.

② Chen M. J., MacMillan I. C.. Nonresponse and delayed response to competitive moves: The roles of competitor dependence and action irreversibility [J]. Academy of Management Journal, 1992, 35 (3): 359-370.

③ Kilduff M., Angelmar R., Mehra A.. Top management-team diversity and firm performance: Examining the role of cognitions [J]. Organization Science, 2000, 11 (1): 21-34.

④ Knight D., Pearce C. L., Smith K. G., Olian J. D., Sims H. P., Smith K. A., Flood P.. Top management team diversity, group process and strategic consensus [J]. Strategic Management Journal, 1999, 20 (5): 445-465.

第三章 研究的理论基础

第一节 高阶理论

Hambrick 和 Mason 在 1984 年发表的文章《高阶：组织作为高层管理者的反映》中，提出了高阶理论，此后这篇文章被各国学者引用 5000 多次，足可显示其强大的影响力。高阶理论突破了以经济分析过程为主的传统战略理论框架，重点探讨战略决策者（高管）对组织结果（战略制定和实施）的重要影响。由于组织所处的环境具有复杂性，管理者个体不可能洞察组织内部和外部环境的方方面面，这会导致他们对决策理解有偏差。而且基于个体偏好的高度个性化的诠释和选择，容易造成决策者认识的局限。因此，高阶理论的研究对象是整个 TMT，将 TMT 视为一个分析单位，重点研究 TMT 的人口统计学特征，如反映了管理者认知、价值观和经验的年龄、职业背景、学历等。

高阶理论是进行预测的架构理论，它的基本假设是：①以人的有限理性为前提，假定高层管理者是不同的，他们所做的战略选择也不同；②高层管理能够如一个团队一样进行运作，TMT 首先是个团队，其次它是由若干个高层管理者组成的[①]；③TMT 的统计性特征可以代表 TMT 的心理结构；④TMT 的人口统计特征对于认知过程的影响将会在战略中表现出来。高阶理论的研究重点是，探讨 TMT 成员不同的人口统计特征，以及这些特征的作用过程会对最终战略决策产生影响，同时显著影响战略选择、战略制定和组织成果（Carpenter，Geletkanycz and Sanders，2004）。

高阶理论为 TMT 研究、公司决策研究奠定了方法论基础，为 TMT 特征研究

① Katzenbach J. R. . The myth of the top management team ［J］ . Harvard Business Review, 1997, 75: 82 -92.

提供了理论平台，为实践应用指出了新的方向。它超越管理学的范畴，对心理学（Peterson，Smith，Martorana and Owens，2003）、主流经济学研究产生深远影响。自从高阶理论被提出后，研究者以此为基础展开 TMT 特征及其异质性与组织结果的研究。

基于高阶理论，团队整体特征比个体特征对组织结果更具解释力。当高层管理者在共同决策过程中，面对大量的信息、竞争的目标及模糊的暗示时，他们的认知和价值观可以渗透到其观念和见解中。已有的关于高阶理论的实证大多是采用美国公司的样本，对高阶理论提供强有力的支撑。这是因为美国的 CEO 拥有更多的自由裁量权和国家集体主义观念，并且管理者会面对更大的不确定性①。

尽管如前所述，高阶梯队理论在后来的研究中出现了瓶颈，人口统计特征预测因素与过程的相关关系仍是个“黑箱”（Priem et al.，1999）②，但不能否认高阶理论的解释力和预测力作用。企业高管的人口统计学特征与企业组织结果之间的显著关系，已经被大量学者实证证实，揭示“黑箱”的关键是对团队过程的研究。Tsui 和 O'Reilly（1989）表明统计差异并不必然导致绩效的差异，只有有效管理具有不同特征的成员之间的互动过程，才会促进组织绩效的改进③。Smith 等（1994）也表明研究者已成功证实 TMT 人口统计特征与组织结果间的联系，只是未能关注更多的过程变量，且 TMT 异质性影响绩效的机制还未被完全揭开④。干预过程和中间有因果关系的步骤，可以为解释人口统计学特征与企业组织结果之间的关系，提供更清晰的描述。

Carpenter 等（2004）针对高阶理论没有考虑调解变量和中介变量的缺陷，对模型进行修正，试图融合代理理论和高阶理论，并提出多理论整合模型。该模型有四个特点：一是涉及影响 TMT 特征的前因变量，如外部环境和组织因素；二是采用与组织产出有密切联系的 TMT 特征变量，如年龄、任期、职业背景和教育背景、社会资本及在团队中的相对地位，进行理论建构；三是在模型中加入了团队成员间偏好差异、CEO 与其他高管薪酬差异、认知与情感差异及 CEO 人格特征等五个调节变量；四是从战略、高管团队的更换及构成等方面来衡量公司的绩效。

---

① Hambrick D. C.. Upper echelons theory: An update [J]. Academy of Management Review, 2007, 32 (2): 334 - 343.

② Priem R. L., Lyon D. W., Dess G. G.. Inherent limitations of demographic proxies in top management team heterogeneity research [J]. Journal of Management, 1999 (25): 935 - 950.

③ Tsui A. S., O' Reilly C. A.. Beyond simple demographic effects: The importance of relational demography in superior - subordinate dyads [J]. Academy of Management Journal, 1989, 32 (2): 402 - 423.

④ Smith K. G., Smith K. A., Olian J. D., et al.. Top management team demography and process: The role of social integration and communication [J]. Administrative Science Quarterly, 1994 (39): 412 - 438.

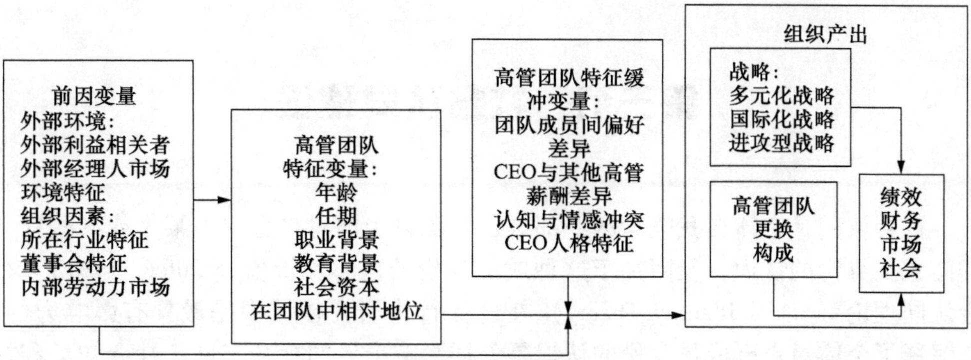

图3－1　多理论整合模型

第二节　信息决策理论

信息是决策的基础，信息的质量关系到决策效果的好坏程度。信息决策理论将信息作为决策研究的重点对象，从信息角度对决策问题进行探讨。实际上，组织本身就是一个信息处理系统，战略决策需要管理者进行信息处理（Daft，Bettenhausen and Tyler，1993；Galbraith，1973），通过信息处理来识别与决策相关的重要过程变量。决策过程实质上是信息流动和再生的过程，团队成员从战略制定中"取得"信息、处理和解释信息，在战略执行期间"发送"信息（Daft et al.，1993），最后采取行动。TMT正是通过互相交换获取信息，并解释和传播信息，继而在做决策前采取行动。完整、及时和准确的信息是TMT有效决策的前提条件，如果团队成员间未能提供完整的知识信息，就会在接受这些掩盖了真实价值的信息时，陷入相当大的风险中。信息决策理论认为，团队在进行决策时拥有的信息数量越多、质量越高，那么决策的效果就越好。基于信息决策理论，多样性可以增强组内的相关任务的信息、观点交流、讨论和交换，可以整合思想、知识及与该组任务相关的见解（Van Knippenberg et al.，2004）。信息决策理论为异质性的研究奠定了基础，认为异质性高的团队拥有更多的资源和信息，可以弥补个体知识和信息的局限，丰富和扩充了多元化的观点和视角，从而为决策提供依据。

第三节　社会认同理论

社会认同是个体自我概念的一部分，它源自个体对自身作为某个或某些社会群体成员身份的认识，及附加于这种成员身份的情感和价值（Tajfel，1981）。社会认同理论（Social Identity Theory）在群体行为研究领域中是最具有影响力的，它解释了个体对自己成员身份的认识是怎样影响个体的社会态度、社会知觉和社会行为的。社会认同分为三个过程：社会类化、社会比较和积极区分。其核心是社会类化影响他人和自己的观点（Tajfel，1974），类化的重要步骤是人们对所属群体与其他群体的感知。社会认同的本质是一种集体观念的集中体现，这种集体观念涵盖了社会成员共同拥有的价值、信仰和行动取向等[①]。郑杭生从社会互构论的角度将社会认同界定为“个人和群体对自我身份或所充当的社会角色的一种自我认定和他者认可”[②]。

在社会交往中，人们为提升自尊，总是尽可能获得社会认同，并努力维持积极的社会认同。Tajfel（1986、1987）指出个体的群体成员身份是其行动的依据，因为所属的特定群体及群体成员带给他的情感和价值意义是巨大的[③]。故而很大程度上，人们通过把自己所属的内群体及相关的其他外群体进行群际比较，来获得积极的社会认同（Hogg and Terry，2000）。人们会根据比较结果的满意程度选择对群体的忠诚，或离开群体以寻求其他能实现社会认同的途径（Tajfel，1981）。为了使自己得到积极的社会认同感，在作群际比较时，人们经常倾向于“内群体偏爱”，即赋予自己所属群体更多的偏爱和好感。但是这种“内群体偏爱”排斥了其他群体，造成了团队内的两极分化和内、外群体成员之间的成见，因而被认为是有害的（Messick and Massie，1989）[④]。

在人际交往中，人们常常习惯于将自己归入某个（某些）社会群体。当他们与其他人交流时，会潜意识地判断此人是否属于自己的群体，他们更趋向于与

① 李友梅，肖瑛，黄晓春．社会认同：一种结构视野的分析以美、德、日三国为例［M］．上海：上海人民出版社，2007：5－20.

② 郑杭生．中国社会发展研究报告2009——走向更有共识的社会：社会认同的挑战及其应对［M］．北京：中国人民大学出版社，2009：16－25.

③ 张莹瑞，佐斌．社会认同理论及其发展［J］．心理科学进展，2006，14（3）：475－480.

④ Hui L.，Hong C.，Qingjie W.．An empirical study on the relationship between TMT structural characteristic and performance－based on listed companies of energy industry of China［C］．Management and Service Science（MASS），2010 International Conference on IEEE，2010：1－4.

那些属于自身群体的人进行沟通和交流（Cappozza and Brown，2000）。人们在与其隶属于同一群体成员的互动中，加强了对自身的积极评价，获得了美好的情感体验，进而产生良好的同化效应。因此，具有相似特征（如相似的经历和年龄）的 TMT 的非正式沟通更为流畅，这促进了整个团队的相互交流，有助于在团队成员间形成有效的工作关系（March and Simon，1958）。诸如年龄、性别等人口统计特征常被个体用来作为自我分类的标准（Pelled，1996），团队被细分为各个不同的小群体。社会认同理论认为，任何显著特征都会导致群体成员身份的认同，即认为自己是群体的内部人，而将他者视为局外人。这种子群边界所形成的内部与外部人的观念和态度，可能会导致沟通和协作障碍，决定了后续的承诺和动机。

基于社会认同理论，同质性的 TMT 有助于团队的有效性。异质性的团队，成员易产生不适感、认知偏见和负面情绪。但也有学者另辟蹊径，认为异质性高的 TMT 代表更宽的社会类别集合（Richard and Shelor，2002；Webber and Donahue，2001），组织参与者更认同异质性 TMT 团队，接受他们的战略和行动计划。这样，异质性的团队更能战胜变革阻力及合理化周转过程（Leana and Barry，2000；Pardodel Val and Martinez Fuentes，2003；Reichers，Wanous and Austin，1997）。

第四节 行为决策理论

基于对古典决策理论的潜在理性假设的质疑，学者们提出行为决策理论（Social Identity Theory）。早期行为决策研究始于阿莱斯（Allais，1953）和埃尔斯伯格悖论（Ellsberg，1961）。在《管理行为》一书中，赫伯特·西蒙（Herbert Simon）认为，理性的和经济的标准都无法明确解释管理的决策过程，在此基础上提出“满意度”和“有限理性”的原则。在他看来，由于有限理性、未来和风险的高度不确定性、模糊性及时间和高信息成本的限制，使得管理者不可能穷尽所有可能的决策方案。西蒙的研究为行为决策理论奠定了基础，卡尼曼将行为决策的研究引入经济学领域。行为决策理论认为企业所制定的战略，不仅取决于企业拥有的资源与机会，也被经营者及其决策行为如态度、经验和情感以及动机等所决定。Kahneman 和 Tversky（1979）提出预期理论，并将决策者本身的行为特征引入传统决策模型①。这引发决策的研究方向回归到决策主体的研究热潮，

① Kahneman D.，Tversky A.. Prospect theory：An analysis of decision under risk［J］. Econometrica Journal of the Econometric Society，1979，47：263－291.

同时，研究重心逐步转移到具有支配能力的决策者本身。

行为决策的主体是群体或个体，行为决策理论是探讨实际中群体（或个体）如何决策和决策缘由的理论，它从描述决策者的决策行为出发，并从认知和心理学方面进行诠释，最后归纳出行为特征。行为决策理论的一般研究范式为：首先提出决策行为特征的相关假设，然后证实（或证伪）提出的假设，最后得出结论。其研究的侧重点有三个：一是以实际调查为依据，研究决策者的行为；二是关注决策者决策行为背后的心理认知和心理过程；三是研究决策者在判断和选择的过程中，影响其信息处理的机制及其所处的内外部环境，从而提炼出没被考虑到的行为变量，进一步修正和完善理性决策模型。

由于目标的多重性和环境状态的不确定性以及时间的动态性，决策的复杂程度常常超出个人的能力范围。群体决策因比个体决策具有更理性、客观及其"1 + 1 > 2"的增效性优势，在决策效果上更是具有个体决策所无法比拟的优越性，从而成为决策研究的热点。群体决策常常是一个具有启发性的过程。由于群体成员的知识结构、背景、经历和经验都不相同，每个人获得的信息也不尽相同，再者他们可能属于不同的利益集团。因此，他们对要选择的决策方案会有不同的偏好和期望，以及不同的理解，从而导致他们作出不同的抉择。群体决策的侧重点就是如何把单个成员的意见整合为集体的意见，以便实现群体决策的效果。解决问题的关键是促使群体成员交换信息、沟通思想、加强理解。群体决策过程模型研究表明，群体决策是决策者智慧集结和行为整合的结合，其效果在很大程度上取决于群体交互的行为过程。

群体决策的弊端是容易产生群体思维（Groupthink），即在群体决策时，其成员为寻求意见一致，不愿考虑其他决策方案和接受不同意见，不愿质疑群体的决策，致使群体决策的客观评估受到限制。

基于行为决策理论，研究决策效果不单要考察决策者的本身特征，更要考察其行为特征，提炼出行为变量。充分理解 TMT 群体的决策行为，企业可以更好地利用团队优势，获得更佳的决策效果。基于任务的交流和合作、信息共享的行为整合团队，可以增加反馈的机会和误差的纠正，促进团队成员间的信任和互惠，降低群体思维的副作用。

第五节　委托代理理论

委托代理理论源于对阿罗—德布鲁体系中的企业"黑箱"理论的批判，这一理论摒弃了对信息的完全性和对经营者的无私性的基本假设，促使人们深入研究企业内部结构。它主要是研究在激励相容和参与约束下，委托人和代理人的最优契约安排。委托代理理论遵循的是以“经济人”假设为核心的新古典经济学研究范式，其基本前提是人都是有限理性而自利的。

委托代理问题的产生，一方面，是经营者作为独立的经济人有着对自身利益的天然追求，总是追求股东财富最大化。作为代理人的经理有机会主义的倾向，可能产生道德风险行为。他们追求更高的自身收益，包括货币收益和非货币收益，这有可能损害经营者的利益。另一方面，委托人与代理人之间的信息不对称。委托人不可能观察到代理人经营行为和努力程度的全部信息，即使能够观察到也不可能被第三方证实，同样也无法将这些信息与企业绩效挂钩。针对上述情况，委托人需要设计某种契约或机制，以便作为对代理人的一种制约或激励，诱使代理人做出的努力程度和行为决策符合委托人的利益。信息不对称和风险行为是对委托代理理论的创新，企业通过建立完善的信息系统，可以减少决策的盲目性，提升决策效率。同时，可以控制经理人的机会主义倾向和道德风险。

本章主要阐述了高阶理论、社会认同理论、信息决策理论、行为决策理论和委托代理理论。这些基础理论为本书的 TMT 特征、行为整合及决策效果的关系研究奠定了坚实的理论基础，为后续假设的提出提供了理论依据。高阶理论强调 TMT 的人口统计背景研究的重要性，并在 TMT 特征与战略决策效果间搭建了理论的桥梁，同时这一理论所指出的过程研究的忽视，为本书行为整合研究指明了方向。委托代理理论和高阶理论都认为高管们的性格和偏好会影响组织的战略，只是影响的侧重点不同。不同学者正是在信息决策理论和社会认同理论的基础上搭建了 TMT 异质性研究的平台。行为决策理论则拓展了决策效果研究的视角，是团队过程行为整合研究的理论保障。

第四章　研究假设及模型构建

第一节　研究假设的提出

一、高管团队背景特征对决策效果的影响

企业行为理论认为，管理决策并不总是遵从理性动机，而是在相当大程度上被作为“自然人”的管理者所影响。复杂的战略决策是综合多行为因素作用的结果，是决策者特质的写照（Hambrick and Mason，1984）。

TMT 所做决策的特殊性、独一无二性，决定决策研究的显著意义在于理解决策能力构成的重要性。为应对超竞争环境及快速多变的外部市场，TMT 必须有效地处理内外部信息。而团队成员具有知识和技能的数量，团队处理信息及团队成员相互联系的方式，都将影响 TMT 信息处理能力①。因此，TMT 人口构成特征会对战略决策过程和效果产生影响，这也决定了其在战略决策研究中占有举足轻重的地位（Hambrick and Mason，1984）。Papadakis 和 Barwise（2002）通过实证研究发现，CEO 和 TMT 的人口统计特征对战略过程的影响大于其他情境因素，诸如外部环境、行业、规模、经营决策属性等②。

（一）高管团队年龄

年龄作为高管人员的一个重要人口背景特征，影响战略决策的视角和选

① Tushman M. L.，Nadler D. A.. Information processing as an integrating concept in organization design［J］. Academy of Management Review，1978，3（3）：613－624.

② Papadakis V. M.，Barwise P.. How much do CEOs and top managers matter in strategic decision－making?［J］. British Journal of Management，2002，13（1）：83－95.

择①，也是影响群体决策效果的重要因素。Bloom（1980）在研究护士群体成员社会特征对群体决策的影响时指出，平均年龄影响群体决策的过程和结果。年轻的TMT成员，他们对机遇的感知、判断、决策反应等认知能力处于一个很高的水平（如图4-1所示）。因此，他们具有更强的适应能力和创新力，决策反应速度更快，决策意愿更强。Bantel和Jackson认为，平均年龄较大的TMT，虽然在经验判断和社会关系网络方面具有优势，但平均年龄越大，他们的知识储备就较陈旧，更新缓慢。他们面临新的复杂环境时，会造成决策信心不足，不愿意轻易改变现有策略，从而使得公司丧失较多的市场机会。Wiersem和Bantel（1982）指出，随着年龄的增长，高层管理者的灵活性降低，致使刚性和变革的阻力增加。年长的高层管理者对外部环境的变化感知不敏锐，趋向于回避风险决策，一旦意识到可能有糟糕的结果，就不愿改变现状。这样，他们制定的企业战略就越发保守，变革公司战略的信念就愈加匮乏，这会导致出现低水平的决策效果。因此，本研究得出如下假设：

假设H1a：高管团队平均年龄对决策效果有显著负向影响。

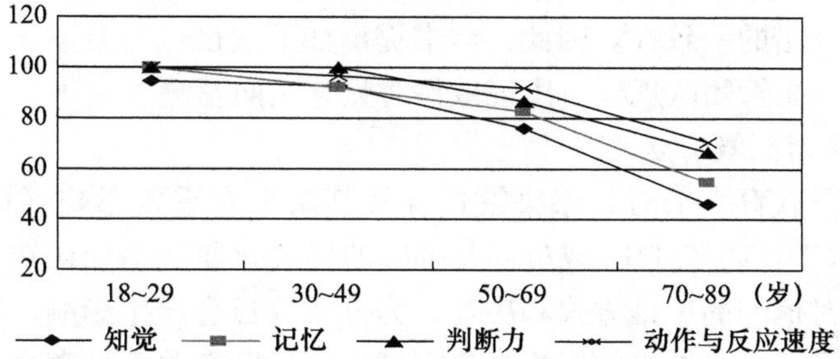

图4-1 年龄与综合认知能力关系

资料来源：德鲁克. 创新与企业家精神［M］. 海口：海南出版社，2000：50-56.

（二）高管团队任期

团队成员的加入时间是团队沟通模式的决定性因素，任期在一定程度上影响TMT对企业共同语言的熟悉和认知程度，促使他们选择不同的企业战略（Hambrick and Mason，1984；Finkelstein and Hambrick，1990；Zenger and Lawrence，1989）。TMT成员的任期与团队内的社会整合程度密切相关，较长时间的任期使得团队成员间有更好的交流沟通和磨合，能够减少冲突，更有利于知

① Wiersema M. F.，Bantel K. A.. Top management team demography and corporate strategic change［J］. Academy of Management Journal，1992，35（1）：97-121.

识信息的分享，团队更稳定（Finkelstein and Hambrick，1996；Eisenhardt and Schoonhoven，1990），团队的社会化程度更高（Katz，1982）。由于长任期体现一个自我选择的过程，在这个过程中，成员间相互吸引、相互影响，逐步同一化，形成相似的主导逻辑和认知结构，提升整个团队相互之间运作过程的效率，从而有利于共同决策。根据上述分析可知，长的 TMT 任期对团队的信息识别力和团队运作效率都有促进作用，这都将提升 TMT 的决策效果。因此，本书假设如下：

假设 H1b：高管团队平均任期对决策效果有显著正向影响。

（三）高管团队规模

信息处理是高层管理者的主要职责，这关系到组织决策的成败（Henderson and Fredrickson，1996）。众多研究发现，高管团队的人数是处理信息和制定战略决策时的重要资源。规模越大的团队会拥有更多的资源和技能（Schoonhoven，1990；Manjuka et al.，1991），信息处理能力就越强。规模大的团队可通过三种方式提升信息处理能力，一是增加团队决策过程中吸收和忆起的信息；二是增强个体的判断力，以纠正决策过程中的错误；三是对问题评估增加潜在的解决方案（Certo et al.，2006）。规模大的团队在决策时，能够及时处理信息，提升决策理解的一致性和承诺的一致性。因此，本书提出如下假设：

假设 H1c：高管团队规模对决策效果有显著正向影响。

（四）高管团队教育水平

研究表明，教育水平对战略决策过程及其结果有重要影响（Hitt and Tyler，1991）。教育水平反映了 TMT 成员一些基础的格式化属性，如认知方式和价值观等。这些属性对他们的思维方式和决策行为方式等都会产生影响，因此，探讨团队成员教育水平对决策结果的影响具有深刻意义。已有关于教育水平与个人能力与价值观的相关性，及其与战略的偏好、战略执行相关性的研究结论表明，TMT 的教育水平越高，团队获得的有效信息就会越多（Tihanyi，2000），聚集战略资源的相对效率会越高（Pesels and Yang，2000），他们越有可能制定和执行有利于企业发展的战略，并能更理性地决策（Bantel and Jackson，1989）。同时，具有较高教育水平的成员，有较强的学习和适应变化的能力及处理复杂性问题的能力。他们就能够积极跨越边界（Boundary Spanning），更能容忍歧义。他们能够在异常复杂的环境中保持清晰的思路，进行准确的战略定位，快速做出适合企业自身的投资决策。基于高阶理论，如果高层管理者拥有深厚的理论支撑和较高的教育水平，那么，他们在工作中就会有较高的威望，也更倾向于对新技术、新方法的模仿与创新。正确的投资决策取决于 TMT 对前期信息的处理过程，以及所具备的机会识别和认知能力，这些与高管人员所接受的教育和学习密切相关。

高管成员所接受的不同教育造就了他们特有的认知风格和知识构成，影响他们对外部环境的理解，以及对战略类型的选择和战略决策的实施和执行。Cho、Hambrick 和 Chen（1996）指出，TMT 的平均受教育水平越高的企业，其战略执行越明确、范围越广、速度越快，同时他们对外界刺激的反应也更迅速。因此，教育水平高的管理者具有更多知识和能力，这有助于他们在面对决策和复杂问题时，提出更合理的方法和更富创造性的解决方案（Bantel and Jackson，1989），更好、更准确地理解决策所带来的风险及收益，从而有助于提升决策质量及执行效果。本书提出如下假设：

假设 H1d：高管团队平均受教育水平对决策效果有显著正向影响。

二、高管团队异质性对决策效果的影响

（一）年龄异质性

年龄异质性是影响战略决策过程的重要的 TMT 背景特征之一（Tihanyi et al.，2000；Lawrend，1997）。在人口统计特征中，如年龄、性别、种族等显性的变量，比一些隐性的变量，更多地被个体用来作为自我分类的标准（Pelled，1996），容易形成内群体的偏爱。这种偏爱易引起内、外群体的出现及成员之间的成见（Williams and O'Reilly，1997），造成团队内的两极分化（Messick and Massie，1989）。因此在团队内，年龄异质性造成 TMT 成员对团队的满意度降低，凝聚力下降，团队内的交流和合作减少，增加冲突等负面效应（Crocker and Major，1989；Moreland，1985；Stephan，1985；Triandis et al.，1993）。很多实证研究支持了上述观点（O'Reilly et al.，1989；Zenger and Lawrence，1989；Riordan and Shore，1997）。因此，TMT 年龄的差异越小，团队关系越融洽，在决策时易达成一致，有利于团队成员对决策的理解和承诺，从而有利于决策效果。由此得出如下假设：

假设 H2a：年龄异质性对决策效果有显著负向影响。

（二）团队任期异质性

团队任期的异质性反映了低的冲突水平和更好的沟通模式（Bantel and Jackson，1989；Priem，1990）。由于高层管理者进入 TMT 的时间不同，经历的企业发展阶段和事件各异，造成他们对组织及其战略的解读不同（Katz，1982）。这使得 TMT 在决策时，具有更多信息来源渠道和对信息多层次的解释，可以产生多种战略备择方案，并对其进行全面的评估（Dutton，1987），从而有助于提升决策质量。团队任期异质性越大的 TMT，战略重塑机会就越多，企业战略改变程度就越大（Boeker，1997）。Athanassion 等（1999）研究表明，任期异质性越高的 TMT 成员，可以为企业开拓国际市场提供更多的战略方案，从而有助于团

队的决策水平的提升①。这样任期的异质性有利于形成有效的、高质量的决策，团队成员决策满意度也高。因此，本书提出假设：

假设 H2b：团队任期异质性对决策效果有显著正向影响。

（三）教育背景异质性

TMT 教育背景异质性包括教育学历异质性和教育专业异质性。教育学历异质性程度取决于团队成员获得非相似水平的学位的差异。团队成员的学历异质性越大，他们的认知水平和价值观就会有很大差别。在决策中，团队成员会有不同的思维方式和行动方式，易激发冲突，导致他们对战略计划、战略制定程序和战略目标及决策有很大的分歧（Knight，1999），很难达到满意的战略决策效果。Simons（1999）指出在没有讨论前，由团队教育学历水平异质性造成的认知差异，只能滞留在初始阶段，未能实现各自观念的相互交流和融合。因此，本书提出如下假设：

假设 H2c：教育学历异质性对决策效果有显著负向影响。

教育专业与个人专业技能的形成紧密相关，与企业战略选择和决策效果有更直接的关系。因此，研究者将它作为 TMT 教育背景异质性研究中的另一个侧重点。管理者的不同教育专业背景会影响到他们知识构成、观念的形成及工作取向，从而影响整个 TMT 对外部环境的理解，影响他们所采取的战略类型以及团队效率。Smith 等（1994）发现教育专业异质性显著正向影响组织战略变革。战略决策本身就是复杂问题，团队教育专业的异质性越大，越能获得一系列多元的信息、技能和观念。高管团队对获取的信息就有多种筛选的可能，可更准确地识别出与企业的战略和决策活动相关的信息，进而为战略的多元化提供实现的条件。同时，在决策中他们就会拥有更多关于战略制定、战略方案的设想，进而能够更好处理必须考虑的各种相关问题。Amason 等（1997）的观点与此同出一辙，他们指出具有不同教育专业的 TMT 成员，可以从不同专业角度看同一问题，分析复杂问题视角更宽泛，可提出更多有建设性的建议，从而有利于改善 TMT 的战略决策质量。因此，本书提出假设：

假设 H2d：教育专业异质性对决策效果有显著正向影响。

（四）职业背景异质性

TMT 职业背景显著影响他们做决策和分析的视角（Wiersema and Jackson，1989）。管理者在不同企业及在同一企业的不同职能部门，所积累的工作经验影响了他们对所从事职业所需技能的熟练程度，以及他们对这一领域知识的把握和领悟。职业背景的差异反映不同技能叠加的程度（Ucbasaran et al.，2003），是

① Athanassion N.，Nigh D.. The impact of U. S. company internationalization on top management team advice network［J］. Strategy Management Journal，1999，20（1）：83－92.

信息不对称分布的重要来源。Dearborn 和 Simon（1958）研究表明，从整个公司的角度出发对同一问题进行讨论时，不同职能部门的经理总是会先考虑自己所在部门的行动和目标。同时，他们还发现工作经历相似的经理们，其观念也相近。这种与职业经验相关的知识、观念、工作取向影响了 TMT 对外部环境的理解、战略制定和战略选择，进而影响决策效果。Seigyoung 等（2005）研究表明，若不考虑调节变量，TMT 职业背景异质性对以创新为导向的战略决策产生不利影响，而且这种负面影响会随环境动态的复杂性增强而增强。高的 TMT 职业背景异质性，会导致团队成员工作语言的差别很大。他们根据自己所熟悉的职能领域来思考、决策，导致对决策理解的不一致，及低的决策质量。古家军（2008）证实高异质性职业背景，导致 TMT 决策成本增加，决策速度降低。国内其他学者的研究也得出职业背景异质性不利于团队的决策质量的结论（常极，2008；张平，2005；黄丹，2011）。因此，本书提出假设：

假设 H2e：职业背景异质性对决策效果有显著负向影响。

三、高管团队行为整合对决策效果的影响

由于人类的有限理性，任何决策者都有其认知的局限性。为了将认知能力发挥到极致，决策者需要进行全面性的决策，而不能简单地凭借直觉做决定。换言之，决策者要综合考察所有的备选方案，全面地分析验证，并以多种标准进行评估。决策过程就是确保信息的获得和使用，这一论断是群体决策研究的主要出发点①。Van Knippenberg 等（2004）指出多样性发挥作用的前提是，任务相关信息的详尽阐述，即团队内部交换、讨论和整合相关信息。Katz 和 Kahn（1978）认为群体决策要有两个必要的前提：其一，团队成员要有影响团队方向、参与和支持团队的意愿及决策能力。其二，团队目标的实现必须依赖于团队成员的决策。Arendt、Priem 和 Ndofor（2005）表明要使团队成员对战略决策形成共识，不能仅依赖于领导者的权威，这种迫于层级关系的压力而形成的决策共识对决策效果的提升是没有好处的。提升决策质量的最佳方式是促进领导者与团队成员间的交流互动，使得领导者通过外部社会联系获取的有用知识和有效信息能够及时传递给决策团队成员，同时团队成员的想法和困惑也可得到建议和解答。只有构建这样的由领导者作为中间节点串联起来的知识和信息的流通渠道，企业领导者和决策团队才能够更好地形成战略决策共识，提升决策质量②。

---

① Saunders C., Miranda S.. Information acquisition in group decision making [J]. Information Management, 1998, 34 (1): 55-74.

② Arendt L. A., Priem R. L., Ndofor H. A.. A CEO-Adviser model of strategic decision making [J]. Journal of Management, 2005, 31 (5): 680-699.

（一）团队合作

合作可提供高的团队信息进程水平（Leifer and Mills，1996），可优化配置人力资源，发挥成员多样性作用，还能确保团队成员高效完成互助性任务，提升决策质量。TMT 的合作行为能够使高管成员重新审视工作任务分配的合理性，更高效地利用互补的资源和技术，提高决策的复杂性，提高整个高管团队的心智能力和反应能力，以便更好地了解复杂的流程，从而有效地处理和诊释信息，有助于形成一致性的承诺（Yukl，2002；Zaccaro，1997）。学者们证明当团队面对更复杂的情况或结构不良时，越开放和合作的团队，越能提升决策质量（Kerr and Tindale，2004）。

（二）决策参与

在团队决策中，主要通过团队成员讨论的方式来实现信息的获取和使用。如果团队成员参与决策，并在决策中充分表达了自己的意见，而且最后形成的决策与他们所施加的影响相关，他们更容易在决策的执行过程中形成一致性的承诺①②，更愿意付出努力使自己参与的决策变成现实。群体决策研究认为，团队常常不能有效运用所掌控的信息资源（Rodbeek et al.，2007；Certo et al.，2006；Harrison and Klein，2007），若信息不能被有效表达和使用，势必影响决策效果。对于 TMT 成员而言，交换和共享已知的信息，讨论对信息的理解和感受，比简单的信息搜寻更为有效（Dahlin et al.，2005）。

我国早就有"兼听则明，偏信则暗"的说法，强调决策者要想对事物有正确认识，就要多方面听取意见，这也凸显获得充足信息的必要性。Erez、Earley 和 Hulin（1985）的研究表明，团队成员只有在自由讨论和观点共享时，才能对最后决策作出更多承诺③。他们将从中获得对风险、不确定性和确保决策质量的必要措施的更广泛理解。当然，公开讨论交流会导致意见不一致，甚至有时会给团队成员造成不适，但团队成员最终会从表达和倾听这些不同的意见中获得来自不同观点的知识增量。这会促进共同愿景的实现，即将分歧综合成认可的方案，最终实现战略决策的抉择。因此，要形成决策承诺，就需要提高团队成员参与决策的程度。

Sarin 和 Me Dermott（2003）指出，当团队成员能够参与决策制定过程时，就能激励更多观点的产生，更能促进合作，增强团队解决问题的能力。

---

① Folger R. G. . Distributive and procedural justice: Combined impact of voice and improvement of experienced inequality [J] . Journal of Personality and Social Psychology, 1977, 35: 108 – 119.

② Lind E. A. , Tyler T. R. . The social psychology of procedural justice [M] . New York: Plenum, 1988: 34 – 39.

③ Erez M. , Earley P. C. , Hulin C. L. . The impact of participation on goal acceptance and performance: A two – step model [J] . Academy of Management Journal, 1985, 28 (1): 50 – 66.

De Dreu 和 West（2001）认为团队成员参与决策的程度与对异议的坚持相结合可产生创新性的决策，能提高团队认知、消化、吸收和应用各种不同方案及多元化观点的能力，进而提升他们对决策结果的一致性理解程度。

Talaulicar、Grundei 和 Werder（2005）发现在 TMT 内关于不同方案的公开争论有助于提高决策的全面性①。Eisenhardt（1989）也发现，高管在决策过程中公开挑战其他 TMT 成员的意见，将提高决策质量②。因此，高管团队的决策参与能够保证决策制定的完整性，提高他们执行决策的力度，提高团队成员的决策承诺，提高决策质量（Barriek et al.，2007；Carmeli and Sehaubroeek，2006；Ling et al.，2008）。

（三）有效沟通

及时、有效的沟通是实现团队信息快速传递与知识共享的重要途径。Stasser 和 Titus（1985、1987）将决策中的信息分为共享与非共享信息。他们指出信息共享的方案易被团队采纳，而非共享信息若未能得到有效沟通，即使质量再高，也可能被束之高阁③④。TMT 沟通网络密集度影响他们的决策效果，团队成员间的有效沟通能够激发团队成员创造力和创新能力（Johnson，1990）⑤，提升信息交换和团队凝聚力。尽管管理者的辨识能力有赖于背景和经历（Goll and Rasheed，2005）⑥，但 TMT 成员沟通越多，就越能充分分享信息，激励产生不同见解，提升团队认知能力，进而提升决策的理解力，提升决策效果（Larson et al.，1998）。因此，有效沟通使公司决策得到准确理解，并能迅速得以实施。

TMT 的行为整合影响团队的决策质量和企业绩效。TMT 特征、团队行为的整合程度与决策行为密切相关（Simsek et al.，2005），对企业的经营决策、经营业绩，尤其是战略决策、业绩增长起着至关重要的作用。Abraham（2006）指出

---

① Talaulicar T.，Grundei J.，Werder A.. Strategic decision making in start - ups: The effect of top management team organization and process on speed and comprehensiveness [J]. Journal of Business Venturing, 2005, 20 (4): 519 - 541.

② Olson B. J.，Parayitam S.，Bao Y.. Strategic decision making: The effects of cognitive diversity, conflict, and trust on decision outcomes [J]. Journal of Management, 2007, 33 (2): 196 - 222.

③ Stasser G.，Titus W.. Pooling of unshared information in group decision making: Biased information sampling during discussion [J]. Journal of Personality and Social Psychology, 1985, 48 (6): 1467 - 1478.

④ Stasser G.，Titus W.. Effects of information overload and percentage of shared information on the dissemination of unshared information during group discussion [J]. Journal of Personality and Social Psychology, 1987, 53: 81 - 93.

⑤ Johnson J. D.. Effects of communicative factors on participation in innovations [J]. Journal of Business Communication, 1990, 27 (1): 7 - 22.

⑥ Goll I.，Rasheed A. A.. The relationships between top management demographic characteristics, rational decision making, environmental munificence, and firm performance [J]. Organization Studies, 2005, 26 (7): 999 - 1023.

TMT行为整合有助于战略决策的质量，可降低组织衰退的速度。Carmeli和Schaubroeck（2006）在研究TMT行为整合、决策质量和组织衰退时，发现高管团队行为整合水平越高，决策质量就越高。Tsai和Ghoshal（1998）认为TMT成员以非正式方式来交换意见，提高了社交频率，将交际范围延伸到私人领域。这样不仅可以增强团队成员间的信任度、认同感，而且可以反映他们对决策内容的真实态度、观点和动机，最终促进信息资源的整合，提升决策效果。行为整合的团队可以更好地利用来自高管们的不同类型的见解。拥有较高行为整合水平的TMT通常能做出满意的决策，并表现出更好的团队绩效（Siegel and Hambrick，1996）。综上，本书提出如下假设：

假设H3：高管团队行为整合各维度显著正向影响决策效果。

假设H3a：团队合作对决策效果有显著正向影响。

假设H3b：决策参与对决策效果有显著正向影响。

假设H3c：有效沟通对决策效果有显著正向影响。

四、高管团队背景特征对行为整合的影响

Pfeffer（1983）认为："人口统计学特征是一个非常重要的解释变量，该变量对一系列中介变量和过程产生影响。"Hambrick（1994）发现当一个团队缺乏团队属性时，人口统计学特征也就失去了预测的意义。Simsek等（2005）证实了高管团队的人口统计学特征对TMT行为整合水平能够起到解释作用。这些研究将TMT的人口统计特征与行为特征做了很好的连接。

年龄代表高管的阅历和风险偏好。年轻的高管思维活跃、精力充沛，具有很强的适应能力，对环境的变化更敏感。他们更愿意交流不同意见，讨论较多，决策参与水平较高，在战略制定和执行过程中，更能进行充分的沟通和互动（Stevens，Beyer and Trice，1978）。虽说年龄越大的高管，工作经验越丰富，可用经验资源增加了，但记忆力下降，沟通和协调问题也会随之加剧。综上，本书提出以下假设：

假设H4a：高管团队平均年龄对行为整合水平有显著负向影响。

团队规模"简约性地代表了团队的结构和构成情境"①。随着TMT团队规模的增大，成员间观点和价值导向差异，乃至权力差异也会增大②③，这会增加团

---

① Amason A. C.，Sapienza H. J.. The effects of top management team size and interaction norms on cognitive and affective conflict [J]. Journal of Management, 1997, 23 (4): 495-516.

② Wiersema M. F.，Bantel K. A.. Top management team demography and corporate strategic change [J]. Academy of Management Journal, 1992, 35 (1): 91-121.

③ Smith K. G.，Smith K. A.，Olian J. D.，et al. Top management team demography and process: The role of social integration and communication [J]. Administrative Sciences Quarterly, 1994, 39: 412-438.

队协调和沟通成本。团队规模越大，所产生的问题也越多，如子团队的出现，团队矛盾冲突升级，加剧了团队的分化（Wiersema，1992）。团队成员信息的不对称，利益和权力分配所导致的目标不一致，非正式沟通会变得困难，团队合作效率降低。即使在正式沟通时，团队成员可能考虑到各自的利益集团，不会也不愿表达不同意见和看法。长此以往，团队成员决策参与的积极性会减退，团队合作的兴致不高。相对来说，规模小的团队更加容易进行非正式沟通，团队凝聚力较强（Amason et al.，1997）。综上，本书提出假设：

假设 H4b：高管团队规模对行为整合水平有显著负向影响。

根据信号传递模型，教育水平不一定是能力的绝对判定标准，但能够作为能力的表征①。因此，教育水平反映了个体的知识和能力基础，对个体的认知、判断和决策过程有很大影响。教育水平较高的高层管理者，视野开阔，能够对组织内外部环境有全面深刻的认识，洞察环境的变化，及时作出判断。他们愿意并积极参与决策，在决策中乐于倾听不同的意见，讨论不同的决策方案。教育水平较高的团队，非正式沟通和集体互动的频率也较高，这使得他们更愿意协助其他成员完成工作，实现跨部门的合作。综上，本书提出假设：

假设 H4c：高管团队平均教育水平对行为整合水平有显著正向影响。

团队任期是团队过程的重要决定因素。伴随团队任期的增加，团队成员共同工作的时间也随之增加，团队成员对所在组织和行业的认识和了解会更多，他们就可以更好地理解组织程序和政策及完成工作的工作方式。长任期被视为团队经验和组织语言的指示器（Marcb and Simon，1958），团队成员互动和团队凝聚力增强，团队更稳固。而且在长任期中，团队成员增进彼此了解，会逐步形成经验共享，共识会趋于一致，从而减少冲突，有益于团队的合作和有效沟通②。综上，本书提出假设：

假设 H4d：高管团队平均任期对行为整合水平有显著正向影响。

五、高管团队异质性对行为整合的影响

社会心理学研究发现，相似者相吸（Similarity Attraction Paradigm），也即人们总是有意识或无意识地乐于和与他们具有类似特征的人交往互动（Byrne，1971；Berschied，1985；Schneider，1987；McPherson and Smith - Lovin，1987）。持这种心态的人总是将自己与他人进行比较和划分，遵守本团队的行为规则，排

① 鲁倩，贾良定．高管团队人口统计学特征、权力与企业多元化战略［J］．科学学与科学技术管理，2009（5）：181 - 187.

② Tihanyi L.，Ellstrand A. E.，Daily C. M.，et al.．Composition of the top management team and firm international diversification［J］．Journal of Management，2000，26（6）：1163.

斥不属于本团队的人。尽管一些研究者指出异质性的团队能洞察敏感的战略问题，能为复杂的竞争挑战、动态环境及决策质量提供匹配的认知水平和经验（Ferrier，2001）①。但异质性引发的摩擦冲突使得团队成员间信息交换变得困难（Ancona and Caldwell，1992），阻碍了团队决策过程（Williams and O' Reilly，1998），降低了战略决策过程中寻求行为一致性及非正式沟通的数量和质量，也降低与任务相关运作过程的效率（Knight et al.，1999；Simons et al.，2000；Smith et al.，1994）。而且异质性 TMT 团队成员间规范、准则和目标的差异，会造成成员间相互不信任甚至形成对立（Hambrick et al.，1996）。同时也导致团队内成员间交流和合作的减少，成员对团队的满意度降低，团队凝聚力下降。因而，异质性的团队很少进行社会整合和频繁沟通（Wagner et al.，1984）。

作为共同经验和背景代理度量的人口统计特征，年龄、任期和职业都影响职业语言的形成。背景和经验的差异导致职业语言的差异更大，如来自营销、制造和财务部门的成员会有不同的时间取向，可能对产品和市场的基本术语都会有不同的理解，因而会限制不同职业背景团队成员的沟通（Zenger et al.，1989）。Zenger和 Lawrence（1989）指出，年龄相似的团队成员，经历相同的历史环境和事件，都具有映射独特历史阶段和生活经历的人格特质。他们更愿意进行非工作场合的交流和经验分享及沟通。非工作经验的分享，促使年龄相仿的成员间对与工作相关的态度、信念和兴趣进行共享。团队成员加入的时间不同，使得他们在团队内没有足够多的共同时间来交流，分享各自不同的经验和不同的观点。这样不能吸引团队成员为共同组织目标而努力。高水平的任期异质性与低水平的外部沟通和信息传播，低水平的目标和准则的一致性及低的社会化水平相关②。沟通模式的稳定趋势是围绕相似任期内的集中交流而展开的。一些研究者证实，同质性或相似的团队成员能促进行为整合（O' Reilly，Snyder and Boothe，1993）。综上所示，异质性的 TMT 会增加冲突，降低凝聚力，使内部沟通变得复杂化，阻碍团队合作（Dougherty，1987；Kiesler，1978；Shaw，1971；Pfeffer and O' Reilly，1987）。基于此，本书提出以下假设：

假设 H5a：高管团队年龄异质性对行为整合水平有显著负向影响。

假设 H5b：高管团队任期异质性对行为整合水平有显著负向影响。

假设 H5c：高管团队教育学历异质性对行为整合水平有显著负向影响。

假设 H5d：高管团队教育专业异质性对行为整合水平有显著负向影响。

---

① Ferrier W. J.. Navigating the competitive landscape: The drivers and consequences of competitive aggressiveness [J]. Academy of Management Journal, 2001, 44 (4): 858 –877.

② Zenger T. R., Lawrence B. S.. Organizational demography: The differential effects of age and tenure distributions on technical communication [J]. Academy of Management Journal, 1989, 32 (2): 355 –360.

假设 H5e：高管团队职业背景异质性对行为整合水平有显著负向影响。

六、行为整合的中介作用

任何战略都必须切实落实在团队成员的行为层面，才会对其行为效果产生影响。高管成员独特的经历，以及在此基础上形成的认知和动机等，是决定战略决策效果的关键因素（Kotter，1982；Hambrick，1996）。高管团队的背景特征如何影响决策效果的行为过程并不完善，结果也不稳定。尽管学者们加入如冲突等变量用以揭示 TMT 特征与决策效果的关系，但行为整合才是揭开"黑箱"的关键。行为整合的团队能够共享信息、资源和参与决策，进而提升决策效果。陈权等（2014）在研究战略决策过程时，提出基于 TMT 特征影响战略决策绩效的模型，在模型中将行为整合作为中介变量①。综上所述，提出如下假设：

假设 H6a：行为整合在高管团队背景特征与决策效果间发挥中介作用（如图 4－2 所示）。

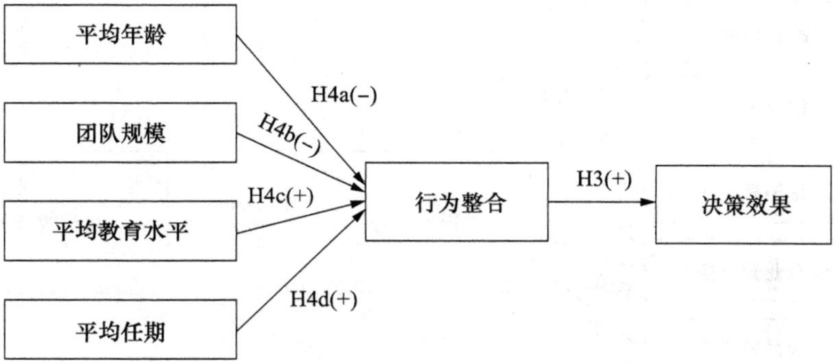

图 4－2　行为整合在 TMT 背景特征与决策效果间的中介作用

如前所说，异质性是把双刃剑。一些学者从信息决策理论角度出发，认为异质性可以促进任务相关信息和团队内部观点的细化。另一些学者从社会认同理论角度出发，认为异质性的高管团队容易形成小群体（我们—他们）的分类和界限。Knippenberg 等（2004）将上述矛盾结果归因于异质性研究中"主效应"研究方法的普遍使用，因为主效应方法忽略中介变量，如果不考虑中介变量会妨碍异质性对组织结果关键作用的有效发挥。因此，就有必要在异质性和决策效果中间加入其他变量（Joshi and Roh，2009；Rei，Castillo and Dobon，2007；Williams

① 陈权，张凯丽，施国洪．高管团队战略决策过程研究：一个理论模型——基于行为决策理论［J］．管理现代化，2014（1）：36－39.

and O'Reilly，1998）。

West 和 Anderson（1996）认为异质性既能带来团队观点和思路多样化的收益，也能导致团队成员之间的冲突。异质性的 TMT 若能实现团队成员间信息交换和分享，成员间适度地公开讨论，团队成员充分决策参与，则有助于团队成员公开和坦诚地交流观点，消除产生的冲突，并使团队冲突转化为建设性的争论（Simons et al. ①，1999；West and Anderson②，1996），进而提升决策效果。团队成员之间的信息交流和相互讨论过程，促使他们重新审视和评析自己的观点，并重新考虑是否忽略了关键的影响因素。高管团队通过深入的信息处理和任务相关信息的细化（Dahlin et al.，2005；Van Knippenberg et al.，2004）③④，以及团队成员通过沟通了解彼此的专业知识领域，那么团队可通过合作互换知识中获益（Rulke and Gelaskiewicz，2000）⑤。因此，假设如下：

假设 H6b：行为整合在高管团队异质性特征与决策效果间发挥中介作用（如图 4－3 所示）。

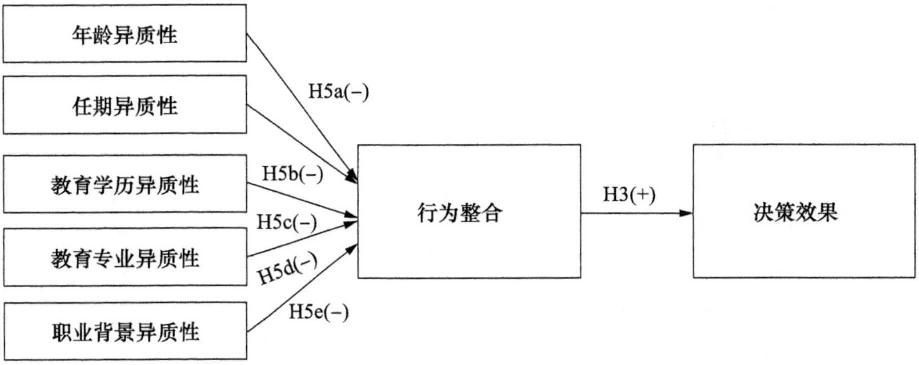

图 4－3　行为整合在异质性特征与决策效果间的中介作用

---

① Simons T.，Pelled L. H.，Smith K. A.. Making use of difference: Diversity, debate, and decision comprehensiveness in top management teams [J]. Academy of Management Journal, 1999, 42 (6): 662－673.

② West M.. A.，Anderson N. R.. Innovation in top management teams [J]. Journal of Applied Psychology, 1996, 81 (6): 680－693.

③ Dahlin K. B.，Weingart L. R.，Hinds P. J.. Team diversity and information use [J]. Academy of Management Journal, 2005, 48 (6): 1107－1123.

④ Van Knippenberg D.，De Dreu C. K. W.，Homan A. C.. Work group diversity and group performance: An integrative model and research agenda [J]. Journal of Applied Psychology, 2004, 89 (6): 1008－1022.

⑤ Rulke D. L.，Gelaskiewicz J.. Distribution of knowledge, group network structure and group performance [J]. Management Science, 2000, 46 (5): 612－625.

第二节　模型构建

基于上述文献综述和理论分析，本研究构建模型（如图 4－4 所示）。

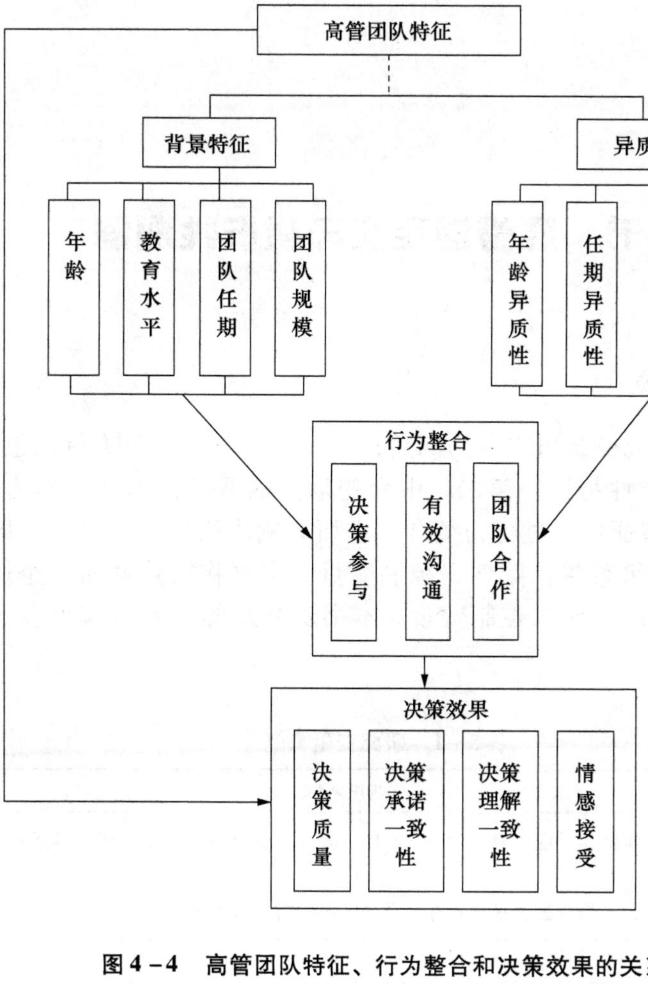

图 4－4　高管团队特征、行为整合和决策效果的关系模型

第五章　研究设计、数据收集与分析方法

第一节　变量的定义与操作性测量

一、变量的定义

本书所涉及的研究变量可以分为四类：第一，自变量。TMT 特征包括 TMT 背景特征和 TMT 异质性特征。第二，中介变量。本书以行为整合作为中介变量。我们认为 TMT 特征要通过行为整合，进而影响决策效果。第三，因变量。本研究的因变量是决策效果。第四，控制变量。本书将行业性质、企业规模、企业年龄和企业发展阶段作为控制变量。本书所涉及的变量具体见表 5 – 1 和表 5 – 2。

表 5 – 1　研究变量

变量类型	变量名称
自变量	TMT 异质性：年龄异质性、教育学历异质性、教育专业异质性、职业背景异质性、任期异质性 TMT 背景特征：平均年龄、平均教育水平、平均任期、团队规模
中介变量	行为整合
因变量	决策效果
控制变量	企业规模、行业性质、企业发展阶段、企业年龄

资料来源：作者整理。

表 5-2 变量名称和符号

变量名称	变量定义
因变量	
Decision effectivenss	决策效果
自变量	
Average age	平均年龄
Average education level	平均教育水平
Average team tenure	平均任期
Team size	团队规模
Heterogeneity of age	年龄异质性
Heterogeneity of education degree	教育学历异质性
Heterogeneity of educational specialization	教育专业异质性
Heterogeneity of team tenure	任期异质性
Heterogeneity of functional background	职业背景异质性
控制变量	
Enterprise size	企业规模
Industry nature	行业性质
Enterprise development stage	企业发展阶段
Enterprise age	企业年龄

资料来源：作者整理。

二、研究变量的操作性测量

（一）自变量和控制变量的测量

1. 高层管理团队

在实证研究中，大多数学者普遍采用 Hambrick 和 Theresa 在 1996 年界定高层管理团队的方法：副总裁层级以上的所有经理人包括副总经理、总裁、总经理等。本书将高管团队界定为包括公司总经理、副总经理或相当于副总经理级的高层管理人员，不包括不在公司任职的董事或监事。

2. 平均年龄

年龄是连续型变量，本书把平均年龄定义为该企业 TMT 成员年龄的平均值，等于 TMT 成员年龄总和除以团队成员总数。公式如下：$A = \frac{\sum_{i=1}^{n} a_i}{n}$，其中，$A$ 为

TMT 的平均年龄，a_i 为第 i 个团队成员的实际年龄，n 为该团队成员的总人数。

3. 平均任期

高管团队成员的团队任期是得到理论和实证研究关注最多的特征（Finkelstein and Hambrick，1996）。团队平均任期为 TMT 成员的任期年数总和除以团队成员总数，公式如下：$T = \frac{\sum_{i=1}^{n} t_i}{n}$，其中，$T$ 为 TMT 的平均任期，t_i 为第 i 个团队成员的任期年数，n 为该团队成员的总人数。

4. 平均教育水平

受教育水平往往会影响团队成员的决策导向和决策方式，因而被视为重要的变量。本书将教育水平分为五个层次：中专、高中及以下，大专，大学本科，硕士研究生（含 MBA 或 EMBA）和博士研究生，分别赋值为 1、2、3、4、5。平均教育水平变量可以表示为企业高管成员按照教育程度分类所附值的总和除以成员总数，公式如下：$E = \frac{\sum_{i=1}^{n} e_i}{n}$，其中，$E$ 为 TMT 的平均教育水平，e_i 为第 i 个团队成员的受教育程度的取值。

5. 教育专业

本书参考已有的文献（Tihanyi et al.，2001；Hambrick，Cho and Chen，1996）结合我国教育部对专业的划分，将教育专业分为科学工程（理学、工学、农学和医学）、经济管理（经济学、管理学）、法律（法学）、文学艺术（文学、哲学、历史学）、其他（教育学和军事学，以及无教育专业者）五类，分别赋值为 1 ~ 5。

6. 职业背景

高层管理团队的职能划分上有很多种分类标准。Hambrick 和 Mason（1984）将职能背景分为产品、生产和外围三类。Daellenbach 和 McCarthy（1999）将高层管理者的职业背景划分为财务、法律、生产、工程技术、研发和营销六类；而 Tihanyi 等（2000）则将其划分为工程、行政、市场、研发、财务会计、生产和法律七大类。本书参考国内学者根据我国企业高管的职业特点，所进行的划分是：研发、生产制造、市场营销、金融财会、法律、行政管理（包括党务、共青团、工会等）、政府职员及人力资源八类（张平，2006），分别赋值为 1 ~ 8（见表 5 - 3）。考虑到团队成员在任期内会在不同职能部门工作，故而计算时参照 Hambrick、Cho 和 Chen（1996）的计算方法，将每个团队成员从事时间最长的职业代表其职业背景。

表 5-3 TMT 成员教育专业、职业背景划分

教育专业		职业背景	
科学工程	1	研发	1
经济管理	2	生产制造	2
法律	3	市场营销	3
文学艺术	4	金融财会	4
其他	5	法律	5
		行政管理	6
		政府职员	7
		人力资源	8

7. 团队规模

团队规模是指高管团队成员的数量，本书将团队规模定义为符合上述定义的高管团队人员的数量。

8. 企业规模

企业规模不同，所拥有的资源不同。本书将企业规模作为控制变量，采用 Carpenter（2002）、Richard 和 Shelor（2002）测量企业规模时所用的指标为企业的总员工数。但如果直接使用原始数据计算，将会因企业总员工数值过高带来偏差，并且对回归分析结果产生不利影响。因此，在计量企业规模变量时，采用员工数量的自然对数，这样有利于消除异方差，可以更好地进行回归分析。

9. 行业性质

行业特征是导致结果差异的重要因素（贺远琼，2009）。组织所处行业性质的不同会影响组织对决策的态度。本书将企业所处行业的性质划分为高科技（指计算机、网络、软件、电信、通信、电子、生物工程及化工等科技含量高的行业）、传统制造业（指机械、设备、仪表、纺织、建材等科技含量低的行业）、建筑或房产、商贸或服务（包括运输、仓储、金融、保险、创意、娱乐、旅游、会所、会展、餐饮和教育）及其他。由于本书所收集的样本中高科技和制造业居多，因此把样本企业合并为三个产业：高科技、制造业和其他，用两个虚拟变量控制行业的影响，0 表示不是该行业，1 表示是该行业。即：

$$D_1=\begin{cases}1 & \text{高科技}\\0 & \text{其他}\end{cases},\quad D_2=\begin{cases}1 & \text{制造业}\\0 & \text{其他}\end{cases}$$

10. 企业发展阶段

本书将企业发展阶段分为初创期、成长期、成熟期、转型期，将四个阶段分别赋值为 1、2、3、4。

11. 企业年龄

企业年龄指企业成立的实际年数。

（二）异质性的测量

组织领域的研究者常将异质性作为一个重要的自变量。异质性与背景特征均值是有差别的，背景特征均值侧重于团队在某些人口背景特征变量上的总体水平的平均值，异质性则强调人口背景特征变量差异。一些背景特征均值较低的团队有可能异质性较高。对于异质性特征的测量方法，研究者曾用过熵基指数（Teachman，1980）和关系型多样性指数法。这两种方法的公式分别为 $D = -\sum_{i=1}^{n} p_i \ln p_i$ 和 $D = \sum_{i=1}^{n} \sqrt{1 - p_i}$，其中 $i=1, 2, \cdots, n$（P_i 表示第 i 类成员在团队中所占的比例）。

在现有研究中，TMT 异质性的操作性测量通常采用组成法，即计算每种背景特征在团队成员间的分布。具体有两种计算方法：一是计算特征在团队成员间的差距，如变异系数（Coefficient of Variation）；二是采用何梵德—赫希曼（Herfindal—Hirschman）系数。但具体使用哪种方法来进行测量并无定论。有学者认为变异系数更适合测量年龄和任期，正如 Allison（1978）指出变异系数较适用于连续性变量的测量。也就是说，在测量年龄异质性和任期异质性这两种连续变量时，采用变异系数能更好地反映团队的实际年龄和任期状况。相反，在对名义尺度的数据教育背景异质性和职业背景异质性进行测度时，国外学者多青睐何梵德—赫希曼系数。其公式为：$H = 1 - \sum_{i=1}^{n} P_i^2$（其中，$P_i$ 指 TMT 成员中第 i 类成员所占的百分比）。据此可推算出最后的 H 值（$0 < P \leqslant 1$），一般以 0.5 分界，H 值越大，则表示高层管理团队的该项异质性越高。张平（2005）在研究中对年龄异质性和任期异质性的测量采用变异系数 $\frac{\sigma}{\bar{X}}$（σ 为测量变量的标准差，$\bar{X}$ 为测量变量的平均值），采用何梵德—赫希曼系数对教育背景异质性和职业背景异质性来进行测量。本书认为这种方法既符合相关研究的实际，又比较科学严谨。因此，本研究对高层管理团队的年龄异质性和任期异质性采用变异系数法，而对高层管理团队的教育背景异质性和职业背景异质性采用何梵德—赫希曼系数法。

（三）行为整合的测量

Simsek 和 Lubatkin（2005）以 Hambrick（1994）的研究为基础，参考并概括 Mooney（2000）、Eby 等（1997）和 Seers（1989）的量表，开发出可操作的行为整合量表，用三个维度九个题项进行测量。为保证测量题项的准确性，Simsek 进行量表的信度检验（α＝0.85），这表明量表数据与测度变量之间具有较高的一致性。为分析测量模型对样本数据的整体拟合水平，Simsek 使用 SEM 拟合指数来判定（见表5－4），验证拟合程度良好。Abraham Carmeli 等（2006）在探讨高管团队行为整合、决策质量和组织衰退时使用了 Simsek 的量表，进行主成分分析，提取旋转因子，结果表明，量表具有比较高的理论贡献。为了适合本土化的研究，姚振华和孙海法（2010）改进了 Simsek（2005）的量表，并对行为整合的三个维度进行探索性因子分析，抽取出三个因子，所有条款的因素负荷都大于0.5，范围从0.621至0.828，决策参与、开放沟通和团队合作内部一致性系数为0.82、0.74、0.70，在之后的模型拟合水平的检验也表明拟合程度较好。本书参考姚振华、孙海法和古家军（2009）提出的量表，并在此基础上形成本研究的量表（见表5－5），对量表进行预试分析。采用 Likert 7 点量表来评分，从1（完全不符合）到7（完全符合）。

表5－4　Simsek 拟合指数

χ^2	GFI	AGFI	CFI	IFI	NFI	TLI	SRMR
39.4	0.98	0.96	0.99	0.99	0.98	0.98	0.03

资料来源：Simsek Z.，Lubatkin M. H.. Modeling the multilevel determinants of top management team behavior integration [J]. Academy of Management Journal, 2005, 48 (1): 69－84.

表5－5　行为整合测量

题项内容
团队合作
某位成员忙时，其他成员都会帮助他分担工作任务
班子成员经常互相支持工作
当成员分管领域间的配合出现问题时，常会互相告知
决策参与
班子内鼓励大家提出各自不同意见
班子成员的不同意见都能得到认真对待
班子成员有不同意见时能够进行争论
有效沟通
班子成员决策时能充分地分享相关信息
班子成员为工作的事情除了开会等沟通外，私下也经常交流
班子成员对沟通所传递的信息以及信息带来的有效性感到满意

资料来源：根据姚振华、孙海法和古家军提出的量表整理而成。

（四）决策效果的测量

对于 TMT 决策效果的测量，本书使用 Amason（1996）提出的量表，用四个维度——决策质量、决策理解一致性、决策承诺一致性和情感接受性，共 18 个题项来测量。其中决策质量四个题项测量，决策理解一致性六个题项测量，决策承诺一致性六个题项测量，情感接受性两个题项测量。每个题项均采用 7 点 Likert式量表法打分，除在“您如何看待这项决策”问题部分用从完全不同意到完全同意打分，其余都用从完全不符合到完全符合来打分，并分别赋值 1～7。

第二节　问卷设计

一、问卷设计过程

国内外关于高管团队特征、行为整合和战略决策效果等相关研究一般都通过深度访谈后形成问卷，最后采用问卷调查的方式来获取研究所需的数据资料。为确保问卷的效度及信度，本书问卷设计参考相关学者所开发的较成熟的量表。在此基础上，经过半结构化深度访谈对量表进行整理，并对问卷中较为含糊的语义、措辞和表述同三位研究高管的资深教授（其中一位是企业咨询顾问）进行探讨，根据他们的意见进行修改形成问卷初稿。之后请两位教授对问卷进行审阅，对问卷的格式和易答性提出建议。为了保证问卷设计的有效性，将问卷发放给 EMBA 学员，旨在请他们对问卷的设计及易答性予以反馈。经过反馈后，进行完善和修改，对在此基础上形成的问卷，使用分析软件 SPSS19.0 进行探索性分析。行为整合的项目分析表明，各条目具有较清晰的区分度和鉴别度。探索性因子分析结果显示，KMO 值大于 0.7，且 Bartlett 统计值显著，问卷各部分的内部一致性系数都在 0.70 以上，表明问卷具有较好的信度和效度。最后，对正式问卷用 SPSS19.0 和 AMOS17.0 进行大样本的统计分析。

本调查问卷的设计遵循了问卷设计的规范，在问卷的开始给出本问卷的研究目的：旨在分析高管团队构成特征对决策效果的影响；提出答卷的具体要求：为统计分析需要，要求被试回答每一个问题，不能遗漏；给出对答卷者的承诺：本调查数据仅用于研究，对调查数据严格保密，如对研究结果感兴趣，与研究者联系；表示对答卷者的感激及给出研究者的联系方式①。

二、问卷内容

本书的研究问卷主要由三个部分构成。第一部分：①受访对象基本信息。受

① 陈晓萍，徐淑英，樊景立．组织与管理研究的实证方法［M］．北京：北京大学出版社，2008.

访对象背景信息，包括性别、年龄、专业、教育程度、工作经历、任职年限、团队规模等。②企业信息，包括企业所属行业、企业规模、企业成立年限及企业所处阶段等。③决策效果体现的时长。第二部分：受访对象对高管团队的行为整合的感知，共回答9个题项。第三部分：受访对象对TMT决策效果的感知，包括对决策质量评价、影响公司做决策的程度、如何看待决策。

问卷题目采用Likert 7点度量方法，从完全不同意（或完全不符合）到完全同意（或完全符合）。在问卷的开头说明了本次问卷调查的目的，即本问卷调查主要基于公司层面开展，要求被调查者按其对公司所了解的实际情况对每一个题项做出客观的评判。

第三节 数据来源和样本选取

一、数据来源与收集

为获得高管团队的整体数据，本书采取非随机抽样的立意抽样法，选取了辽宁省200家中小企业的高管团队为调查对象。由于中小企业与大企业相比受外部影响（如外部董事、资本市场等）相对较少，信息失真程度也低，因此适合本研究需要。2013年9～12月，研究者在辽宁大学EMBA办公室、辽宁省银监会、沈阳市经济与信息化委员会等单位的协助下进行了问卷调查。调查前，研究者从上述单位选取三名联络人，告知调查目的和调查方法及填写注意事项，再委托他们发放问卷。问卷的发放和回收主要通过三种途径：①现场发放与事后收集。研究者与负责EMBA项目人员从学员中找出符合本研究的高层管理者，在他们上课期间直接到现场，与EMBA学员进行面对面的交谈，陈述研究目的和问卷的填写方法。要求每名成员带回三份（包含本人的问卷），让本团队成员填写，限定期限一并返回。②邮寄问卷。在沈阳市经济与信息化委员会联络人的帮助下，研究者将问卷寄给被试企业老总，并请他们指定高管成员填答。填好的问卷由每个企业负责人收集后寄回。③电子邮件。在辽宁省银监会人员的帮助下，将问卷的电子版本直接发到被试的电子邮箱。为避免出现研究者不能确定是否同一企业高管填答的问卷，被试填答之后，由每个企业提供的负责人将各自企业问卷整理后直接寄回给研究者。

此次调研共向200家企业的高管团队成员发放1000份问卷，共回收126家企业的453份问卷，剔除项目漏填等无效问卷和只一人填答的问卷后，有效问卷是115家企业高管团队的391份问卷，问卷的有效率为57.5%。所有参加问卷填写的人员都是副总经理及以上职务，大部分高管团队由2～5人参加问卷填写。

二、样本选取及选取原则

目前高管团队实证研究的难点之一是能否采集到足够的高层管理者团队成员的样本（Farrel et al.，2005）[①]。由于高管团队成员处于组织的高层，调查人员难以直接接触到团队全体成员。因此，现有的关于TMT实证研究在研究样本的选取方面常以高层管理者个体样本替代团队样本（Ensley et al.，2002[②]；Li，2009[③]；向长春等，2010）。但个体层次上得出的研究结论在团队层次不一定能够成立。Hiller、Day和Vance（2006）指出，在团队层次的实证研究中，数据整合的基本标准是至少半数以上的成员填写了问卷，或者是74%的高管成员参与调查问卷的填写[④]。本书在选取研究样本时，以高管团队为单位，考虑到上述问题，依据团队规模，要求每个高管团队至少2名成员参与调查。

抽样样本数的大小对实证结果的准确性和可靠性有很大影响，样本的抽取必须具有代表性。关于样本容量，从数学角度来说，一般认为样本数大于等于30，可看作服从正态分布。从以往团队研究来看，30个样本为最低限度。从发表在国际期刊关于TMT研究来看，可以发现Smith等（1994）利用53个高管团队的数据分析社会整合与沟通行为；Amason（1996）在53个高管团队的样本数据基础上，检验冲突对决策效果的影响；Knight（1999）探讨高管团队的异质性、团队过程与决策一致性的关系时，采用76个团队样本；McNamara等（2002）在检验战略团队知识复杂性对企业绩效的影响时，采用来自美国三个城市的76个高管团队的样本。大部分学者较赞同受试样本数比题项要多的观点，为保证分析结果的可靠性，Gorsuch（1983）提出被试者与题项的比例为1∶5，或者是被试样本总数不少于100。考虑到本研究的难度，在保证测量有效性的情况下，选取100个以上的样本做实证分析。

关于中小企业的确定主要依照国家经济贸易委员会等部门联合颁布的《中小

---

① Farrel J. B., Flood P. C., Curtain S. M., et al. CEO leadership, top team trust and the combination and exchange of information [J]. Irish Journal of Management, 2005, 26 (1): 29-32.

② Ensley M. D., Pearson A. W., Amason A. C. Understanding the dynamics of new venture top management teams cohesion, conflict and new venture performance [J]. Journal of Business Venturing, 2002, 17 (4): 365-386.

③ Li H., Li J.. Top management team conflict and entrepreneurial strategy making in China [J]. Asia Pacific Journal of Management, 2009, 26 (2): 263-283.

④ Hiller N. J., Day D. V., Vance R. J.. Collective enactment of leadership roles and team effectiveness: A field study [J]. The Leadership Quarterly, 2006, 17 (4): 390.

企业标准暂行规定》给出的各行业中小企业的界定标准。由于本研究企业样本不仅有工业企业，也包含建筑和交通运输业的样本，尽管数量不多。因此，按照上述规定标准来确定样本企业，即员工少于3000人，或销售额少于3亿元，或资产总额低于4亿元的企业。

第四节　分析方法

一、样本的描述性分析

样本的描述性分析是利用收集的数据做基础性分析，是对变量的各个特征最基础性描述，如样本数据频数分布、均值、标准差、百分比等。样本数据的频数分布能够反映出相关研究变量间不同的频率分布情况，频率分布表使研究者从直观上对各变量有一个总体的把握。样本数据的均值（亦称数学期望）是样本观测值总和除以观测数，反映的是数据的集中趋势，公式为 $\bar{x} = \sum_{i=1}^{n} x_i / n$ ，均值是衡量数据中心位置的主要指标。样本数据的标准差是方差开平方，即对变量的标准值和均值离差平方的算术平均数再开平方，标准差是反映数据的离散程度的指标。

二、项目分析

项目分析是根据试测结果对组成测验的各个题目（项目）进行分析，从而评价题目好坏、对题目进行筛选。成熟量表往往经过学者们的设计、验证和检验，题项是具有鉴别度的，而在使用非成熟量表或对题目进行调整时就需要做项目分析，以便剔除非标准的题项。项目分析包括区分度分析和难度分析，区分度分析是项目分析的重点。区分度分析（Analyze Distinguish Degree）是指测验项目对于所测量的心理属性的鉴别能力和区分程度。它是测验项目是否有效的指示器，是评价项目质量和筛选项目的主要指标及依据。区分度分析的实质是求出调查问卷每一个题项的CR值（Critical Ratio），将CR值未达到显著水平的题项删除或修改。具体步骤如下：①求出每个被试量表的总分；②将总分按从高到低排列；③找出高低分组上下27%的分数为临界值，将量表得分分为两组；④对每个题项进行独立样本T检验来检测每题项平均数的差异显著性。如果题项的CR值达到5%的显著性水平，表明本题项可鉴别出不同被试的反映程度，则保留该题项。反之，若不显著则表明该题项没有鉴别度，应考虑删除或修改该题项。

三、因子分析

因子分析是从研究原始变量相关矩阵内部结构出发，把一些具有错综复杂关系的变量归结为少数几个综合因子的一种多元统计方法①。探索性因子分析和验证性因子分析是因子分析的两个重要组成。

（一）探索性因子分析

探索性因子分析（EFA）旨在揭示变量的内在结构，也就是找出影响观察变量的因子个数及推断出因子结构。其步骤一般是：通过收集数据计算协方差矩阵或相关系数矩阵，确定因子个数（Scree 检验是把相关系数的特征根按从小到大的顺序排列，绘制碎石图，确定因子的个数），利用极大似然法提取因子，因子旋转（常用方差最大化正交旋转），解释因子结构（确定变量是由哪些潜在因素影响，影响程度大小），最后是因子得分（即用公因子表示变量的线性组合）。探索性因子分析的模型为：$x_i = a_{i1}f_1 + a_{i2}f_2 + \cdots + a_{im}f_m + \varepsilon_i$，其中 x_i 表示第 i 个题项的标准化分数，f_i 为公因子，m 为公因子的数目，ε_i 为特殊因子，a_{ij}为公因子载荷。因子提取的标准是：①因子特征值（Eigenvalue）在 1 及以上（常称之为 Kaiser 标准），也可结合碎石检验法（Scree Test Criteri－on）；②因子载荷（Factor Loading）的绝对值大于等于 0.5。探索性因子分析有助于我们研究量表的效度，检验问卷题项能否反映出问卷设计时的某种结构假设。探索性因子分析模型如图 5－1 所示。

（二）验证性因子分析

验证性因子分析（CFA）是指利用先验信息，在已知因子的情况下检验所收集的数据资料是否按事先预定的结构方式产生作用。其旨在确定事前定义的因子模型是否与实际数据相拟合。步骤为：计算题项间的方差和协方差，绘制因子模型、拟合模型、模型评价。验证性因子分析首先采用协方差矩阵，令每个因子的方差为 1，然后继续模型拟合优度检验，检验方法为：

$$\ln(L_F) = -\frac{n}{2}[\ln|S| + tr(SS^{-1})] = -\frac{n}{2}[\ln|S| + p]$$

$$\ln(L_R) = -\frac{n}{2}[\ln|\sum| + tr(S\sum^{-1})]$$

① 李学娟，陈希镇．结构方程模型下的因子分析［J］．科学技术与工程，2010，10（23）：5708－5711.

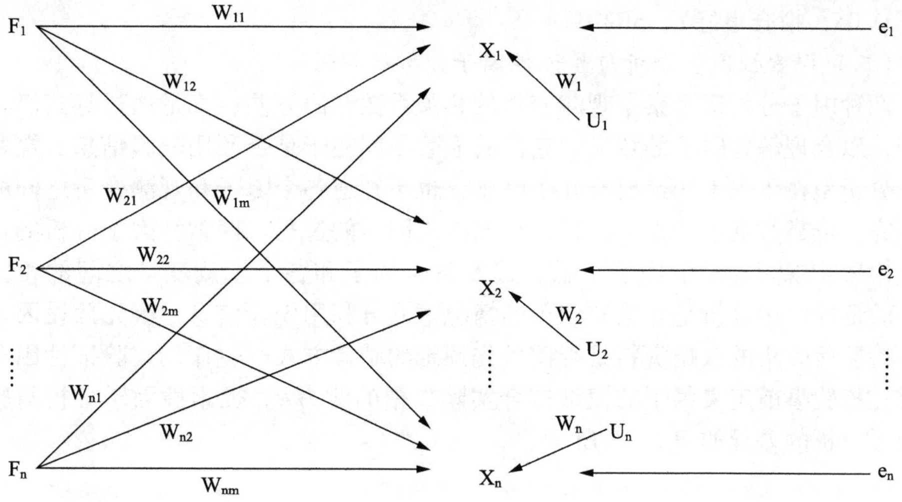

图 5-1 探索性因子分析模型

资料来源：郭志刚．社会统计分析方法——SPSS 软件应用［M］．北京：中国人民大学出版社，1999.

H_0：简化模型与完整模型无差异；

H_1：两个模型有显著差异。

$$-2[\ln(L_R)-\ln(L_F)]=n[\ln\left|\sum\right|+tr(S\sum^{-1})-\ln|S|-p]\sim\chi^2$$

模型拟合指数是考察理论结构模型对数据拟合程度的统计指标。验证一个理论模型（包括测量模型和结构模型）整体上是否与实际数据相符，主要通过四类指标：①χ^2 卡方值（越小越好），与自由度一起使用可说明模型正确性的概率。χ^2/df 是用来检验样本协方差矩阵与估计方差矩阵间相似度。②拟合指数，包括 GFI（拟合优度指数，应大于等于 0.9）、AGFI（调整拟合优度指数）、PGFI（简效拟合优度指数）、TLI（Tucker-Lewis 指数，越接近 1 拟合越好）、NFI（规范拟合指数，一般应大于 0.9）、RFI（相对拟合指数，越接近 1 越好）、IFI（增值拟合指数）、CFI（比较拟合指数，通常在比较假设模型和独立模型时得到，其值介于 0 和 1。CFI 接近 1 表示拟合非常好，其值大于 0.90 表示模型可接受）等。③替代性指标，包括 NCP（非中心参数）、RMSEA（近似误差均方根，评价模型不拟合指数，小于或等于 0.05，模型拟合得很好。如果 RMSEA 为 0.05～0.08，有较好的模型拟合，超过 0.1，表明拟合度较差）、AIC（赤池信息准则，越小越好）、BCC（Browne-Cudeck 准则）、CAIC（一致 AIC 准则，越小拟合越好）、EVCI（AIC 的另一种变体）等。④残差分析，RMR（残差均方根，是测量预测相关与实际观察相关的平均残差，RMR<0.108，观测数据与模型较好拟合，

小于0.05，拟合很好）、SRMR。

（三）探索性因子分析与验证性因子分析的异同

两种因子分析都考察了观测变量的相关系数和协方差，都是通过寻找潜在公因子，以合理解释因子的意义。它们的显著不同在于是否利用先验信息。探索性因子分析是在事先不知道要有几个因子，也不知道各个因子和观测变量之间的联系，完全依靠数据进行因子分析，从而得出因子的过程。探索性因子分析的目的是找出影响观测变量的因子个数，以及各个因子和各个观测变量之间的相关程度。验证性因子分析是在已知因子的情况下充分利用先验信息，事先假设因子结构，检验所收集的数据资料是否按事先预定的结构方式产生作用。验证性因子分析旨在检验事前定义因子的模型拟合实际数据的能力①。探索性因子分析与验证性因子分析的差异如表5-6所示。

表5-6　探索性因子分析与验证性因子分析差异

	探索性因子分析	验证性因子分析
基本思想	找出影响观测变量的因子个数，以及各个因子和各个观测变量之间的相关程度，以试图揭示相对比较大的变量的内在结构	事先假设因子结构，检验事前定义因子的模型拟合实际数据的能力
出发点	依据样本数据，凭知觉推断数据的因子结构	利用先验信息，基于事先建立理论
理论假设	所有的公共因子都相关（或都不相关）	公共因子之间相关或无关
	所有的公共因子都直接影响所有的观测变量	
	特殊因子之间相互独立	特殊因子之间可以相关
	所有观测变量只受一个特殊（唯一性）因子的影响	观测变量只受一个或几个公共因子的影响
	公共因子与特殊因子相互独立	公共因子与特殊因子之间相互独立

资料来源：侯杰泰．结构方程模型及其应用［M］．北京：教育科学出版社，2004.

四、信度分析

在进行问卷调查时，对于表述相同变量指标的题项，只有当被试者的答案是相一致的或者基本相同时，才能称该问卷具有较好的信度水平。信度是用估计测量误差大小的尺度，来表示问卷测验结果中测量误差所占的比率。信度被定义为

① 王松涛．探索性因子分析与验证性因子分析比较研究［J］．兰州学刊，2006（5）：155-156.

真实分数的方差与测验观测分数的方差之比：$r^2 = \frac{S_T^2}{S_x^2}$，其中，$S_T^2$表示真实分数的方差，$S_x^2$表示实得观测分数的方差。问卷信度是指问卷测量结果的可靠性与稳定性，其目的是尽量控制和减少随机误差，主要用于检验量表内部一致性、数据可靠性及量表应用的无偏差性。

问卷信度一般用 Cronbach's α（克龙巴赫）信度来测量，这是量表法中常用测量内部一致性信度的方法。其计算公式为：$\alpha = \frac{n}{n-1}\left(1 - \frac{\sum_{i=1}^{n} S_i^2}{S_X^2}\right)$，其中，$n$ 为问卷包含的题目数，S_i^2 为答卷者在第 i 题得分的方差，S_X^2为答卷者问卷测验总得分的方差。使用克龙巴赫系数的前提是要求测量的内容或行为的同质性，由于本研究行为整合量表是参考成熟量表，并在此基础上形成的量表，决策效果量表是直接采用成熟量表。因此，前提条件满足。

吴明隆指出在社会科学领域，每份量表都包含层面，研究者除提供总量表的信度系数，还应提供各层面的信度系数。对于信度系数的衡量标准，若是态度或心理知觉量表，总量表的信度系数大于 0.80 为优，信度系数为 0.70 ~ 0.80 是可接受的范围；分量表的信度系数最好在 0.70 以上，0.60 ~ 0.70 是可接受的范围。如果分量表的信度系数小于 0.60，总量表的信度系数小于 0.80，则要考虑重新制定量表或增减题项①。

五、效度分析

实验的误差是无法避免的，误差分为随机误差和系统误差。为了使测量能够尽可能反映真实值的大小，就要减小和控制误差。问卷调查的目的就是要获得高效度的测量与结论，因此在问卷调查中常用效度来分析问卷系统误差的控制程度，亦即分析问卷的有效性和正确性。效度越高表示该问卷越能够测量到想要测量的潜在概念，越能够达到问卷测验目的，该问卷才正确而有效。

效度是指在一系列测量中，与测量目的有关的有效变异与总变异数之比：$r^2 = \frac{S_v^2}{S_x^2}$，$r^2$ 表示测量的效度系数，S_v^2代表有效变异数，S_x^2代表总变异数。问卷效度的计算方法通常是以被试者的问卷得分和另一个效度标准求相关，以其相关系数的大小来表示效度。在以往的问卷调查研究中，衡量问卷效度的指标主要有内容效度和结构（或构念）效度及效标关联效度。

① 吴明隆．SPSS 统计应用实务——问卷分析与应用统计［M］．北京：科学出版社，2003.

（一）内容效度

内容效度是指问卷内容的代表性和贴切性，能否较好地代表所欲测量的内容和引起预期反应的程度。内容效度常以题目分布的合理性来判断，属于命题的逻辑分析①，故此也称为逻辑效度。内容效度的评判方法有“专家判断法”和“统计分析法”。专家判断法是由专家对测试项目与所测试项目内容和范围的吻合程度，进行系统的比较判断；统计分析法是指从同一内容总体中抽取两套问卷，分别对同一组答卷者进行测验，两组问卷的相关系数作为内容效度的评判标准。

一方面，本研究请有关专家对问卷题目与原来的内容范围是否符合进行分析，做出判断，看问卷题目是否较好地代表了原来的内容；另一方面，本问卷测试项目来自文献梳理和深度访谈，结合现有研究已使用和验证的成熟量表，对行为整合个别题项的改动前面已进行了预测试，并通过了测试结果检验，形成因子结构比较稳定的问卷。因此，问卷具有良好的内容效度。

（二）结构效度

结构效度也称建构效度，被定义为问卷测验的实际得分能解释某一测量概念的程度，也即问卷调查结果能够测量其理论特征，使调查结果与理论预期相一致。一般常通过测量结果与理论假设相比较进行检验。结构效度的基本步骤是：首先从某一理论出发，观察变量与潜变量间存在假设关系，提出相关假设，设计和编制量表并进行施测，并采用因子分析和验证因子分析等方法进行分析，验证理论假设关系与数据的吻合程度。检验结构效度的方法有三种：一是利用模型系数评价结构效度。若模型假设的潜变量之间的关系以及潜变量与可测变量之间的关系合理，非标准化系数应具有显著的统计意义，也可通过标准化系数比较不同指标间的效度。二是通过相关系数评价结构效度。在理论模型中潜变量之间存在相关关系，就可通过潜变量的相关系数来评价结构效度，也就是说相关系数显著表明理论模型假设成立，具有较好的结构效度。三是先构建理论模型，通过验证性因子分析的模型拟合情况来对量表的结构效度进行考评。

Hair Jr. 等②在其《多元数据分析》一书中指出，在验证性因子分析中，可用收敛效度（亦称聚合效度）和判别效度（区分效度）两个指标衡量结构效度。收敛效度是指测量同一概念量表的不同题项间应该反映出显著的相关性，即同一构念潜在特质的题项或指标变量会落在同一个因素构面上，而且不同题项或指标变量所测得的测量值之间具有显著的相关性。收敛效度的评判可依据潜在变量的

---

① 吴明隆．SPSS 统计应用实务——问卷分析与应用统计［M］．北京：科学出版社，2003.

② Hair Jr. J. F.，Anderson R. E.，Tatham R. L. Black W. Multivariate Data Analysis（7 th Edition）［M］. Prentice Hall，2009：122－125.

各题项的标准化因素负荷值、平均方差抽取量（AVE）和组合信度（CR）。AVE反映了每个潜变量所解释的变异量中有多少来自该潜变量中所有题目，其计算公式为 $\frac{\sum \lambda^2}{n}$（n 为某因子中题目数，λ 为因子负荷值）。CR 反映了每个潜变量中所有题目是否一致性地解释该潜变量。当标准化因素负荷值大于等于 0.5、AVE 大于 0.5、CR 大于 0.7，则说明具有较好的收敛效度。

判别效度是指构念所代表的潜在特征与其他构念所代表的潜在特征间低度相关或存在显著的差异，或者是指不同变量测量之间的差异化程度。利用单群组生成两个模型：未限制模型（潜在构面间的共变关系不加以限制，共变参数为自由估计参数）与限制模型（潜在构面间的共变关系限制为 1，共变参数为固定参数），计算两个模型的卡方值 χ^2 差异值，在达到显著水平（$P<0.05$）前提下，若卡方值差异越大，表明两个模型间差异越显著；未限制模型的卡方值越小，则因子间相关性越低，其判别效度就越高。

（三）效标效度

效标效度（亦称准则效度或统计效度，标准关联效度）是指用不同的几种测量方式或不同的指标对同一变量进行测量，并将其中的一种方式作为准则（效标），用其他的方式或指标与这个准则做比较，如果其他方式或指标也有效，则这个测量就具备效标效度。效标效度易受测量本身随机测量误差变异的影响，不同的效标可能产生不同的效度。因此，我们没有使用效标效度。

六、中介变量分析方法

中介变量（Mediator）是由自变量引起并通过其影响因变量的变量，是自变量对因变量发生影响的中介。当自变量与因变量的关系不明确或解释不清时引入中介变量，可以揭示自变量对因变量产生影响的实质性的、内在的原因。因此，中介变量是解释因果关系时引入的重要变量。中介变量的判别要满足四个条件：自变量与因变量显著相关；自变量与中介变量显著相关；中介变量与因变量显著相关；中介变量存在时，自变量对因变量的影响减小或消失。如果影响显著减小至消失，则起完全中介作用；如果影响减小但仍然达到显著水平，则起部分中介作用（Baron and Kenny，1986）①。具体来说，中介变量的作用关系如图 5 - 2 所示。

① Baron R. M.，Kenny D. A.. The moderator - mediator variable distinction in social psychological research: Conceptual，strategic，and statistical considerations [J]. Journal of Personality and Social Psychology，1986，51 (6)：1173.

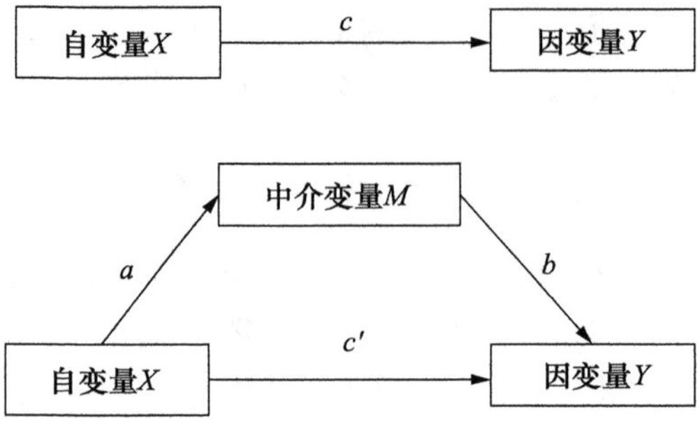

图 5-2　中介变量示意图

资料来源：温忠麟等．中介效应检验程序及其应用［J］．心理学报，2004，36（5）：614-620.

其中，c 为自变量 X 对因变量 Y 的总效应，a 为自变量 X 对中介变量 M 的效应，b 为中介变量 M 对因变量 Y 的效应，ab 是通过中介变量 M 的中介效应，c' 为在有中介变量作用时自变量 X 对因变量 Y 的直接效应。若只有一个中介变量，则效应之间的关系为：$c = c' + ab$。

对于中介效应的分析，通常可采用结构方程或直接进行回归分析。方程（5-1）是检验自变量对因变量的影响；方程（5-2）检验自变量对中介变量的影响；方程（5-3）检验自变量和中介变量对因变量的共同影响（Baron and Kenny，1986；James and Brett，1984）。

$$Y = cX + e_1 \tag{5-1}$$

$$M = aX + e_2 \tag{5-2}$$

$$Y = c'X + bM + e_3 \tag{5-3}$$

若进行回归后，可分别得到 a、b、c 和 c' 的估计 $\hat{a}$、$\hat{b}$、$\hat{c}$ 和 $\hat{c}'$。之后，还要进行假设检验，步骤如图 5-2 所示。若 a、b 都显著的条件下再检验 c'，如果 c' 显著则为部分中介效应，否则为完全中介效应。a、b、c' 的显著性可通过可决系数和 F 检验。

七、相关分析

相关分析指的是对变量间依赖关系的分析，探讨它们之间的相关程度和方向。一般用相关系数 r 来刻画两个变量间的相关性。相关系数越高，相关性就越强。在社会科学中评判相关性的标准是：$|r| > 0.95$ 表明两个变量显著相关，$|r| < 0.8$ 表明两个变量高度相关，$0.5 \leqslant |r| < 0.8$ 表明两个变量中度相关，$0.3 \leqslant |r| < 0.5$ 表明低度相关，$|r| < 0.3$ 视为微弱相关或不相关。常用 Pearson 相关系数来分析各变量间的相关关系，相关性分析是变量数据分析的基础和前提，有助于初步把握变量之间彼此的相关关系。相关分析的检验是通过相关系数

的检验来实现，理论上在给定的置信水平下，观察临界值来确定变量是否呈显著相关，实际操作是在结果中查看 P 值进行判断。相关分析旨在判断影响某个变量的一系列变量中，哪些是显著的，哪些不显著。在得到结果后，可进一步做回归分析。

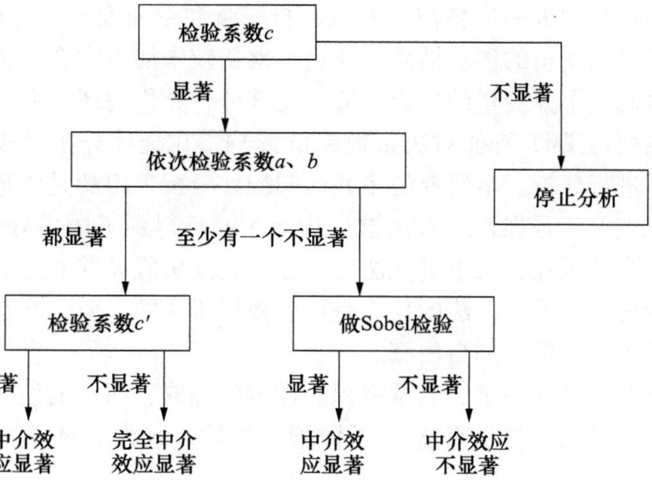

图 5－3　中介效应假设检验步骤

资料来源：温忠麟，侯杰泰，张雷．调节效应与中介效应的比较和应用［J］．心理学报，2005，37（2）：268－274.

八、回归分析

回归分析是一种应用广泛的数据分析方法，它通过对大量观测数据进行整理和分析，建立变量间的依赖关系，以反映数据内在规律。回归分析的基本功能就是预测和解释。多元回归的一般模型是：

$$Y=\beta_0+\beta_1x_1+\cdots+\beta_kx_k+\varepsilon$$

其中 ε 是随机误差。

层级回归是回归分析的一种，它与一般回归的差异在于预测因变量时，基于控制其他变量影响基础上，再分析某一个自变量独自的作用。层级回归的思想在于依据相关研究范式，确定变量进入模型的先后顺序，其特点是突出层级的作用。具体来说，层级回归是根据各自变量等级或其影响的顺序，将其分成多层，并按照逻辑顺序分别加入模型中。自变量的影响作用越是基础，其层级等级越高，层级高的自变量可能会影响等级低的自变量。有多少个层级，就要计算相应个数的回归方程①。龙立荣（2004）认为层级回归在挖掘因果关系方面视为一种新的途径，也是更容易实施的一种统计方法。层级回归是对因果关系的着重研究，某个变量对因变量影响的贡献大小十分重要，这就要控制无关的变量，在此基础上，剥开自变量对因变量的因果影响。层级回归的步骤是：首先将控制变量纳入回归模型；其次将自变量和控制变量一起纳入回归模型中，观测其对于因变量的影响结果；再次进一步将控制变量、自变量和中介变量一起纳入回归模型；最后观察它们对因变量的影响结果。通过观察比较未加入中介变量和加入中介变量的结果，来确定中介变量的中介效应，是部分中介作用还是完全中介作用。

本书旨在探讨 TMT 特征对决策效果的影响，在统计分析阶段，采用层级回归方法对数据进行分析。本研究的多元回归统计分析采用的是强迫进入法，该方法的优势有三点：一是强迫进入法被广为运用，已得到了国内外学术界的认可。二是根据吴明隆的研究，强迫进入法比较适合先提出假设并安排好变量重要次序的实证研究。三是强迫进入法的特点是可以根据研究的需要，合理安排变量进入的顺序，提升了实证操作的自由度。

本章从研究变量的测量、数据来源、样本的选取、问卷的设计及分析方法等方面对本书所采用的研究方法进行了详细的论述，这为后续的实证研究奠定了基础。

① 龙立荣．层级回归方法及其在社会科学中的应用［J］．教育研究与实验，2004（1）：51－56.

第六章　数据分析和实证研究

本章在问卷调查的基础上，建立研究的数据库，然后在此基础上运用统计软件 SPSS19.0 和 AMOS17.0 进行数据分析和验证理论假设，继而得出研究结果。主要过程步骤如下：

（1）变量的描述性分析。使用 SPSS19.0 对所有变量进行描述性分析。

（2）题项分析和探索性因子分析。利用预试样本，使用 SPSS19.0 对研究变量行为整合进行题项分析和探索性因子分析。

（3）信度和效度分析。使用 SPSS19.0 对研究变量行为整合和决策效果进行信度分析和验证分析，使用 AMOS17.0 对变量的效度结构进行验证性因子分析。

（4）群体内一致性检验。使用 SPSS19.0 对研究变量进行 ICC 和 Rwg 检验。

（5）相关分析。使用 SPSS19.0 对所有变量进行相关分析。

（6）研究假设的检验。使用 SPSS19.0 对研究假设进行验证和分析。

第一节　行为整合的预试分析

一、预试样本的描述性统计

随机抽取企业样本的 50 个团队 153 份问卷作为本研究的试测样本，用于高管团队行为整合的探索性因子分析（见表 6－1）。样本基本信息是：以男性为主，男性占 73.2%；女高管人数为 41 人，占 26.8%。年龄在 40～50 岁的高管所占比例最多，为 44.4%，其次是 30～40 岁，占 28.1%，而 30 岁以下的高管人数较少，为 17 人，占 11.1%。这表明大多数企业的高管都是由年富力强的中青年组成。文化程度以本科学历居多，有 84 人，占 54.9%；其次是硕士，53 人，占 34.6%，大专学历有 11 人，占 7.2%，拥有博士学位的人数较少，仅占 3.3%。

表 6 - 1　探索性因子分析样本人口统计学特征描述

	人数（企业数）	比例		企业数	比例		人数	比例
年龄			所属行业			文化程度		
30 岁及以下	17	11.1	制造业	17	34	高中及以下	0	0
31 ~ 35 岁	19	12.4	建筑/房地产	8	16	大专	11	7.2
36 ~ 40 岁	24	15.7	高科技	15	30	本科	84	54.9
41 ~ 45 岁	38	24.8	商贸/服务	7	14	硕士	53	34.6
46 ~ 50 岁	30	19.6	其他	3	6	博士	5	3.3
50 岁以上	25	16.4	企业成立年数			企业人数		
团队规模			3 年以下	11	22	300 人及以下	15	30
3 ~ 5 人	18	36	3 ~ 10 年	15	30	301 ~ 500 人	20	40
6 ~ 10 人	23	46	11 ~ 20 年	17	34	501 ~ 1000 人	6	12
11 ~ 13 人	9	18	20 年以上	7	14	1001 ~ 3000 人	9	18
高管任期			性别					
3 年以下	57	37.3	男	112	73.2			
3 ~ 7 年	51	33.3	女	41	26.8			
8 ~ 10 年	17	11.1						
10 年以上	28	18.3						

高管年龄、学历、任期及性别描述性统计如表 6 - 2 所示。

表 6 - 2　高管年龄、学历、任期及性别描述性统计

	N	Maximum	Mean	Std. Deviation	Variance	Skewness	
	Statistic	Statistic	Statistic	Statistic	Statistic	Statistic	Std. Error
高管年龄	6	38.00	25.5000	7.66159	58.700	.768	.845
高管学历	5	84.00	30.6000	36.50068	1.332E3	.947	.913
高管任期	4	57.00	38.2500	18.89224	356.917	-.199	1.014
高管性别	2	112.00	76.5000	50.20458	2.520E3		

样本所涉及的行业为：制造业、建筑和房地产、高科技、商贸和服务及其他，其中制造业占比最多，为 34%，有 17 家；高科技企业次之，有 15 家，占 30%；建筑和房地产行业有 8 家，占 16%；商贸和服务业有 7 家，占 14%；其他企业有 3 家，占比 6%。高管任期 1 ~ 20 年，其中 3 年及以上占 62.7%，任期

在3年以下的有57人，占37.3%。大多数企业的团队规模在3~10人，3~5年的团队有18家，占36%，6~10人的团队有23家，占46%，11~13人的团队有9家，占18%。企业规模从35人到3000人，其中300人以下的企业有15家，占30%，301~500人的企业有20家，占40%，501~1000人的企业有6家，占12%，1001~3000人的企业有9家，占18%。

所属行业、企业成立年数、企业人数和团队规模描述性统计如表6-3、图6-1所示。

表6-3 所属行业、企业成立年数、企业人数和团队规模描述性统计

Descriptive Statistics

	N	Maximum	Mean	Std. Deviation	Variance	Skewness	
	Statistic	Statistic	Statistic	Statistic	Statistic	Statistic	Std. Error
所属行业	5	17.00	10.0000	5.83095	34.000	.189	.913
企业成立年数	4	17.00	12.5000	4.43471	19.667	-.482	1.014
企业人数	4	20.00	12.5000	6.24500	39.000	.328	1.014
团队规模	3	23.00	16.6667	7.09460	50.333	-.816	1.225

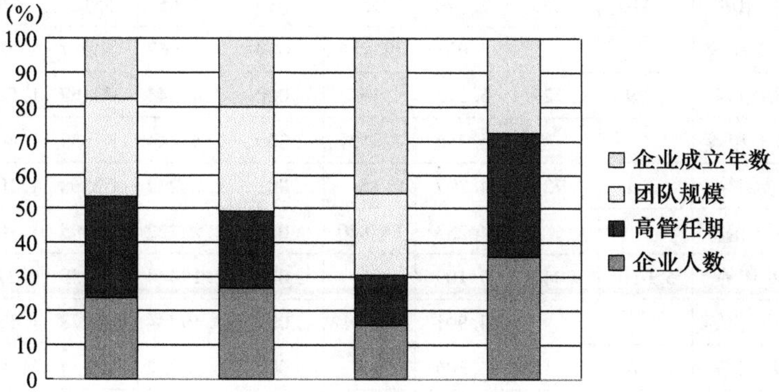

图6-1 高管团队规模、企业人数、高管任期、企业成立年数

二、行为整合的探索性研究

由于行为整合量表是修正的量表，为了保证问卷的整体质量，对行为整合量表进行预试问卷分析是必要的。

(一) 项目分析

本研究根据区别度分析的方法和步骤，对 153 份有效预试问卷的 9 个测量条目进行题项分析。具体分析过程为：①先看每个组的方差相等的 F 检验，若显著性概率 P 值小于 0.05，表明原假设不成立，即方差有明显差异。再看方差不相等的一栏，若 $P<0.05$，则表明此题项具有鉴别度。②若每个组的方差相等的一栏中显著性概率 P 值大于 0.05（表明两组方差同质），就要看方差相等的一栏，若 $P<0.05$，表明此题项具有鉴别度。结果发现，所有测量题项均达到了 5% 的显著水平，均具有较清晰的区分度和鉴别度，可以保留，不需要删除和修改（见表 6-4）。行为整合量表的 9 个题项所有的决断值都显著，具体结果见各题项的决断值（见表 6-5）。

表 6-4 行为整合题项独立样本检验

		方差方程的 Levene 检验		均值方程的 t 检验						
		F	Sig.	t	df	Sig.（双侧）	均值差值	标准误差值	差分的 95% 置信区间 下限	差分的 95% 置信区间 上限
A1	假设方差相等	.737	.404	3.452	15	.004	2.13889	.61960	.81825	3.45953
	假设方差不相等			3.381	12.467	.005	2.13889	.63265	.76617	3.51160
A2	假设方差相等	1.410	.253	2.970	15	.010	1.66667	.56108	.47075	2.86259
	假设方差不相等			3.035	14.288	.009	1.66667	.54917	.49104	2.84230
A3	假设方差相等	.129	.725	5.573	15	.000	2.44444	.43862	1.50955	3.37934
	假设方差不相等			5.446	12.137	.000	2.44444	.44889	1.46763	3.42126
A4	假设方差相等	.131	.723	4.227	15	.001	2.22222	.52568	1.10177	3.34268
	假设方差不相等			4.233	14.840	.001	2.22222	.52495	1.10227	3.34218
A5	假设方差相等	5.010	.041	5.109	15	.000	2.19444	.42955	1.27887	3.11002
	假设方差不相等			4.901	9.504	.001	2.19444	.44778	1.18962	3.19927
A6	假设方差相等	2.776	.116	5.306	15	.000	2.34722	.44234	1.40439	3.29005
	假设方差不相等			5.148	11.099	.000	2.34722	.45592	1.34484	3.34961
A7	假设方差相等	3.332	.088	6.223	15	.000	2.94444	.47315	1.93595	3.95293
	假设方差不相等			6.046	11.287	.000	2.94444	.48705	1.87578	4.01310
A8	假设方差相等	4.633	.048	6.414	15	.000	2.68056	.41795	1.78973	3.57139
	假设方差不相等			6.160	9.671	.000	2.68056	.43514	1.70652	3.65460
A9	假设方差相等	2.078	.170	4.741	15	.000	2.09722	.44234	1.15439	3.04005
	假设方差不相等			4.600	11.099	.001	2.09722	.45592	1.09484	3.09961

表6－5 行为整合测量条目的决断值

题项	A1	A2	A3	A4	A5
决断值	3.452 ***	2.970 ***	5.573 ***	4.227 ***	4.901 ***
题项	A6	A7	A8	A9	
决断值	5.306 ***	6.223 ***	6.160 ***	4.741 ***	

注：*** 表示 $P<0.001$。

（二）探索性因子分析

本研究采用SPSS19.0对高管团队行为整合的内容结构进行探索性因子分析。一般探索性因子分析的前提是变量间的相关性，如果变量间正交，那么它们之间就不会存在公共因子。因此，先进行KMO和Bartlett球形检验。Kaiser（1974）和Kerlinger（1986）指出，是否适合做因子分析，首先要根据KMO值来判断。若KMO值大于等于0.7，各变量的载荷在0.5之上，表示可以做因子分析，将不同变量合并为一个因子进行后续的分析。具体判定标准如表6－6所示。

表6－6 KMO值判定

KMO统计值	因子分析适合性判定	KMO统计值	因子分析适合性判定
0.9以上	非常适合做因子分析	0.6～0.7	勉强适合做因子分析
0.8～0.9	比较适合做因子分析	0.5～0.6	不适合做因子分析
0.7～0.8	适合做因子分析	0.5以下	完全不适合做因子分析

从表6－7的分析结果可以看出，Bartlett球形检验值为239.311，显著水平小于0.001，说明相关矩阵不可能是单位矩阵；KMO检验值为0.851，符合表6－6的判定标准，说明较适合做因子分析。随后采用主成分分析法，用最大方差法进行旋转抽取结构因子，同时参考碎石图来确定测量条目和因子结构（见图6－2）。正交旋转6次后收敛，行为整合的内容结构呈现清晰的三因子结构，因子特征根解释总体方差的76.806%（见表6－8）。题项A7、A8、A9负载在因子1上，题项A1、A2、A3负载在因子2上，题项A4、A5、A6负载在因子3上（见表6－9）。各题项较好地负载在预测因子上，符合预先设定的结果。对共同度低、因素负荷低、交叉负荷较高的项目需予以删除，虽聚在一个维度但含义却与同一维度的其他项目有较大差别。结合行为整合旋转成分矩阵，可看出所有题项都达到标准，无须删除。将九题项构成的三个因子分别命名为团队合作、有效沟通和决策参与。

表 6－7　行为整合的 KMO 和 Bartlett 检验

取样足够度的 Kaiser－Meyer－Olkin 度量		.851
Bartlett 的球形度检验	近似卡方	239.311
	df	36
	Sig.	.000

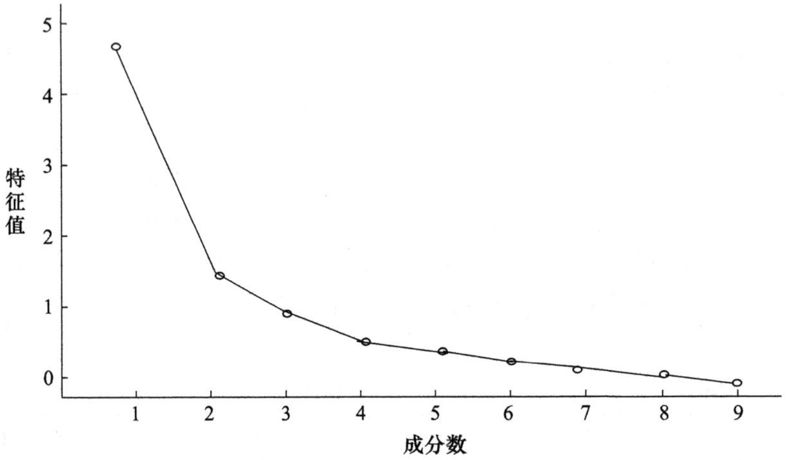

图 6－2　行为整合因子分析碎石图

表 6－8　解释的总方差

成分	初始特征值			提取平方和载入			旋转平方和载入		
	合计	方差的（%）	累积（%）	合计	方差的（%）	累积（%）	合计	方差的（%）	累积（%）
1	4.873	44.140	44.140	4.873	44.140	44.140	2.578	28.644	28.644
2	1.338	21.866	66.006	1.338	21.866	66.006	2.226	24.738	53.382
3	1.102	10.800	76.806	1.102	10.800	76.806	2.108	23.424	76.806
4	.550	6.112	82.917						
5	.436	4.843	87.761						
6	.414	4.603	92.364						
7	.289	3.216	95.580						
8	.238	2.650	98.230						
9	.159	1.770	100.000						

表 6-9 行为整合旋转成分矩阵

	成分		
	1	2	3
A1	.179	.819	-.039
A2	.159	.728	.365
A3	.162	.777	.454
A7	.848	.255	.285
A8	.769	.241	.414
A9	.840	.151	.145
A4	.391	-.014	.662
A5	.228	.308	.755
A6	.326	.211	.736

注：提取方法：主成分。

旋转法：具有 Kaiser 标准化的正交旋转法；旋转在 6 次迭代后收敛。

表 6-10 行为整合 3 因子相关性

	均值	标准差		团队合作	有效沟通	决策参与
团队合作	5.0313	1.00664	Pearson 相关性	1	.489**	.609**
			显著性（双侧）		.000	.000
			N	153	153	153
有效沟通	5.1667	1.04040	Pearson 相关性	.489**	1	.596**
			显著性（双侧）	.000		.000
			N	153	153	153
决策参与	5.1771	1.13271	Pearson 相关性	.609**	.596**	1
			显著性（双侧）	.000	.000	
			N	153	153	153

注：** 表示在 0.01 水平（双侧）上显著相关。

由表 6-10 可看出，团队合作、有效沟通与决策参与三个因子之间存在显著的相关关系，这说明行为整合这三个因子之间能够形成有机统一体，反映了行为整合这一共同主题。而且高管团队行为整合三个维度间的相关系数都不高于 0.61，表明这三个维度间的共线性问题不会导致数据处理结果的偏差，具有可接受的分辨效度。为了验证行为整合因子构想模型的合理性和优越性，还必须运用另一半样本（剩余的 248 份）对行为整合进行再检验，即信度和效度检验。

第二节　信度分析

从有效问卷中去除随机抽取作为探索性因子分析所用的153份外，将剩余65个团队248份有效问卷作为信度和效度分析及后面正式测试的样本，样本的人口统计学特征描述如表6－11和图6－3、图6－4、图6－5、图6－6所示。

表6－11　正式测试样本人口统计学特征描述

	人数（企业数）	比例（%）		企业数	比例（%）		人数（企业数）	比例（%）
性别			所属行业			文化程度		
男	198	79.8	制造业	22	33.8	高中及以下	3	1.2
女	50	20.2	建筑/房地产	6	9.2	大专	21	8.5
年龄			高科技	19	29.2	本科	119	50
30岁及以下	14	5.6	商贸/服务	13	20	硕士	76	30.6
31～35岁	26	10.5	其他	5	7.8	博士	29	11.7
36～40岁	35	14.1	团队规模			高管任期		
41～45岁	61	24.6	3人以下	0	0	3年以下	44	17.7
46～50岁	63	25.4	3～7人	36	55.4	3～5年	65	26.2
50岁以上	49	19.8	8～10人	21	32.3	6～10年	73	29.4
企业成立年数			11～13人	8	12.3	10年以上	66	26.7
3年以下	12	18.5	企业人数					
3～10年	15	23.1	300人及以下	32	49.2			
11～20年	31	47.7	301～500人	19	29.2			
20年以上	7	10.7	501～1000人	8	12.3			
			1001～3000人	6	24.3			

一、行为整合的信度分析

表6－12中，行为整合包含三个维度：团队合作、有效沟通和决策参与。其中团队合作包含三个题项，该维度的Cronbach's α值为0.822；有效沟通包含三个题项，该维度的Cronbach's α值为0.766；决策参与包含三个题项，该维度的

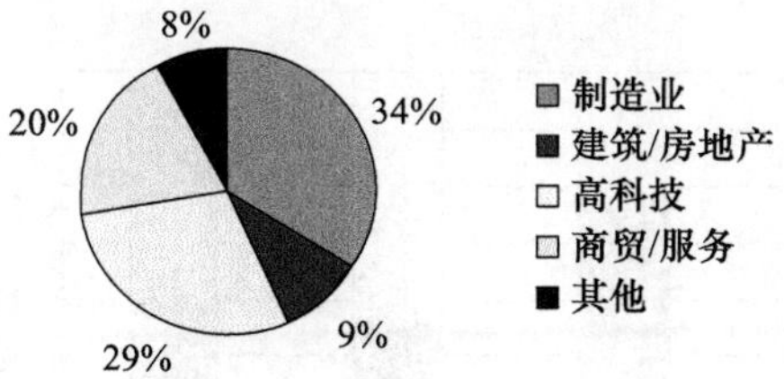

图6－3　所属行业分布

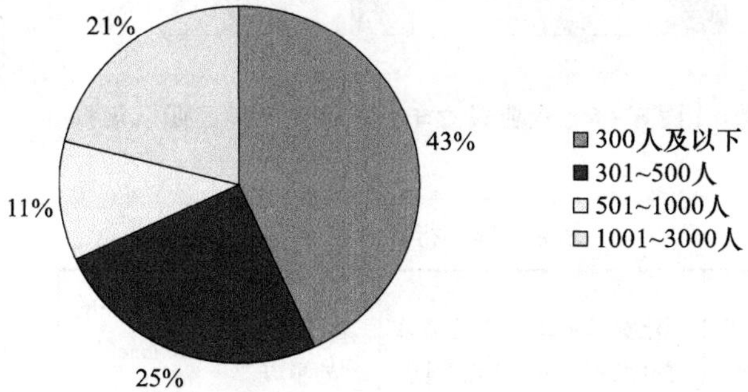

图6－4　企业规模分布

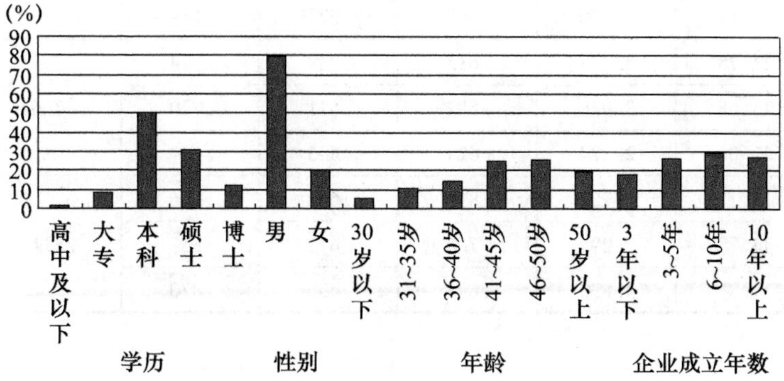

图6－5　学历、性别、年龄、企业成立年数分布

Cronbach's α 值为0.871。这三个维度的信度系数都在0.70以上，行为整合量表的总的Cronbach's α 值为0.887，大于0.80。从校正的项总计相关性来看，相关系数最小值为0.582，最大值为0.813，都大于0.35。拟提取变量因子的组成条目在删除条目后的Cronbach's α 值（0.689~0.870）低于总量表的Cronbach's α 值（0.887）。这表明本问卷的内部一致性较高，问卷具有良好的信度。

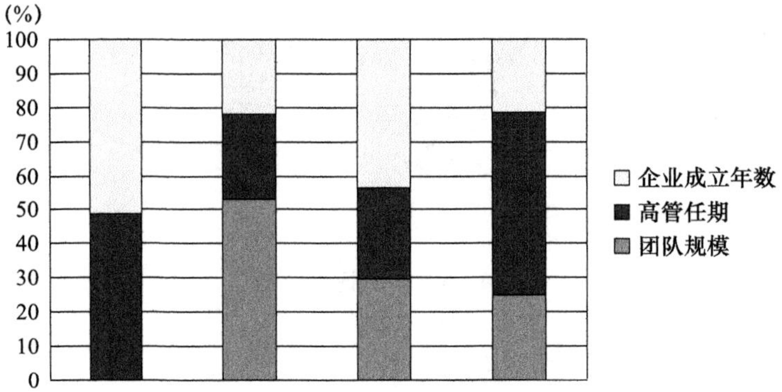

图 6－6　企业成立年数、高管任期、团队规模

表 6－12　行为整合的信度分析

		项已删除的刻度均值	项已删除的刻度方差	校正的项总计相关性	多相关性的平方	项已删除的 Cronbach's Alpha 值	各维度 Cronbach's Alpha 值	总量表 Cronbach's Alpha 值
团队合作	A1	11.58	5.432	.641	.447	.791	.822	.887
	A2	11.76	4.717	.655	.463	.790		
	A3	11.14	5.470	.760	.577	.689		
有效沟通	A4	11.78	3.073	.613	.743	.774	.766	
	A5	11.68	3.936	.582	.611	.720		
	A6	12.06	2.874	.629	.595	.669		
决策参与	A7	11.72	3.757	.813	.666	.706	.871	
	A8	11.78	4.093	.766	.613	.851		
	A9	11.74	4.890	.694	.490	.870		

二、决策效果的信度分析

从表 6－13 可见，决策效果的四个维度——决策质量、决策理解一致性、决策承诺一致性和情感接受性的信度系数分别为 0.914、0.868、0.841 和 0.803，这四个维度的信度系数都在 0.70 以上，总量表的信度系数为 0.924，大于 0.80。从校正的项总计相关性来看，相关系数最小值为 0.523，最大值为 0.849，都大于 0.35。拟提取变量因子的组成条目在删除条目后的 Cronbach's Alpha 值（0.752～0.909）低于总量表的 Cronbach's Alpha 值（0.924）。这说明问卷的内部一致性较高，具有很好的信度。

表 6－13 决策效果的信度分析

		项已删除的刻度均值	项已删除的刻度方差	校正的项总计相关性	多相关性的平方	项已删除的 Cronbach's Alpha 值	各维度 Cronbach's Alpha 值	总量表 Cronbach's Alpha 值
决策质量	B1	16.0625	7.286	.849	.732	.892	0.914	0.924
	B2	16.1250	7.726	.798	.649	.909		
	B3	15.9688	7.128	.837	.719	.896		
	B4	16.0625	7.609	.811	.663	.905		
决策理解一致性	C1	23.9375	36.319	.579	.473	.860	0.868	
	C2	24.3750	29.726	.719	.611	.838		
	C3	24.4375	32.706	.731	.682	.834		
	C4	24.5313	35.031	.640	.618	.851		
	C5	23.8750	32.435	.754	.605	.831		
	C6	23.8438	33.814	.599	.519	.858		
决策承诺一致性	D1	27.3438	11.265	.664	.604	.814	0.841	
	D2	27.6875	9.577	.723	.707	.793		
	D3	28.4063	9.733	.523	.282	.886		
	D4	27.7188	11.112	.654	.567	.814		
	D5	27.6875	10.544	.815	.721	.789		
	D6	27.8750	9.790	.702	.660	.798		
情感接受性	D7	5.5625	1.512	.727	.529	.767	0.803	
	D8	5.5938	1.152	.711	.551	.752		

第三节 效度测量

一、因子分析

（一）行为整合因子分析

表 6－14 的行为整合因子分析结果表明，KMO 检验值为 0.814，Bartlett 球

形检验值为775.2000，显著水平为0.000。经过最大正交旋转4次后收敛，提取三个因子。题项A7、A8、A9负载在因子3上，题项A1、A2、A3负载在因子2上，题项A4、A5、A6负载在因子1上。各题项较好地负载在预测因子上，符合预先设定的结果。行为整合的三个维度结构清晰，各项指标符合要求（见表6－15）。它们解释70.125%的变异，第一因子累积方差为45.472%，没有超过50%（见表6－16）。项目的因子1负荷最小值为0.741，最大值为0.777；因子2负荷最小值为0.803，最大值为0.882；因子3负荷最小值为0.702，最大值为0.813。这表明问卷量表问题项的各问题项均与量表设计之初预设的因子构面相吻合，且因子间没有出现交叉负载现象。综上可得出，行为整合问卷的结构效度很好。

表6－14 行为整合KMO和Bartlett的检验

取样足够度的 Kaiser－Meyer－Olkin 度量		.814
Bartlett 的球形度检验	近似卡方	775.200
	df	45
	Sig.	.000

表6－15 旋转成分矩阵

	成分		
	1	2	3
A1	.121	.855	.122
A2	.158	.882	.149
A3	.305	.803	.089
A4	.777	.105	.025
A5	.741	.091	.081
A6	.767	.208	.161
A7	.308	.285	.702
A8	.390	.237	.765
A9	.301	.188	.813

注：提取方法：主成分。

旋转法：具有 Kaiser 标准化的正交旋转法。旋转在4次迭代后收敛。

表 6 – 16 解释的总方差

成分	初始特征值			提取平方和载入			旋转平方和载入		
	合计	方差的（%）	累积（%）	合计	方差的（%）	累积（%）	合计	方差的（%）	累积（%）
1	4.627	45.472	45.472	4.627	45.472	45.472	2.823	28.228	28.228
2	2.432	13.117	58.589	2.432	13.117	58.589	2.397	23.970	52.197
3	1.134	11.536	70.125	1.134	11.536	70.125	1.793	17.928	70.125
4	.850	8.605	78.730						
5	.587	6.869	85.599						
6	.452	5.417	91.016						
7	.371	3.805	94.821						
8	.256	2.863	97.684						
9	.113	2.316	100.000						

（二）决策效果因子分析

从决策结果因子分析可以看出，KMO 检验值为 0.775，Bartlett 球形检验值为 481.159，显著水平为 0.000（见表 6 – 17）。经过最大正交旋转后，提取 4 个因子，分别命名为：决策质量、决策理解一致性、决策承诺一致性和情感接受性。它们解释 76.881% 的变异，第一因子累积方差为 48.701%，没有超过 50%（见表 6 – 18）。从表 6 – 19 可以看出，题项 B1、B2、B3、B4 负载在因子 1 上，题项 C1、C2、C3、C4、C5、C6 负荷在因子 2 上，题项 D1、D2、D3、D4、D5、D6 负荷在因子 3 上，题项 D7 与题项 D8 负荷在因子 4 上。各题项较好地负载在预测因子上，符合预先设定的结果。项目的因子 1 负荷最小值为 0.655，最大值为 0.803；项目因子 2 负荷最小值为 0.663，最大值为 0.767；项目因子 3 负荷最小值为 0.672，最大值为 0.825；项目因子 4 负荷最小值为 0.813，最大值为 0.837。这表明问卷量表问题项的各问题项均与量表设计之初预设的因子构面相吻合，且因子间没有出现交叉负载现象。综上可得出，决策效果问卷的结构效度很好。

表 6 – 17 决策效果 KMO 和 Bartlett 的检验

取样足够度的 Kaiser – Meyer – Olkin 度量		.775
Bartlett 的球形度检验	近似卡方	481.159
	df	153
	Sig.	.000

表 6－18　解释的总方差

成分	初始特征值			提取平方和载入			旋转平方和载入		
	合计	方差的（%）	累积（%）	合计	方差的（%）	累积（%）	合计	方差的（%）	累积（%）
1	5.046	48.701	48.701	5.046	48.701	48.701	4.381	24.340	24.340
2	2.972	12.512	61.213	2.972	12.512	61.213	4.334	24.076	48.417
3	1.691	9.396	70.609	1.691	9.396	70.609	3.274	18.188	66.605
4	1.129	6.272	76.881	1.129	6.272	76.881	1.850	10.276	76.881
5	.851	4.730	81.611						
6	.771	4.284	85.895						
7	.552	3.067	88.962						
8	.461	2.562	91.524						
9	.346	1.922	93.446						
10	.267	1.484	94.930						
11	.223	1.241	96.171						
12	.203	1.128	97.299						
13	.155	.863	98.162						
14	.124	.692	98.854						
15	.093	.517	99.371						
16	.063	.349	99.720						
17	.029	.160	99.880						
18	.022	.120	100.000						

表 6－19　旋转成分矩阵

	成分			
	1	2	3	4
B1	**.655**	.296	.341	.333
B3	**.758**	.219	.379	.219
B2	**.800**	.353	.264	-.063
B4	**.803**	.328	-.192	.137
C1	.294	**.663**	.292	.365
C2	.273	**.767**	.050	.213
C3	.206	**.706**	.112	.168
C4	.099	**.753**	.426	.088
C5	.218	**.718**	.330	.166

续表

	成分			
	1	2	3	4
C6	.315	**.730**	-.176	.205
D1	.355	.087	**.825**	.042
D2	.266	.205	**.809**	.168
D3	.245	.030	**.672**	.088
D4	.200	.012	**.714**	.412
D6	.256	-.016	**.786**	.191
D5	.315	-.137	**.766**	.358
D8	.237	-.143	.325	**.813**
D7	-.471	-.121	.210	**.837**

注：提取方法：主成分。已提取了4个成分。

二、验证性因子分析

模型拟合指数是刻画理论结构模型对数据拟合程度的统计指标。不同模型拟合指数可从模型复杂性、样本大小、相对性与绝对性等方面对理论模型进行度量。我们选取的指标为：χ^2、χ^2/df 、GFI、RMR、RMSEA、NFI、TLI、CFI、IFI、AIC、BCC，采用极大似然法进行模型的整体拟合度检验（见表6-20）。

表6-20 模型拟合指数

指数名称		评价标准	
绝对拟合指数	χ^2	越小越好	易受样本大小影响，应与其他指标一起评价
	χ^2/df	越接近1越好	实际研究中接近2，认为模型拟合较好
	GFI	大于0.9	不受样本大小影响
	RMR	小于0.05，越小越好	反映理论模型整体残差
	RMSEA	小于0.05，越小越好	评价模型拟合效果最具信息标准的指标
相对拟合指数	NFI	大于0.9，越接近1越好	
	TLI	大于0.9，越接近1越好	
	CFI	大于0.9，越接近1越好	
	IFI	大于0.9，越接近1越好	
信息指数	AIC	越小越好	
	BCC	越小越好	

（一）行为整合验证性因素分析

行为整合的验证性因子分析的结果可从三方面来评定效标效度：①表 6 – 21 显示结果表明，卡方值为 48.482，$\chi^2/df = 1.564$，小于 2，NFI、IFI、TLI 和 CFI 的值都在 0.90 以上，信息标准指数 AIC 为 96.482，BCC 为 99.682，都小于独立模型中的值 110 和 117.033，RMR 为 0.044，小于 0.05，RMSEA 为 0.057 小于 0.08，表明观测数据与模型拟合较好。②从图 6 – 7 中显示的路径系数可以看出，高管团队行为整合每个子维度因素的标准化荷重都较高，因子载荷系数均在 0.63 以上，且小于 0.95，符合因子提取和研究的要求，团队合作、有效沟通和决策参与的 AVE 分别为 0.6337、0.6022 和 0.5086，均符合大于 0.5 的标准。③模型评价还要考察模型结果中估计出的参数是否具有统计意义，需要对路径系数或载荷系数进行统计显著性检验①。从表 6 – 22 中 CR 值的统计检验相伴概率 P 可看出，估计参数均达到 1% 的显著性水平且没有出现负值。所以，以上三方面说明观测指标与测量的潜变量具有较好的效标关联效度。

表 6 – 21　行为整合的验证性因子分析拟合指标

χ^2	χ^2/df	TLI	CFI	IFI	NFI	AIC	RMR	BCC	RMSEA
48.482	1.564	0.966	0.977	0.977	0.939	96.482	0.044	99.682	0.057

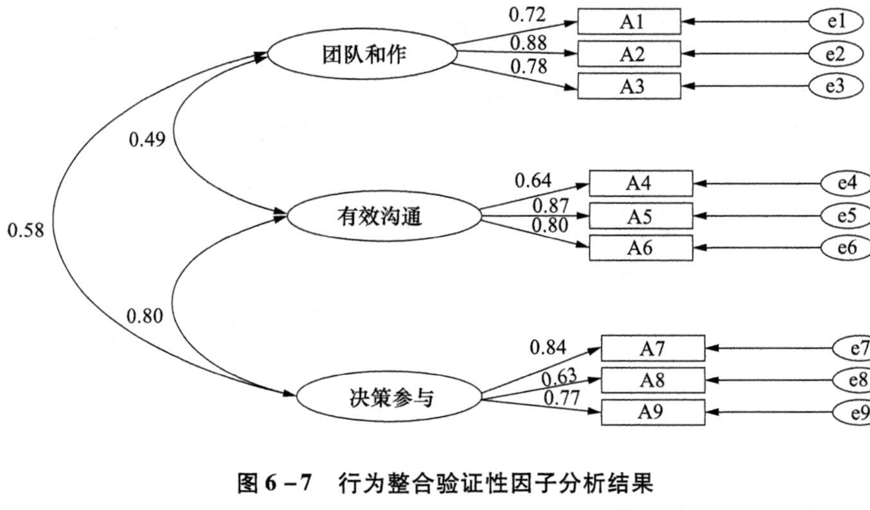

图 6 – 7　行为整合验证性因子分析结果

① 潜变量与潜变量间的回归系数称为路径系数；潜变量与可测变量间的回归系数称为载荷系数。

表 6-22　行为整合路径系数或载荷系数检验

			Estimate	S. E.	C. R.	P	Label
A3	<---	团队合作	1.000				
A2	<---	团队合作	1.286	.114	11.307	***	par_1
A1	<---	团队合作	1.091	.104	10.472	***	par_2
A4	<---	有效沟通	1.000				
A5	<---	有效沟通	1.311	.163	8.037	***	par_3
A6	<---	有效沟通	1.021	.146	6.972	***	par_4
A7	<---	决策参与	1.000				
A8	<---	决策参与	1.402	.167	8.384	***	par_5
A9	<---	决策参与	1.301	.163	7.994	***	par_6
决策参与	<-->	有效沟通	.434	.076	5.730	***	par_7
决策参与	<-->	团队合作	.398	.075	5.280	***	par_9
团队合作	<-->	有效沟通	.248	.058	4.310	***	par_8

注：*** 表示在 0.01 水平上显著。

（二）行为整合一因子模型比较

有些学者使用 Simsek（2005）的行为整合量表进行测量时发现，行为整合的决策参与、信息沟通和团队合作三个维度共九个题项负载在同一因子上（见图 6-8）（Carmeli and Schaubroeck，2006；江岩，2008）。对于一因子模型的验证性因子分析（见表 6-23），从拟合指标上看，各个指标拟合效果都不好，卡方值为 192.6，$\chi^2/df = 7.132$，远大于 2，NFI、IFI、TLI 和 CFI 的值都在 0.7 左右，未能超过 0.80，信息标准指数 AIC 为 246.553，BCC 为 249.806，都超过独立模型的值。通过与上述三因子模型相比，可见三因子结构最好。

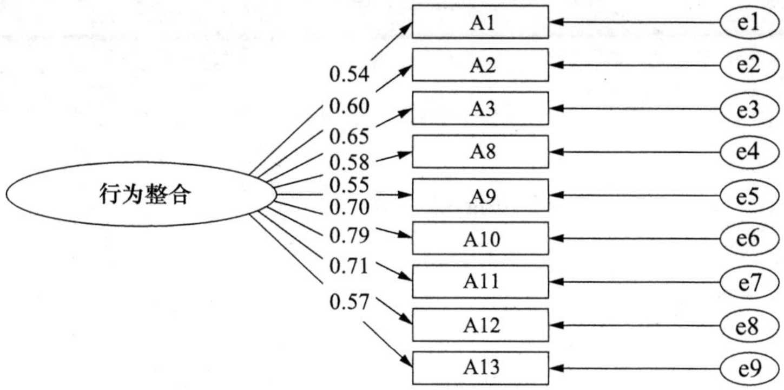

图 6-8　行为整合一因子模型

表 6-23　行为整合一因子拟合指标

χ^2	χ^2/df	TLI	CFI	IFI	NFI	AIC	RMR	BCC	RMSEA
192.6	7.132	0.663	0.747	0.750	0.721	246.553	0.123	249.806	0.187

（三）决策效果的验证性因素分析

决策效果的验证性因子分析的结果如图 6-9 和表 6-24 显示，卡方值为 219.758，$\chi^2/df = 1.704 < 2$，TLI 和 NFI 小于 0.9，RMSEA > 0.1，说明模型拟合程度不是太好。当模型效果不太好时，研究者可以根据初始模型的参数显著性结果和 AMOS 提供的模型修正指标进行模型扩展（Model Building）或模型限制（Model Trimming）。模型扩展是指通过释放部分限制路径或添加新路径，使模型结构更加合理，通常在提高模型拟合程度时使用；模型限制是指通过删除或限制部分路径，使模型结构更加简洁，通常在提高模型可识别性时使用。临界比率 CR 用于模型限制，即计算模型中的每一对待估参数（路径系数或载荷系数）之差，并除以相应参数之差的标准差所构造出的统计量。从表 6-25 决策效果路径系数和载荷系数检验结果来看，CR 值的统计检验相伴概率 $P < 0.01$，表明估计参数均达到显著性水平。本书用 AMOS 提供的模型修正指标 MI（Modification Indices）

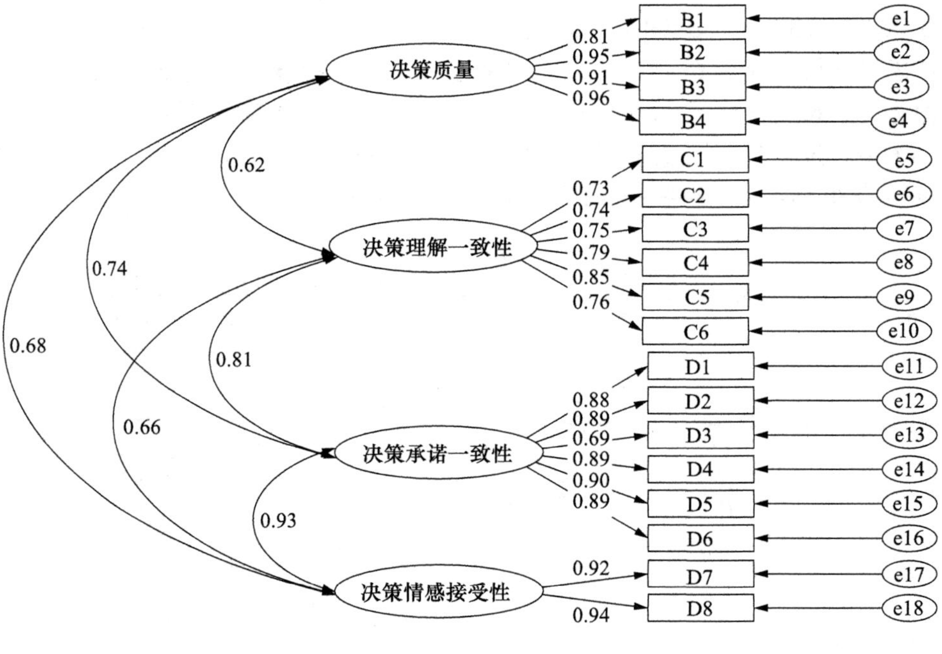

图 6-9　决策效果验证性因子分析结果

进行模型扩展，从模型修正指标一栏来看 e1 的决策理解一致性 MI 值为 13.042，e15 和 e16MI 值为 13.094，这表明增加“公司决策信息来源准确性”与“决策理解一致性”及“我非常愿意为这项决策的正确执行尽最大的努力”与“我十分赞同这项决策最后所形成的决议”的路径，可以减少卡方值。而且，从实际情况来看若公司获得准确决策信息来源，有助于对决策的理解，团队成员对决策准确执行付出最大的努力，会比较赞同决策的决议。因此，增加两条路径进行分析，会发现卡方值减少，各拟合指标有所改进，还不太理想。进一步模型扩展，从模型修正指标一栏来看 e11 和 e12 的 MI 值为 7.671，在两者间增加一条路径。

表 6-24 决策效果验证性因子分析拟合指标

χ^2	χ^2/df	TLI	CFI	IFI	NFI	AIC	RMR	BCC	RMSEA
219.758	1.704	0.886	0.904	0.906	0.80	303.758	0.110	355.242	0.115

表 6-25 决策效果路径系数或载荷系数检验

			Estimate	S. E.	C. R.	P	Label
C1	< - - -	决策理解一致性	1.000				
C2	< - - -	决策理解一致性	1.146	.225	5.091	***	par_ 1
C3	< - - -	决策理解一致性	1.097	.212	5.173	***	par_ 2
C4	< - - -	决策理解一致性	1.197	.220	5.449	***	par_ 3
C5	< - - -	决策理解一致性	1.203	.205	5.872	***	par_ 4
C6	< - - -	决策理解一致性	.977	.186	5.249	***	par_ 5
D1	< - - -	决策承诺一致性	1.000				
D2	< - - -	决策承诺一致性	1.189	.130	9.127	***	par_ 6
D3	< - - -	决策承诺一致性	1.037	.176	5.886	***	par_ 7
D4	< - - -	决策承诺一致性	1.042	.113	9.232	***	par_ 8
D5	< - - -	决策承诺一致性	1.190	.127	9.366	***	par_ 9
D6	< - - -	决策承诺一致性	1.321	.144	9.188	***	par_ 10
B1	< - - -	决策质量	1.000				
B2	< - - -	决策质量	1.127	.129	8.724	***	par_ 11
B3	< - - -	决策质量	1.081	.132	8.203	***	par_ 12
B4	< - - -	决策质量	1.144	.129	8.892	***	par_ 13
D7	< - - -	决策情感接受性	1.000				
D8	< - - -	决策情感接受性	1.109	.092	12.115	***	par_ 14
决策理解一致性	< - - - >	决策质量	.647	.212	3.044	***	par_ 15
决策理解一致性	< - - - >	决策承诺一致性	.732	.205	3.574	***	par_ 16
决策承诺一致性	< - - - >	决策情感接受性	1.108	.251	4.410	***	par_ 17

续表

			Estimate	S. E.	C. R.	P	Label
决策理解一致性	< - - - >	决策情感接受性	.738	.224	3.296	***	par_ 18
决策质量	< - - - >	决策情感接受性	.900	.255	3.527	***	par_ 19
决策承诺一致性	< - - - >	决策质量	.806	.221	3.643	***	par_ 20

注：*** 表示在 0.01 水平上显著。

对模型扩展修正后的卡方值降为 192.070，$\chi^2/df = 1.968 < 2$，NFI、IFI、TLI 和 CFI 的值都在 0.90 以上，信息标准指数 AIC 为 288.070，BCC 为 312.275，都小于独立模型中的值，RMR 为 0.07。尽管 RMSEA 的值为 0.078 > 0.05，但还可以接受（见表 6 - 26）。从显示的路径系数可以看出，高管团队决策效果每个子维度因素的标准化荷重都较高，因子载荷系数均在 0.50 以上，且小于 0.95，符合因子提取和研究的要求（见图 6 - 10）。决策质量、决策理解一致性、决策承诺

表 6 - 26　决策效果验证性因子分析结果

χ^2	χ^2/df	TLI	CFI	IFI	NFI	AIC	RMR	BCC	RMSEA
192.070	1.968	0.928	0.9429	0.943	0.906	288.070	0.07	312.275	0.078

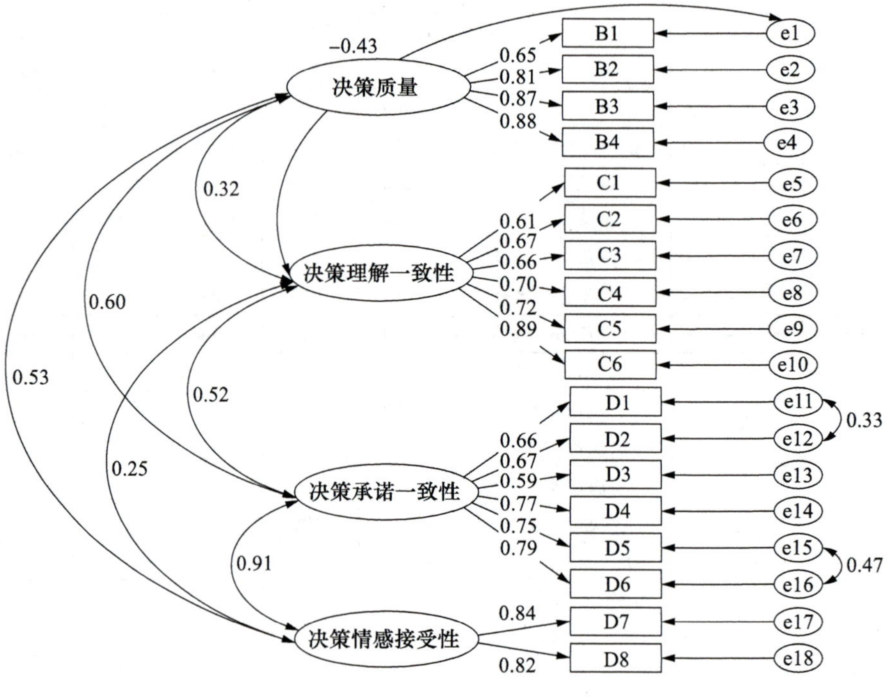

图 6 - 10　决策成果验证因子分析

一致性和决策情感接受性的 AVE 分别为 0.65、0.52、0.50、0.69，均大于等于 0.5，符合收敛效度的标准。估计参数均达到1%显著性水平且没有出现负值。以上指标说明观测指标与测量的潜变量具有较好的效标关联效度。

第四节 团队数据的整合检验

由于本书研究对象为团队，需对每个团队成员的数据进行加总整合。个体水平变量加总到团队水平需要进行整合前的检验，也即检验团队成员填答结果的一致性。常采用两种检验方法：一是 ICC 检验，当组间的方差程度显著高于组内的方差程度时，说明适合将团队个体成员数据聚合成团队数据；二是 Rwg 检验，指在用多个项目测量同一变量时，分析群体成员的回答是否具有一致性。正如 Yammarino 和 Markham（1992）研究表明，单独使用 Rwg 检验，无法完全判别数据是否可以聚合，ICC 检验也是验证高层次结构有效性的必要条件，所以组内和组间的差异都必须达到一定的标准①。

一、ICC 检验

ICC（Intraclass Correlation Coefficients）为组内相关系数。ICC 值介于 0 ~ 1，0 表示不可信，1 表示完全可信。ICC 主要用于刻画处于某个类别（或组）内个体间某种特征的相似程度，ICC 等于个体的变异度除以总的变异度，公式为：

$$ICC(1) = (MS_R - MS_W) \div [MS_R + (K-1) \times MS_W] \quad (6-1)$$

$$ICC(2) = (MS_R - MS_W) \div MS_R \quad (6-2)$$

其中，MS_R 为组间均方差（Mean Square between Groups），MS_W 为组内均方差（Mean Square within Groups），K 为组内个体的数量，当各组数量不一时，则取平均值，这里行为整合的 K 为 3，决策效果的 K 为 3.3。一般认为 *ICC*（1）越大，代表把每一组数据合并的问题越小，*ICC*（1）应不低于 0.05，若大于 0.75 表示信度良好。*ICC*（2）系数反映团队平均数的均数是否可靠，一般认为 0.50 以上是可接受的标准。

方差分析显示，行为整合的 F 检验值为 2.944，决策参与的 F 检验值为 8.384，有效沟通的 F 值为 3.744，团队合作的 F 值为 7.977，均在 0.05 水平上显著，这说明对于总变异而言，团队间变异显著。通过 ANNOVA 计算出 MS_R 和

---

① Yammarino F. J., Markham S. E.. On the application of within and between analysis: Are absence and affect really group－based phenomena? [J]. Journal of Applied Psychology, 1992, 77: 66－76.

MS_W，结果如下：团队合作、决策参与、有效沟通的 *ICC*（1）值分别为 0.54、0.20、0.42；*ICC*（2）值分别为 0.83、0.43、0.7725。除了决策参与的 *ICC*（2）值为 0.43，稍低于 0.50，但还可接受，其余变量的 *ICC*（1）值和 *ICC*（2）值都超出临界值。所以认为行为整合变量整体的 *ICC*（1）值和 *ICC*（2）值达到了标准。因此可以说，本书行为整合变量个体层次的数据适合聚合到团队层次。

方差分析显示决策效果的 F 检验值为 4.805，决策质量的 F 检验值为 2.907，决策理解一致性的 F 值为 2.959，决策承诺一致性的 F 值为 9.597，情感接受性的 F 值为 2.536，均在 0.05 以上的水平显著，这说明对于总变异而言，团队间变异显著。计算结果显示，决策质量、决策理解一致性、决策承诺一致性和情感接受性的 *ICC*（1）值分别为 0.20、0.22、0.425、0.35，*ICC*（2）值分别为 0.509、0.56、0.75、0.71，可以看出所有变量的 *ICC*（1）和 *ICC*（2）值都超过临界值。因此，认为决策效果变量整体的 *ICC*（1）值和 *ICC*（2）值都达到了标准。因此，决策效果变量个体层次的数据适合聚合到团队层次。

二、Rwg 检验

由于本书的主要研究单位是团队层次，还需计算每个团队不同成员对同一变量打分的一致性程度（Interrater Agreement），用一致性系数 *Rwg* 来刻画。George（1990）指出，当 *Rwg* 大于 0.70 时，可将此变量视为具有足够的一致性，即表明各变量适合进行团队层次的数据聚合①。单题项目 *Rwg* 的计算公式是：$Rwg = 1 - \frac{S_x^2}{\sigma_{EU}^2}$，其中 S_x^2 为对评定对象观察所得的变异量，σ_{EU}^2 为评判者由于完全的随机测量误差条件下期望的变异量。多题项目 *Rwg* 的计算公式是：$Rwg = \frac{J\ (1 - S_{xj}^2/\sigma_{EU}^2)}{J\ (1 - S_{xj}^2/\sigma_{EU}^2)\ + \overline{S}_{xj}^2}$，其中 S_{xj}^2 指在 J 个题项上所观察到的方差的平均数，σ_{EU}^2 指假设所有回答者只存在随机误差下所期望的方差。

按照李超平改自 James 的方法②，用 SPSS 软件计算 *Rwg*，步骤是：①将数据合并；②计算合并后每一变量的方差；③计算每一维度所有变量方差的平均值；④计算 *Rwg*。经计算后，团队合作、有效沟通、决策参与的 *Rwg* 平均值分别为 0.866、0.907、0.91，都大于 0.7 的数据加总水平。决策质量、决策理解一致性、决策承诺一致性和情感接受性的 *Rwg* 平均值分别为 0.91、0.78、0.73、

① George J.. Personality, affect, and behavior in groups ［J］. Journal of Applied Psychology, 1990, 75: 107－116.

② James L. R., Demaree R. G., Wolf G.. Rwg: An assessment of within－group Interrater Agreement ［J］. Journal of Applied Psychology, 1993, 78: 306－309.

0.80，都大于0.7的数据加总水平。综合上述 *Rwg*、*ICC*（1）和 *ICC*（2）的结果，行为整合和决策效果各变量的数据都满足经验标准，表明这两个变量在不同的团队中有充足的内部同质性且可信度较高，在团队层次上进行聚合是合理有效的。因此，本研究的样本数据具有较好的组内一致性，符合将个体层次的数据聚合到团队层次的要求。

第五节 模型的假设检验

一、多元线性回归的三大问题

从数学角度来说，要进行多元线性回归分析前，需要进行多重共线性、序列自相关与异方差的检验。

（一）多重共线性问题

多重共线性问题指的是自变量（包括控制变量）之间存在完全的或近似的线性相关，亦即多变量之间具有共同的变化趋势。判定多重共线性的方法有：容许度法（Tolerance）和方差膨胀因子法（Variance Inflation Factor，VIF）。其中，容许度法是观察某一自变量与其余自变量间的相关系数 R_i，若相关系数 R_i 越大（接近1），容许度 $Toli=1-R^2$（R^2 为回归模型中的决定系数）越小，则共线性越严重。由于 $VIF=\frac{1}{Toli}$，因此，实质上容许度和方差膨胀因子是一回事。根据Neter等①（1996）及Chatterjee和Price（1991）的判定标准：当 $0<\text{VIF}<10$ 时，多重共线性问题不存在；当 $10\leqslant\text{VIF}<100$ 时，多重共线性较明显；而如果 $\text{VIF}\geqslant100$，多重共线性严重。检验后发现，各回归模型的VIF指数均大于0且小于10。由此可见，本书的模型不存在多重共线性问题。

（二）序列（自）相关问题

序列相关是指总体回归模型的随机误差项间存在相关关系，一般来说，序列相关大多产生于时间序列样本。自相关性检验有图示检验法和DW检验法，DW检验法是最常用的自相关检验法，DW值范围是 $0\leqslant\text{DW}\leqslant4$（见图6-11）。其检验标准是当DW值显著接近0或4时，存在自相关；当DW值显著接近2时，不存在自相关。一方面，由于本研究的样本数据是截面数据，消除了自相关产生的

① Neter J., et al. Applied linear statistical models: Regression, analysis of variance and experimental design [M]. Chicago: Irwin, 1996.

可能性；另一方面，从 DW 检验来看，各回归模型的 DW 值均接近 2。因此，本研究模型不存在序列相关问题。

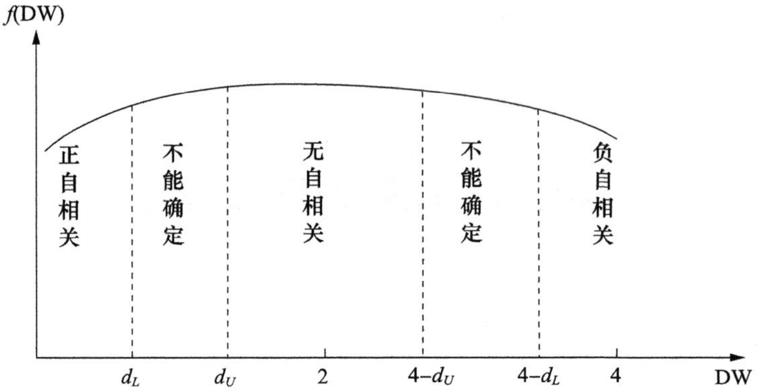

图 6－11　DW 值的检验标准

（三）异方差问题

异方差问题是指随着自变量的变化，因变量的方差存在明显的变化趋势。也就是随机误差项的方差不再是常数，而是服从不同方差正态分布的随机变量。若存在异方差会使模型的预测失效。通常可用散点图进行判断（马庆国，2002），具体来说，以标准化预测值为横轴，以标准化残差为纵轴，做散点图。从散点图可以看出，各模型的散点图均呈无序状。因此，本研究各模型均不存在异方差问题。

二、各变量描述性统计分析和相关分析

（一）描述性统计

从变量的描述性统计分析来看，团队平均年龄为 43.1 岁，可见高管团队成员正处于年富力强的稳定期；平均任期为 5.3 年，团队规模为 5.7 人，处于中等水平；平均学历为 3.29，处于本科与硕士之间，表明高管团队成员受教育水平很高，绝大多数成员都取得本科学历，有些团队成员取得硕士学位，还有部分成员获得博士学位。高管团队异质性方面，年龄异质性较低，为 0.127，这可能在一定程度上说明相似者相吸引的现象；任期的异质性和教育专业异质性都接近 0.5，教育水平异质性及职业背景的异质性都超过 0.5。

（二）变量相关分析

从变量的相关分析上看（见表 6－27），平均年龄与平均任期（$r=0.523$，$p<0.01$）、团队规模（$r=0.298$，$p<0.05$）、年龄异质性（$r=-0.145$，$p<$

0.05)、行为整合（$r=0.88$，$p<0.05$）、决策效果（$r=-0.241$，$p<0.05$）、企业规模（$r=0.488$，$p<0.01$）及企业年龄（$r=0.275$，$p<0.05$）有显著关系。团队成员平均任期与团队规模（$r=0.409$，$p<0.01$）、职业背景异质性（$r=-0.056$，$p<0.05$）、行为整合（$r=-0.111$，$p<0.05$）、企业规模（$r=0.487$，$p<0.01$）、企业年龄（$r=0.345$，$p<0.05$）和企业发展阶段（$r=0.287$，$p<0.01$）有显著关系。团队规模与职业背景异质性（$r=0.382$，$p<0.01$）、行为整合（$r=-0.117$，$p<0.05$）、决策效果（$r=-0.039$，$p<0.05$）、企业规模（$r=0.552$，$p<0.01$）和企业年龄（$r=0.498$，$p<0.01$）有显著关系。平均教育水平与年龄异质性（$r=-0.273$，$p<0.05$）、行为整合（$r=0.270$，$p<0.05$）、决策效果（$r=0.36$，$p<0.01$）有显著关系。年龄异质性与任期异质性（$r=0.247$，$p<0.05$）、行为整合（$r=-0.014$，$p<0.05$）、决策效果（$r=-0.015$，$p<0.05$）有显著关系。任期异质性与行为整合（$r=-0.14$，$p<0.05$）显著负相关，与决策效果（$r=0.223$，$p<0.05$）显著正相关。教育学历异质性与行为整合（$r=-0.569$，$p<0.05$）、决策效果（$r=-0.281$，$p<0.01$）和企业规模（$r=-0.313$，$p<0.05$）有显著关系。教育专业异质性与职业背景异质性（$r=0.390$，$p<0.01$）、行为整合（$r=-0.09$，$p<0.05$）和决策效果（$r=0.066$，$p<0.05$）有显著关系。职业背景异质性与行为整合（$r=-0.31$，$p<0.05$）和决策效果（$r=-0.47$，$p<0.01$）显著负相关。行为整合与决策效果正相关（$r=0.573$，$p<0.01$），与企业发展阶段（$r=-0.422$，$p<0.01$）负相关，与行业性质 $D1$（$r=-0.042$，$p<0.05$）负相关，与行业性质 $D2$ 正相关（$r=0.398$，$p<0.01$）。企业规模与企业年龄（$r=0.434$，$p<0.01$）正相关。企业发展阶段与企业年龄（$r=0.535$，$p<0.01$）正相关，与行业性质 $D2$（$r=0.288$，$p<0.01$）正相关。企业年龄与行业性质 $D2$（$r=0.263$，$p<0.05$）正相关。

三、模型检验

尽管前面已进行变量间的相关分析，但相关分析容易受某些偶然因素的影响，结果不是很准确，因此之后的假设检验是必需的。本书应用 SPSS19.0 软件对各研究变量进行层级回归分析，以验证前文所提出的研究假设。

回归分析结果包括 R^2（评价回归方程对样本数据的代表性）、调整 R^2（反映回归方程对样本数据的拟合程度），DW 值、F 值（表示回归方程所能解释的方差与不能解释的方差的比例）、各模型回归方程的标准化回归系数、t 值、回归系数的显著性水平（反映被解释变量与解释变量之间的线性关系是否具有显著性）及共线性统计量 VIF，通过这些指标来检验本书提出的假设。

表 6-27　变量间相关系数

变量	均值	标准差	1	2	3	4	5	6	7	8	9	10	11	12	13	14	15	16
平均年龄	43.1158894	5.40893874	1.000															
平均任期	5.3369394	2.83643939	.523 **	1.000														
团队规模	5.7121212	2.39078456	.298 *	.409 **	1.000													
平均教育水平	3.2856970	.47493148	-.009	-.083	.086	1.000												
年龄异质性	.1273005	.07141474	-.145 *	.016	-.033	-.273 *	1.000											
任期异质性	.4658727	.26124196	-.125	-.204	.178	.027	.247 *	1.000										
教育学历异质性	.5844727	.20745931	-.107	-.073	-.074	.007	.088	-.140	1.000									
教育专业异质性	.4848015	.22662529	-.066	-.051	.209	-.042	.089	.100	.108	1.000								
职业背景异质性	.7077962	.14508076	-.309	-.056 *	.382 **	.097	.143	.033	.012	.390 **	1.000							
行为整合	5.6420298	.58192033	.088 *	-.111 *	-.117 *	.270 *	-.014 *	-.140 *	-.569 *	-.090 *	-.310 *	1.000						
决策效果	5.8174191	.43484507	-.241 *	.038	-.039 *	.360 **	-.015 *	.223 *	-.281 **	.066 *	-.470 **	.573 **	1.000					
企业规模	2.4110519	.78948286	.488 **	.487 **	.552 **	.153	-.093	.080	-.313 *	-.070	.005	.041	.111	1.000				
企业发展阶段	2.42	.860	.048	.287 *	.180	-.008	-.067	.046	-.131	-.103	.017	-.422 **	-.069	.158	1.000			
企业年龄	14.0076	11.68250	.275 *	.345 **	.498 **	.126	-.044	.042	-.075	-.014	.125	-.180	.009	.434 **	.535 **	1.000		
行业性质 D1	0.1970	0.40076	-.089	-.137	-.016	.106	-.234	-.111	-.121	-.100	-.087	-.042 *	-.003	.085	-.063	-.080	1.000	
行业性质 D2	0.3636	0.48473	.059	.080	.198	.012	.132	.089	-.127	.043	.172	.398 **	-.204	-.112	.288 **	.263 *	.374	1.000

注：(1) ** 表示在 0.01 水平（双测）上显著相关；* 表示在 0.05 水平（双测）上显著相关。

(2) 从变量间的相关系数可看出，相关系数绝对值的取值范围从 0.005~0.573，没有超出 0.6，故初步认为不存在序列相关。

（一）TMT 特征与决策效果

由于本书研究的变量较多，在回归时采用逐步回归法中的逐步剔除法，把所有自变量（包括控制变量）与决策效果进行回归，先是剔除统计量 F 值较小的。在剔除企业发展阶段这一变量后，再运用自变量强行进入回归法进行以下的多元回归。模型 1 是将控制变量企业规模、企业年龄和行业性质与决策效果做回归，模型 2 是将自变量职业背景异质性、年龄异质性、任期异质性、教育学历异质性、教育专业异质性与控制变量对决策效果进行回归。从回归结果来看，模型 1 的总体显著性概率为 0.032 <0.05，模型通过检验，企业规模显著正向影响决策效果，其标准化系数为 0.564，P <0.05；企业年龄显著负向影响决策效果，其标准化系数为 -0.39，P <0.05。模型 2 的显著性概率为 0.007 <0.01，总体模型通过检验，调整的 R^2（由于是多元线性回归，故看调整的 R^2）为 0.498，表明解释变量对被解释变量的影响为 49.8%（见表 6 -28 和表 6 -29）。接下来具体看解释变量和控制变量对因变量的影响显著程度。职业背景异质性显著负向影响决策效果，其标准化系数为 -0.52，P <0.05；教育学历异质性显著负向影响决策效果，其标准化系数为 -0.412，P <0.05。职业背景异质性对决策效果的负向影响相对较大。因此，假设 H2e 和 H2c 均得到支持。此外，从表 6 -29 的共线性统计量知，各变量的 VIF 都小于 3，没有超出 Neter 等学者所推荐的临界值 10，说明不存在多重共线性。从标准化预测值与标准化残差的散点图可看出不存在异方差（见图 6 -12）。模型 1 和模型 2 的 DW 值分别为 2.127 和 1.7，可知不存在序列相关性。

表 6 -28　模型 1 和模型 2 汇总

模型	R	R^2	调整 R^2	标准估计的误差	Durbin - Watson	F	Sig.
1	.576	.332	.214	.36081	2.127	2.080	.032
2	.793	.629	.498	.27223	1.7	4.717	.007

表 6 -29　模型 1 和模型 2 的系数

模型		非标准化系数		标准系数	t	Sig.	共线性统计量	
		B	标准误差	试用版			容差	VIF
1	（常量）	4.983	.570		8.749	.000		
	企业规模	.492	.174	.564	2.822	.014	.972	1.029
	企业年龄	-.033	.018	-.390	-1.887	.040	.909	1.100

续表

模型		非标准化系数		标准系数	t	Sig.	共线性统计量	
		B	标准误差	试用版			容差	VIF
1	行业性质 D1	-.145	.137	-.161	-1.058	.294	.674	1.483
	行业性质 D2	.044	.138	.046	.321	.749	.748	1.338
2	（常量）	8.192	.957		8.562	.000		
	职业背景异质性	-1.609	.639	-.520	-2.719	.028	.498	2.009
	年龄异质性	-1.236	1.475	-.198	-.838	.324	.538	1.858
	任期异质性	.225	.397	.140	.566	.485	.495	2.021
	教育学历异质性	-1.830	.699	-.412	-2.618	.033	.551	1.815
	教育专业异质性	.339	.749	.112	.453	.561	.491	2.036
	企业规模	-.066	.209	-.082	-.317	.658	.451	2.215
	企业年龄	-.047	.020	-.319	-1.394	.067	.574	1.743
	行业性质 D1	-.138	.138	-.154	-1.005	.119	.656	1.524
	行业性质 D2	.042	.142	.044	.297	.768	.700	1.430

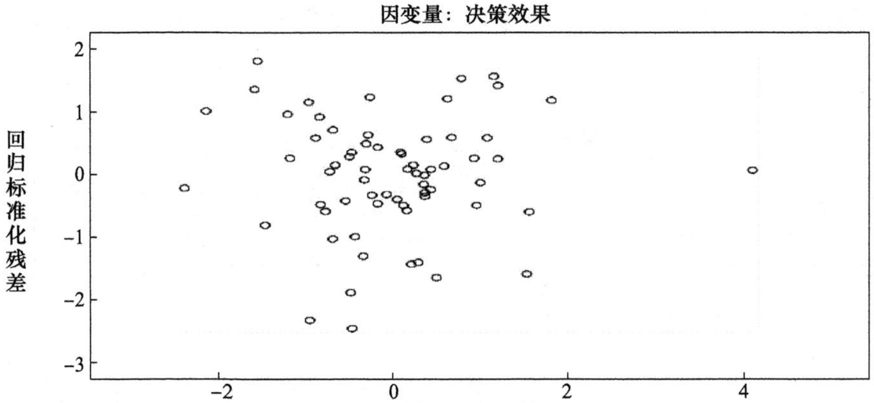

图 6-12　模型 2 的散点图

模型 3 是将控制变量与平均年龄、平均任期、平均教育水平和团队规模对决策效果进行回归。从团队的背景特征与决策效果的回归结果来看（见表 6-30），模型 3 的总体显著性概率为 0.018 < 0.05，总体模型通过检验，调整的 R^2（由于

是多元线性回归，故看调整的 R^2）为 0.345，表明解释变量对被解释变量的影响为 34.5%。接下来具体看解释变量和控制变量对因变量的影响显著程度（见表 6－31）。平均年龄显著负向影响决策效果，其标准化系数为－0.448，P < 0.001；平均教育学历水平显著正向影响决策效果，其标准化系数为 0.347，P < 0.01。平均年龄对决策效果的负向影响相对较大。因此，假设 H1a 和 H1d 均得到支持。此外，从表 6－31 的共线性统计量可知，各变量的 VIF 都小于 2，没有超出 Neter 等学者所推荐的临界值 10，说明不存在多重共线性。从标准化预测值与标准化残差的散点图可以看出不存在异方差（见图 6－13）。模型 3 的 DW 值为 1.818，可知不存在序列相关性。

表 6－30 模型 1 和模型 3 汇总

模型	R	R^2	调整 R^2	标准估计的误差	Durbin－Watson	F	Sig.
1	.576	.332	.214	.36081	2.127	2.080	.032
3	.709	.503	.345	.36511	1.818	3.866	.018

表 6－31 模型 1 和模型 3 的系数

模型		非标准化系数		标准系数	t	Sig.	共线性统计量	
		B	标准误差	试用版			容差	VIF
1	（常量）	4.983	.570		8.749	.000		
	企业规模	.492	.174	.564	2.822	.014	.972	1.029
	企业年龄	−.033	.018	−.390	−1.887	.040	.909	1.100
	行业性质 D1	−.145	.137	−.161	−1.058	.294	.674	1.483
	行业性质 D2	.044	.138	.046	.321	.749	.748	1.338
3	（常量）	6.438	.669		9.620	.000		
	平均年龄	−.041	.011	−.448	−3.759	.000	.765	1.307
	平均任期	.027	.020	.170	1.399	.167	.735	1.361
	团队规模	.008	.021	.045	.383	.703	.782	1.278
	平均教育水平	.319	.101	.347	3.152	.003	.892	1.121
	企业规模	.036	.065	.070	.551	.584	.670	1.492
	企业年龄	−.001	.004	−.032	−.272	.787	.784	1.276
	行业性质 D1	−.135	.147	−.151	−.923	.360	.607	1.647
	行业性质 D2	.047	.143	.049	.327	.745	.720	1.390

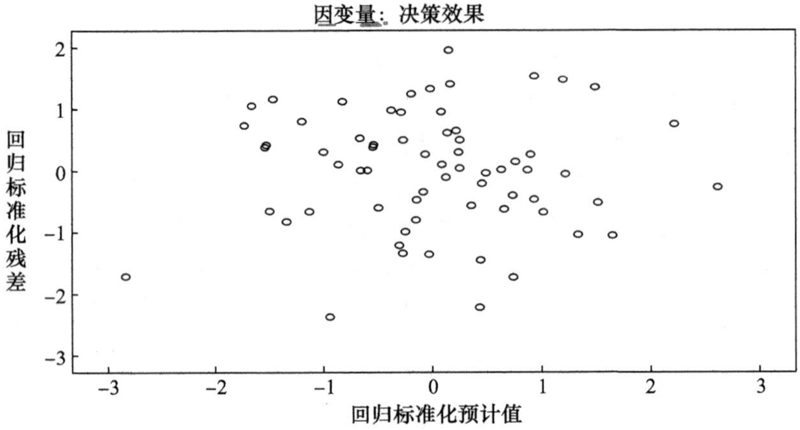

图 6-13 模型 3 的散点图

（二）TMT 特征与行为整合

模型 4 是将控制变量企业规模、企业年龄和行业性质与行为整合做回归，模型 5 是将自变量平均年龄、平均任期、平均学历和团队规模加入模型 4。从团队背景特征与行为整合的回归结果来看，模型 4 的总体显著性概率为 0.01 < 0.05，总体模型通过检验，企业规模显著正向影响行为整合水平，其标准化系数为 0.693，P < 0.01；企业年龄显著负向影响行为整合水平，其标准化系数为 -0.353，P < 0.05。模型 5 的总体显著性概率为 0.001 < 0.01，通过检验，调整的 R^2 是 0.578，表明解释变量对被解释变量的影响为 57.8%（见表 6-32）。接下来具体看解释变量和控制变量对因变量的影响显著程度（见表 6-33）。平均年龄显著负向影响行为整合水平，其标准化系数为 -0.332，P < 0.001；平均教育学历水平显著正向影响行为整合水平，其标准化系数为 0.211，P < 0.05。平均年龄对行为整合的负向影响稍大。因此，假设 H4a 和 H4c 均得到支持。此外，从表 6-33 的共线性统计量可知，各变量的 VIF 都小于 2，没有超出 Neter 等学者所推荐的临界值 10，说明不存在多重共线性。从标准化预测值与标准化残差的散点图看出不存在异方差（见图 6-14）。模型 4 和模型 5 的 DW 值分别为 1.941 与 2.145，查表可知模型不存在序列相关性。

表 6-32 模型 4 和模型 5 汇总

模型	R	R^2	调整 R^2	标准估计的误差	Durbin - Watson	F	Sig.
4	.737	.544	.446	.32478	1.941	5.563	.010
5	.794	.630	.578	.28240	2.145	8.616	.001

表 6－33　模型 4 和模型 5 的系数

模型		非标准化系数		标准系数	t	Sig.	共线性统计量	
		B	标准误差	试用版			容差	VIF
4	（常量）	4.218	.595		7.091	.000		
	企业规模	.690	.182	.693	3.785	.002	.972	1.029
	企业年龄	-.034	.018	-.353	-2.867	.033	.909	1.100
	行业性质 D1	-.208	.179	-.173	-1.157	.252	.674	1.483
	行业性质 D2	.241	.181	.189	1.330	.188	.748	1.338
5	（常量）	3.279	.720		4.556	.000		
	平均年龄	-.018	.009	-.332	-3.020	.0008	.649	1.540
	平均任期	.014	.015	.084	.883	.381	.720	1.389
	平均教育水平	.184	.081	.211	1.971	.047	.831	1.204
	团队规模	.002	.017	.013	.148	.883	.780	1.282
	企业规模	.038	.052	.074	.728	.469	.636	1.572
	行业性质 D1	-.213	.171	-.168	-1.250	.116	.656	1.524
	行业性质 D2	.230	.176	.180	1.310	.095	.700	1.430
	企业年龄	-.001	.026	-.003	-.038	.970	.834	1.199

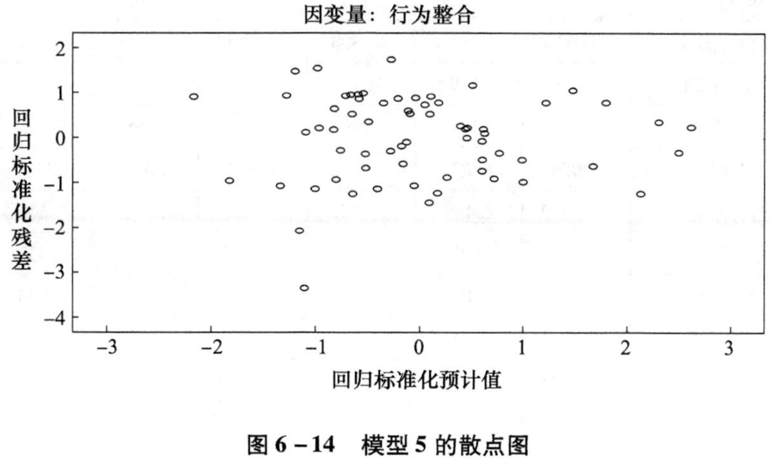

图 6－14　模型 5 的散点图

模型 6 是将自变量职业背景异质性、年龄异质性、任期异质性、教育学历异质性、教育专业异质性加入模型 4。从团队异质性特征与行为整合的回归结果来看，模型 6 的总体显著性概率为 0.006 < 0.01，模型通过检验，调整的 R^2 =

0.453，表明解释变量对被解释变量的影响为45.3%（见表6－34）。接下来具体看解释变量和控制变量对因变量的影响显著程度（见表6－35）。职业背景异质性显著负向影响行为整合水平，其标准化系数为－0.399，P＜0.05；教育学历异质性显著负向影响行为整合负水平，其标准化系数为－0.519，P＜0.05。教育学历异质性对行为整合的负向影响相对较大。因此，假设H5c和H5e均得到支持。此外，从表6－35的共线性统计量可知，各变量的VIF都小于3，没有超出Neter等学者所推荐的临界值10，说明模型不存在多重共线性。从标准化预测值与标准化残差的散点图看出不存在异方差（见图6－15）。模型4和模型6的DW值分别为1.941与1.863，进一步说明模型不存在序列相关性。

表6－34　模型4和模型6汇总

模型	R	R^2	调整 R^2	标准估计的误差	Durbin－Watson	F	Sig.
4	.737	.544	.446	.32478	1.941	4.563	.010
6	.745	.555	.453	.31261	1.863	5.512	.006

表6－35　模型4和模型6的系数

模型		非标准化系数		标准系数	t	Sig.	共线性统计量	
		B	标准误差	试用版			容差	VIF
4	（常量）	4.218	.595		7.091	.000		
	企业规模	.690	.182	.693	3.785	.002	.972	1.029
	企业年龄	－.034	.018	－.353	－1.867	.033	.909	1.100
	行业性质D1	－.208	.179	－.173	－1.157	.252	.674	1.483
	行业性质D2	.241	.181	.189	1.330	.188	.748	1.338
6	（常量）	8.059	1.751		4.602	.001		
	年龄异质性	－1.079	2.468	－.152	－.437	.672	.538	1.859
	任期异质性	－.326	.637	－.178	－.512	.621	.538	1.860
	教育学历异质性	－1.770	1.178	－.519	－2.502	.027	.543	1.842
	教育专业异质性	.772	1.204	.224	.641	.538	.532	1.881
	职业背景异质性	－1.178	1.055	－.399	－2.117	.043	.508	1.969
	企业规模	－.082	.371	－.089	－.220	.831	.400	2.501
	企业年龄	－.046	.032	－.367	－1.431	.086	.610	1.639
	行业性质D1	－.174	.193	－.145	－.900	.372	.607	1.647
	行业性质D2	.254	.189	.199	1.348	.183	.720	1.390

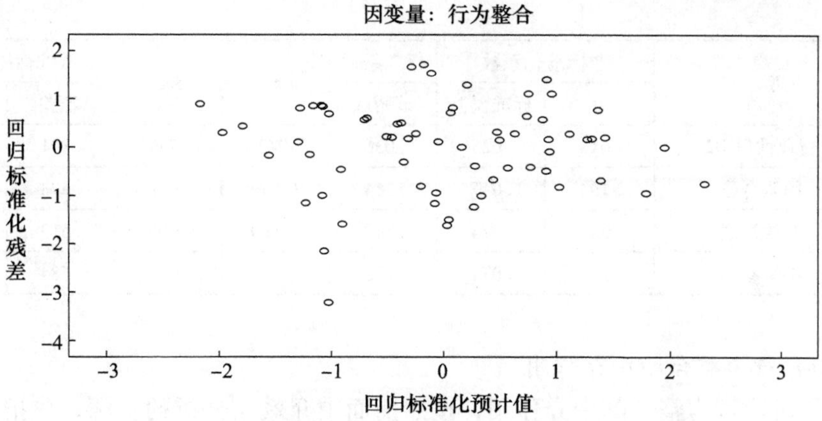

图 6-15 模型 6 的散点图

（三）行为整合与决策效果

在模型 7 中将企业规模、行业性质、企业年龄、团队合作、决策参与、有效沟通与因变量决策效果做回归。回归分析结果可看出模型的调整 R^2 为0.594，表明解释变量对被解释变量的影响为 59.4%，模型的总体显著性概率为 0.000<0.001，模型通过检验（见表 6-36）。从表 6-37 中解释变量和控制变量对因变量的影响显著程度来看，团队合作显著正向影响决策效果，其标准化系数为 0.264，P<0.05；有效沟通显著正向影响决策效果，其标准化系数为 0.54，P<0.001；决策参与显著正向影响决策效果，其标准化系数为 0.275，P<0.01。因此，假设 H3a、H3b 和 H3c 均得到支持。

表 6-36 模型 7 汇总

模型	R	R^2	调整 R^2	标准估计的误差	Durbin - Watson	F	Sig.
7	.817	.668	.594	.26290178	1.891	19.804	.000

表 6-37 模型 7 系数

模型		非标准化系数		标准系数	t	Sig.	共线性统计量	
		B	标准误差	试用版			容差	VIF
7	（常量）	2.087	.365		5.721	.000		
	企业规模	.005	.045	.009	.109	.914	.847	1.180
	企业年龄	.204	.033	.316	2.420	.061	.848	1.179
	行业性质 D1	.003	.022	.010	.136	.892	.989	1.011

续表

模型		非标准化系数		标准系数	t	Sig.	共线性统计量	
		B	标准误差	试用版			容差	VIF
7	行业性质 D2	.012	.025	.036	.243	.759	.891	1.123
	团队合作	.194	.047	.264	2.539	.049	.678	1.476
	有效沟通	.382	.074	.540	5.190	.000	.519	1.928
	决策参与	.208	.074	.275	2.799	.007	.584	1.712

（四）行为整合的中介作用

为了讨论行为整合的中介作用，按照前面中介效应分析的步骤，先把控制变量企业规模、行业性质、企业年龄与因变量决策效果进行回归分析，再把自变量加入，最后加入中介变量行为整合。从表6－38的回归结果可知，模型的总体显著性概率为0.005 <0.001，总体模型通过检验。模型8的回归结果显示当行为整合进入回归模型后（见表6－39），职业背景异质性与教育学历异质性对决策效果

表6－38　模型8汇总

模型	R	R^2	调整 R^2	标准估计的误差	DW	F	Sig.
8	.891	.793	.661	.07525	1.708	6.855	.005

表6－39　模型8系数

模型		非标准化系数		标准系数	t	Sig.
		B	标准误差	试用版		
8	（常量）	4.380	.526		8.323	.000
	年龄异质性	-.688	.409	-.110	-1.680	.132
	任期异质性	.343	.106	.213	3.236	.012
	教育学历异质性	-.961	.216	-.321	-4.442	.002
	教育专业异质性	-.197	.202	-.065	-.976	.358
	职业背景异质性	-1.073	.185	-.414	-5.808	.000
	企业规模	-.104	.061	-.129	-1.712	.125
	企业年龄	-.015	.006	-.176	-2.604	.031
	行业性质 D1	-.018	.014	-.074	-1.235	.252
	行业性质 D2	-.013	.09	-0.053	-1.132	.321
	行为整合	.541	.055	.617	9.895	.000

的影响仍是显著的，但是对于模型2而言结果发生了变化。职业背景异质性仍然对决策效果有显著负向影响，但其标准化回归系数从 -0.52（P<0.05）降低为 -0.414（P<0.01）；教育学历异质性仍然负向影响决策效果，但其标准化回归系数从 -0.412（P<0.05）降低为 -0.321（P<0.01）。这表明职业背景异质性和教育学历异质性对决策效果的显著影响没有消失，但程度有所降低，而行为整合各维度显著正向影响决策效果（P<0.001）。因此，行为整合在职业背景异质性和教育学历异质性与决策效果之间起到部分中介作用，中介效应占总效应的比例分别为 0.519 × 0.321/0.412 = 0.404，0.399 × 0.414/0.520 = 0.318（见图6-16和图6-17）。

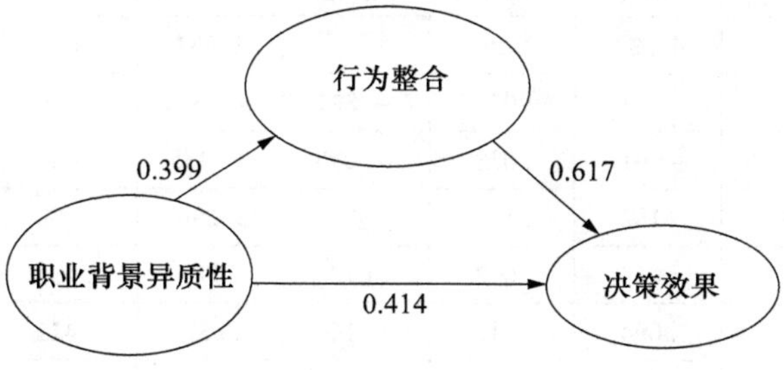

图6-16　行为整合在职业背景异质性与决策效果间起到中介作用

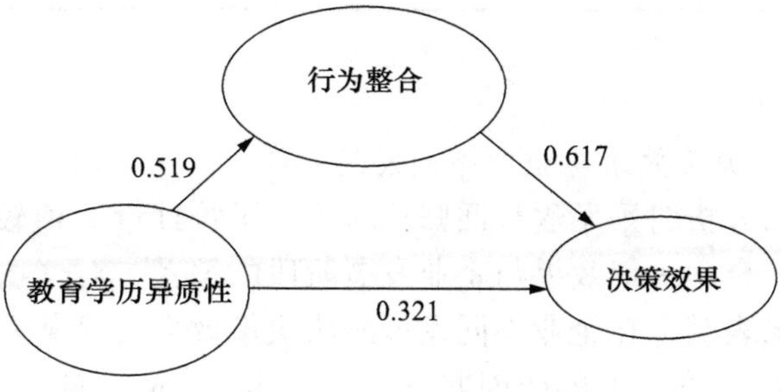

图6-17　行为整合在教育学历异质性与决策效果间起到中介作用

从表6-40的回归结果可知，模型的总体显著性概率为0.000<0.001，总体模型通过检验。模型9的回归结果显示，当行为整合进入回归模型后（见表6-41），对于模型3而言结果发生了变化。平均年龄与平均教育水平对决策效果的影响都由显著变为不显著，这表明平均年龄和平均教育水平与决策效果之间的显著相关关系消失。但行为整合显著正向影响决策效果（P<0.05），因此，

行为整合在平均年龄与决策效果之间起到完全中介作用，在平均教育水平与决策效果之间起到完全中介作用。

表 6-40　模型 9 汇总

模型	R	R^2	调整 R^2	标准估计的误差	F	Sig.
9	.927	.859	.731	1.9763	12.038	.000

表 6-41　模型 9 系数

模型		非标准化系数		标准系数	t	Sig.	共线性统计量	
		B	标准误差	试用版			容差	VIF
9	（常量）	4.938	2.595		2.903	.040		
	平均年龄	-.043	.036	-.321	-1.179	.129	.212	4.720
	平均任期	-.017	.038	-.099	-.455	.660	.334	2.992
	平均教育水平	.182	.141	.304	1.290	.109	.283	3.535
	团队规模	.019	.038	.077	.492	.634	.642	1.559
	企业规模	.094	.112	.116	.839	.423	.820	1.219
	行业性质 D1	-.015	.035	-.061	-.419	.685	.732	1.366
	行业性质 D2	.009	.022	.134	.241	.765	.222	4.505
	企业年龄	.001	.013	.009	.062	.852	.674	1.484
	行为整合	.351	.264	.400	2.330	.036	.173	5.773

（五）研究推论

1. 行为整合、决策效果与企业不同发展阶段

前面在做回归分析时采用逐步回归法时剔除了统计量 F 值较小的企业发展阶段。为研究行为整合、决策效果与企业发展阶段的关系，对这些变量进行方差分析。方差分析结果表明，在企业不同发展阶段决策效果无显著差异，$P=0.591>0.05$（见表 6-42）；在企业的初创期（用 1 表示）、成长期（用 2 表示）、成熟期（用 3 表示）与转型期（用 4 表示）的行为整合水平有显著差异，$P=0.003<0.01$（见表 6-43）。从表 6-44 两两比较检验的结果中发现，企业初创期与成长期、成熟期、转型期的行为整合的均值有显著差异，企业成长期行为整合的均值与成熟期行为整合的均值无显著差异，企业成长期、成熟期都与转型期行为整合均值有显著差异。从高管团队行为整合与企业发展阶段均值图中可以看出（见图 6-18），行为整合均值随着企业发展阶段不同而变化，在企业的初创期，团队行为整合的均值最大，在成长期行为整合均值减小，随着企业加入

成熟期，行为整合均值上升，到了转型期行为整合均值又开始减小，而且在转型期行为整合均值最低。

表 6－42 决策效果 ANOVA

	平方和	df	F	显著性
组间	.370	3	.642	.591
组内	11.921	62		
总数	12.291	65		

表 6－43 行为整合 ANOVA

	平方和	df	F	显著性
组间	4.444	3	5.229	.003
组内	17.567	62		
总数	22.011	65		

表 6－44 行为整合多重比较

(I) 企业发展阶段	(J) 企业发展阶段	均值差 (I－J)	标准误	显著性	95%置信区间	
					下限	上限
1	2	.59453680**	.21180487	.007	.1711449	1.0179287
	3	.76498349**	.22267363	.001	.3198652	1.2101017
	4	.96084072**	.26614590	.001	.4288227	1.4928588
2	1	－.59453680**	.21180487	.007	－1.0179287	－.1711449
	3	.39585723	.22267363	.062	－.2492610	.6409755
	4	.46630392*	.21180487	.022	－1.0570880	.7896958
3	1	－.76498349**	.22267363	.001	－1.2101017	－.3198652
	2	－.39585723	.22267363	.062	－.6409755	.2492610
	4	－.17044668*	.15365940	.048	－.4776075	.1367141
4	1	－.96084072**	.26614590	.001	－1.4928588	－.4288227
	2	－.46630392*	.21180487	.022	－.7896958	1.0570880
	3	.17044668*	.15365940	.048	－.1367141	.4776075

注：** 表示均值差的显著性水平为 0.01；* 表示均值差的显著性水平为 0.05。

2. 决策效果的滞后性

决策效果不是时点问题，如同战略变化和企业绩效一样，具有滞后性。国外的学者在研究这些问题时都做了假定，Wiersema 和 Bantel（1992）将战略变化的滞后期定为三年。Pegels 等（2000）在研究团队特征对企业绩效的影响时，将企

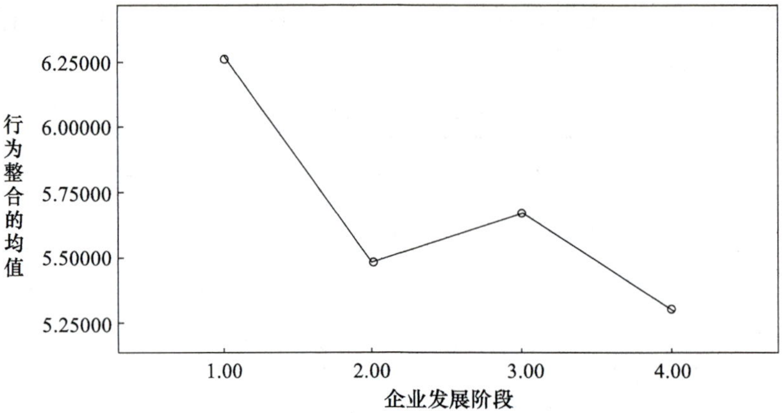

图 6-18　行为整合与企业发展阶段

业绩效的滞后期定为一年到两年。Pitcher 和 Smith（2001）则认为战略变化的滞后期远远超过三年。Amason（1996）将决策效果的滞后期定为三年。事实上，滞后性可分为长期和短期，从上述滞后期来看，都是短期的效果，这是由于研究所受人力和物力及所调查样本的限制。为了确定决策效果的滞后期，本研究通过深度访谈，在调查问卷中设定一项“您认为决策效果多长时间能体现出来”。为避免回答的偏差，以年为单位。从访谈和问卷结果来看，被试者认为决策效果的时长从 0.5 年到 5 年，其均值为 1.7681，标准差为 0.91547。大多数被试认为决策效果的滞后期大约为 2 年。

3. 企业不同发展阶段的高管团队特征

本书经过判别分析，得到不同发展阶段高管团队背景特征与异质性特征的均值与标准差。在企业的初创期平均年龄较低，成长期与成熟期平均年龄均值差不多。企业发展的四个阶段平均学历水平都较高，为本科以上。从团队平均任期和团队规模来看，处于初创期的企业的平均任期较短，团队规模较小。处于成长期和成熟期企业高管团队的任期较长，规模较大，到了转型期团队规模有所减少。从异质性特征来看，四个阶段的职业背景异质性、年龄异质性均值都差别不大，但职业背景异质性均值较大，超过 0.5。初创期和成熟期任期异质性较小，都小于 0.5，而成长期和转型期任期异质性都大于 0.5，表明异质性较大。初创期和转型期教育学历异质性较大，成长期和成熟期相对小一些，但都大于 0.5。教育专业异质性均值以初创期和转型期较大，其他两个阶段较小（见表 6-45）。由表 6-46 的 Wilks 的 λ 检验结果可知，统计值 χ^2 的显著性概率为 $0.008 < 0.01$，表明不同组的指标均值的典则函数值是有显著差异的。

表 6-45　组统计量

企业发展阶段		均值	标准差	有效的 N（列表状态）	
				未加权的	已加权的
1	平均教育水平	3. 3500000	. 69282032	8	8. 000
	平均年龄	39. 8750000	5. 23552426	8	8. 000
	平均任期	2. 3437500	2. 08282732	8	8. 000
	团队规模	3. 2500000	. 46291005	8	8. 000
	年龄异质性	. 1539188	. 08870735	8	8. 000
	任期异质性	. 3355650	. 37935999	8	8. 000
	教育学历异质性	. 7176250	. 14283251	8	8. 000
	教育专业异质性	. 5470000	. 13248396	8	8. 000
	职业背景异质性	. 7307500	. 13033008	8	8. 000
2	平均教育水平	3. 2670000	. 43532905	30	30. 000
	平均年龄	43. 8058667	4. 62655918	30	30. 000
	平均任期	5. 5122667	2. 56506162	30	30. 000
	团队规模	6. 2333333	2. 34422744	30	30. 000
	年龄异质性	. 1240028	. 06664974	30	30. 000
	任期异质性	. 5202467	. 22294962	30	30. 000
	教育学历异质性	. 4651800	. 22763896	30	30. 000
	教育专业异质性	. 4950033	. 23630731	30	30. 000
	职业背景异质性	. 6975100	. 14632360	30	30. 000
3	平均教育水平	3. 3318000	. 50050875	20	20. 000
	平均年龄	44. 4136350	6. 20547396	20	20. 000
	平均任期	6. 2550000	2. 97922190	20	20. 000
	团队规模	6. 1500000	2. 43386199	20	20. 000
	年龄异质性	. 1151550	. 07556910	20	20. 000
	任期异质性	. 4131590	. 23830038	20	20. 000
	教育学历异质性	. 5303500	. 17414635	20	20. 000
	教育专业异质性	. 4590750	. 18538653	20	20. 000
	职业背景异质性	. 7061000	. 15963640	20	20. 000
4	平均教育水平	3. 1762500	. 35132148	7	7. 000
	平均年龄	40. 5250000	4. 95284911	7	7. 000
	平均任期	5. 3775000	2. 49775185	7	7. 000

续表

企业发展阶段		均值	标准差	有效的 N（列表状态）	
				未加权的	已加权的
4	团队规模	5.1250000	2.23207143	7	7.000
	年龄异质性	.1434125	.06332823	7	7.000
	任期异质性	.5240625	.29302292	7	7.000
	教育学历异质性	.6589750	.21373576	7	7.000
	教育专业异质性	.5486625	.35563368	7	7.000
	职业背景异质性	.7276563	.13812268	7	7.000
合计	平均教育水平	3.2856970	.47493148	65	65.000
	平均年龄	43.1158894	5.40893874	65	65.000
	平均任期	5.3369394	2.83643939	65	65.000
	团队规模	5.7121212	2.39078456	65	65.000
	年龄异质性	.1273005	.07141474	65	65.000
	任期异质性	.4658727	.26124196	65	65.000
	教育学历异质性	.5844727	.20745931	65	65.000
	教育专业异质性	.4848015	.22662529	65	65.000
	职业背景异质性	.7077962	.14508076	65	65.000

表 6－46　Wilks 的 λ 检验

函数检验	Wilks 的 λ	卡方	df	Sig.
1	.829	11.727	3	.008

第六节　实证结果及小结

一、实证结果

本研究构建了高管团队特征与决策效果分析模型，将高管团队特征分为背景特征与异质性特征两个方面，其中背景特征包括平均年龄、平均任期、团队规模和平均教育水平，异质性特征包括年龄异质性、任期异质性、教育学历异质性、教育专业异质性和职业背景异质性。决策效果用决策质量、决策承诺一致性、决策理解一致性和决策情感接受性四个维度来衡量。同时引入行为整合这一中介变量，用行为整合过程变量打开特征与结果间的“黑箱”，揭示团队构成特征对决策效果的影响机制。本研究运用层级回归法对本书所推出的理论模型进行辅助的检验，具体结果如表6－47所示。

表6－47 假设检验结果汇总

编号	假设	是否支持
H1	高管团队背景特征与决策效果	
H1a	高管团队平均年龄负向影响决策效果	支持
H1b	高管团队平均任期正向影响决策效果	不支持
H1c	高管团队规模正向影响决策效果	不支持
H1d	高管团队平均受教育水平正向影响决策效果	支持
H2	高管团队异质性与决策效果	
H2a	年龄异质性负向影响决策效果	不支持
H2b	团队任期异质性有利于决策效果	不支持
H2c	教育学历异质性负向影响决策效果	支持
H2d	教育专业异质性有利于决策效果	不支持
H2e	职业背景异质性负向影响决策效果	支持
H3	高管团队行为整合各维度正向影响决策效果	支持
H3a	团队合作有助于决策效果提高	支持
H3b	决策参与有助于决策效果提高	支持
H3c	有效沟通有助于决策效果提高	支持
H4	高管团队背景特征与行为整合	
H4a	高管团队平均年龄负向影响行为整合水平	支持
H4b	高管团队规模负向影响行为整合水平	不支持
H4c	高管团队平均教育水平正向影响行为整合水平	支持
H4d	高管团队平均任期正向影响行为整合水平	不支持
H5	高管团队异质性与行为整合	
H5a	高管团队年龄异质性负向影响行为整合水平	不支持
H5b	高管团队任期异质性负向影响行为整合水平	不支持
H5c	高管团队教育学历异质性负向影响行为整合水平	支持
H5d	高管团队教育专业异质性负向影响行为整合水平	不支持
H5e	高管团队职业背景异质性负向影响行为整合水平	支持
H6	行为整合的中介作用	
H6a	行为整合在高管团队背景特征与决策效果间发挥中介作用	部分支持
H6b	行为整合在高管团队异质性特征与决策效果间发挥中介作用	部分支持

通过层级回归分析，假设检验后，本书的实证结论如下：

（一）高管团队特征与决策效果

战略决策过程留下了决策主体的印记，反映了决策者的特质。高管团队特征与组织结果的研究历来是研究的热点，但从已有文献来看，研究最多的是特征与绩效的关系。对于决策效果的研究最初鲜见于文献中，虽说个别文献有所提及，但都较为片面，只见树木未见森林。对高管团队决策效果进行系统研究的当属 Amason，他不但给出决策效果的理论定义，还首次给出测量量表，并探讨团队特征对决策效果的影响。以决策效果为关键词在 CNKI 上进行搜索，发现对高管团队决策效果的研究很少，不超过 15 篇，而且都是最近几年的文献。如陈璐（2011）对高管团队决策效果进行系统研究，她把 CEO 家长式领导行为与决策效果间建立联系；莫友华（2012）探讨民营企业高管团队内部冲突对决策效果的影响；郭然等（2013）研究企业 TMT 决策行为对决策效果的影响。因此，本书关于高管团队特征与决策效果的研究具有深刻的理论意义。

通过理论探讨和实证分析，本书将 TMT 特征与决策效果建立了联系。从高管团队背景特征对决策效果的影响来看：平均年龄对决策效果有显著的负向影响，平均教育水平正向影响决策效果，说明教育水平越高越有利于决策效果。平均任期、团队规模对决策效果有正向影响，但都不显著；企业规模对决策效果有显著的正向影响，企业年龄负向影响决策效果。从高管团队异质性与决策效果的关系来看：教育学历异质性和职业背景异质性对决策效果有显著负向影响，表明异质性越大，越不利于决策效果。年龄异质性、任期异质性和教育专业异质性与决策效果关系不显著。

（二）高管团队特征与行为整合

本书建立了 TMT 特征与过程变量行为整合的联系。从高管团队背景特征对行为整合的影响来看：平均年龄越大，行为整合水平越低；平均教育水平对行为整合水平有显著的正向影响，教育水平越高，行为整合水平越好。平均任期、团队规模对行为整合有正向影响，但都不显著；企业规模对行为整合有显著的正向影响，企业年龄对行为整合有显著的负向影响。从高管团队异质性与行为整合的关系来看：教育学历异质性和职业背景异质性对行为整合有显著的负向影响，表明异质性越大，行为整合水平越差。年龄异质性负向影响行为整合水平，任期异质性和教育专业异质性正向影响行为整合，但都不显著。

上述表明，由不同背景特征组成的高管团队，会形成不同的工作语言，这会决定他们沟通、合作与决策参与的程度。年轻化、相近的高学历水平、职业背景差异小的高管团队，容易进行有效沟通，寻求团队合作，积极参与决策。

（三）高管团队行为整合与决策效果

行为整合作为打开特征与结果的钥匙，是极为重要的过程变量。高管团队若要发挥高效团队的作用，真正作为一个团队而运作，从而提升其组织绩效，必须进行行为整合。研究结果发现，高管团队行为整合的各维度显著正向影响决策效果，表明高管团队成员如能积极进行团队合作，做出充分的有效沟通和决策参与，就能提升决策效果。

（四）行为整合的中介效应

高管团队特征与决策效果的研究属于静态研究，战略决策是一个动态的过程。在揭开特征与结果的“黑箱”上，行为整合是关键过程变量。为揭开高管团队特征对决策效果的影响机制，本书把行为整合作为中介变量。根据中介效应分析方法，由上述可知，TMT 团队特征与决策效果存在显著关系，行为整合对决策效果有显著影响，TMT 团队特征与行为整合有显著关系。结果表明，行为整合在平均年龄与决策效果、平均教育水平与决策效果间起完全中介作用，在教育学历异质性和职业背景异质性与决策效果间起部分中介作用。教育学历异质性对决策效果的总效应为 0.412，直接效应为 0.321，意味着行为整合在教育学历异质性与决策效果之间关系的中介效应达到 0.091，并且中介效应占总效应的比例为 0.318。职业背景异质性对决策效果的总效应为 0.520，直接效应为 0.414，意味着行为整合在职业背景异质性与决策效果之间关系的中介效应达到 0.106，并且中介效应占总效应的比例为 0.404。这表明高管团队平均年龄和教育水平通过行为整合对决策效果发挥影响作用。教育学历异质性对决策效果提升 30% 以上是通过行为整合中介作用来实现的；职业背景异质性对决策效果提升 40% 以上是通过行为整合中介作用而实现的。

本书还得出以下推论，在企业不同的发展阶段——初创期、成长期、成熟期和转型期行为整合均值有显著差异，在初创期行为整合水平最好，在转型期行为整合水平最差；决策效果具有滞后期，平均滞后期为 1.8 年。在企业不同发展阶段，高管团队特征有显著的差别。

二、小结

本章针对问卷调查所收集的有效数据，对前面提出的理论模型进行实证检验。首先，对行为整合进行题项分析和探索性因子分析，运用 SPSS19.0 对行为整合和决策效果变量进行信度检验，并运用 AMOS17.0 对这两个变量的效度结构进行验证性因素分析；其次，为保证数据的加总聚合，用 SPSS19.0 对研究变量行为整合及决策效果进行 ICC 和 Rwg 检验；再次，在进行回归前对多元回归的三大问题——自相关性、异方差性和多重共线性进行讨论，接下来采用 SPSS19.0 对所有变量进行相关分析和描述性分析；最后，运用层级回归，采用 SPSS19.0 对研究假设进行验证和分析，得出实证研究结论。

第七章　结论与展望

第一节　研究结论

在超竞争的环境中，企业不必担心竞争的残酷性，竞争者处于何处。所要做的是能够对快速变化和不可预测环境中做出即时反应，抓住机遇，确定目标，快速成长。针对企业的可持续成长，Barley（1991）指出企业持续竞争优势来源于所能掌控的资源和能力，这种资源和能力必须具备价值性、稀缺性和难以模仿性等特性。TMT是企业战略决策主要的制定者和执行者，是企业的一种重要战略资源和核心竞争力，具有稀缺性、高价值性和不可模仿性。企业中任何战略决策都离不开TMT的参与，高管团队成员各司其职，每个人都掌管着部分企业职能或业务单元。在自身认知能力和经验的基础上，对环境信息进行选择性接收和理解，最终做出决策。为保证企业的成长和保持持续的竞争优势，中小企业采用何种团队构成方式，如何构建高管团队，才能够高效率、高质量地做出战略决策，是值得研究的现实问题。

TMT团队合作、有效沟通和决策参与的行为整合过程，能够整合分散在高管团队成员中的信息、资源和决策认知，提高决策能力，进而有利于提升决策效果。企业TMT应具备怎样的构成特征，才有利于团队成员相互协作，在参与决策制定和实施过程中进行有效沟通，从而制定出最满意的战略决策，保障战略决策的顺利实施，这是当前研究亟待探明的问题。

本研究揭示了TMT特征与高管团队决策效果和行为整合的关系，验证了行为整合的中介作用，以及其对决策效果的显著影响。

本书主要结论有：

（1）检验了TMT背景特征与异质性特征对决策效果的影响。本研究发现

TMT平均年龄与平均教育水平对决策效果有间接影响。这两个背景特征通过过程变量行为整合影响决策效果。TMT教育学历异质性和职业背景异质性对决策效果既有直接影响，又通过过程变量行为整合间接影响决策效果。不同的TMT特征对决策效果的影响是不同的，平均年龄、教育学历异质性和职业背景异质性都显著负向影响决策效果，而平均教育水平显著正向影响决策效果。一方面，这表明战略决策是基于TMT的有限理性，其效果依赖于团队成员自身成长经历中所积累的经验和形成的认知，TMT特征在一定程度上反映了他们的认知程度。为达到满意的决策效果，建立结构合理的高管团队是必要的，也即建立相对年轻化、受教育程度高，且适度低教育学历水平异质性及职业背景异质性的高管团队。另一方面，由于现实中战略决策的复杂性，TMT特征对认知及心理活动的反映和替代是有限的。虽然TMT构成特征的合理化是TMT能够进行有效决策的前提，但TMT要想达成满意的决策效果还依赖于决策过程。尤其在中国经济背景下，TMT决策效果的实现更多依赖于它们的行为整合过程。TMT行为整合过程是一个集体互动学习过程，通过这一过程能够充分凝合分散在高管团队成员中对内外部环境的认知资源。如TMT适度的讨论可以强化教育学历异质性和职业背景异质性的影响。如果没有讨论，由它引发的认知差异只能滞留在初始阶段，无法实现团队成员间观念的相互交流和融合。

（2）在理论基础上得出行为整合与决策效果的因果逻辑关系。本研究发现TMT团队合作、有效沟通及决策参与有利于提升其决策效果。这有助于企业明确TMT行为整合的重要性，明确战略决策的制定和执行受到TMT内部的合作和沟通机制的影响。在决策过程中，TMT必须有效利用和控制所获得的信息资源，有效处理和诠释信息，保证决策制定的全面性，才能获得满意的决策效果。我们发现TMT经过行为整合提升决策效果的过程为：团队成员以讨论的方式实现信息获取与使用。在决策参与中获得来自不同观点的知识增量，团队成员通过有效沟通实现团队信息快速传递与知识共享。现实中，很多中小企业没能有效管理TMT，团队成员的合作和信任及顺畅沟通是它们首要解决的问题。

（3）验证了TMT背景特征和异质性对行为整合的显著影响。本研究发现，平均年龄低而平均教育水平高的TMT有助于提升团队的行为整合。这进一步表明，年轻有为、高教育水平的团队成员构成，是实现高管团队1+1>2的整体团队效能的客观前提。本研究还发现，高管团队异质性并没有因为其多样化而提升团队的行为整合水平。教育学历异质性和职业背景异质性都显著负向影响行为整合。这与社会认同理论不谋而合，相似者相吸。如前面所述，教育学历异质性和职业背景异质性都属于工作相关的异质性。异质性越高，将降低工作任务相关运作过程的效率，降低信息沟通的数量和质量。从总体上看，对于中小企业而言，

TMT 异质性不利于行为整合和决策效果。这可能与中国的文化背景有关，中国企业的管理者更注重“圈子文化”，团队更注重统一的目标和行为模式，而不是孤立的“个人英雄”。团队内外的界限划分更明显，这种认知降低了 TMT 整合资源的能力，不利于达成一致的战略承诺。

第二节　研究结果讨论

一、高管团队特征与决策效果

Simsek 等（2005）指出，在研究 TMT 特征变量对组织战略和绩效的影响时，应把特征变量作为一个整体进行研究①，因为对组织结果发挥作用的是特征变量的集体而不是单个变量②。而且就方法论而言，对变量整体加以研究，可以减小单一研究所产生的结果差异及降低产生矛盾结果的概率。因此，本研究将团队背景特征和异质性各自作为一个整体变量构建模型，探讨它们对决策效果、行为整合的影响程度。从前面的分析结果来看，假设 H1a 和 H1d 通过检验，平均年龄负向影响决策效果，平均教育水平正向影响决策效果。这表明平均年龄越大，越不利于决策效果。从样本数据获得的年龄均值为 43.1，也可看出高管团队成员正处于年富力强的阶段。年龄低的高管成员学习能力很强，具备激情和活力，勇于挑战和创新，同时，拥有更强的适应能力和创新力，当他们面对不确定的环境时，能够快速反应，决策意愿更强，能够全方位地考虑决策方案。因此，年轻的高管成员更容易达成决策的理解一致性、承诺一致性和满意度。教育学历水平高的成员则拥有丰富的知识储备，他们看问题的角度更宽泛，处理问题更明智。学历越高，解决问题和分析问题的能力越强，拥有的社会资源也越多，容易达成决策理解一致性和承诺一致性，能实现决策情感接受性。

对于 TMT 异质性与决策效果分析结果来看，假设 H2c 和 H2e 通过检验，教育学历异质性和职业背景异质性越低，决策效果越好，这与国外某些学者的研究结论不同。第一，与社会认同理论不谋而合，异质性低的团队，即同质性高的 TMT，看问题的角度和对决策的理解都趋于一致，较易达成共识，形成共同的决

① Simsek Z., Veiga J. F., Lubatkin M. H., et al. Modeling the multilevel determinants of top management team behavioral integration [J]. Academy of Management Journal, 2005, 48 (1): 69 – 84.

② Kor Y. T.. Experience – based top management team competence and sustained growth [J]. Organization Science, 2003, 14 (6): 707 – 719.

策目标和方向。同质性团队能够发挥团队的有效性，提升决策效果。相反，异质性的团队容易产生不适感、认知偏见和负面情绪。第二，同一理论在不同国情、不同文化背景下的结论不同。对于异质性与组织结果，大多数国外学者基于信息决策理论的基础，认为异质性高的团队由于其经验和阅历的丰富性，能获得更多决策信息，拥有广泛的技能，从多角度分析问题和解决问题，利于提升决策效果。尤其认为，教育和职业背景异质性能够产生互补效应，可以更好地全面分析问题。Amason 等（1997）就指出，具有不同的教育背景 TMT 有助于决策准确性和决策质量的改善。第三，这是由研究选取的样本所决定的，大多数成熟的研究都是基于美国企业样本。美国的企业高管比其他国家的高管更具多样化，不仅在年龄、社会经济背景和教育背景上，还在职业经历上都更具有多样化（Hambrick，2007）①。中国与西方的 TMT 在不同文化背景下具有很大差别。西方国家强调的是个人主义，中国文化具有典型的集体主义特征。个人主义强调以自我为中心，寻找个人定位，个人成就至上。集体主义则强调个人归属于群体，在群体内和睦共处。国内学者们大多认为，关系对中国人的行为和认知模式产生的影响极大。高管们常把“关系”放在人际沟通的首位，这会造成团队成员对团队领导的单一服从，为了团队的和谐，团队内很少出现标新立异的观点。第四，虽然从部分理论和实证结果来看，支持高异质性与战略活力与成功存在正向关系，但文献研究表明这一结论不是很明确（Carpenter，2002；Carpenter，Geletkanycz and Sanders，2004；Pitcher and Smith，2001）。异质性团队由于潜在的子群（圈子）的出现会阻碍已获得信息的使用（Van Knippenberg，De Dreu and Homan，2004；Williams and O'Reilly，1998）和知识的整合。而且教育背景和职业背景差异性虽然有利于企业及时识别环境变化、战略问题和进行战略选择（Hambrick and Mason，1984；Bantel and Jackson，1989；Murray，1989），但却会由于摩擦导致战略一致性的降低（Knight et al.，1999）。因此，教育和职业背景同质性团队在战略执行时更有效，因为战略承诺一致性对决策效果才是至关重要的（Finkelstein and Hambrick，1996；Pitcher and Smith，2001；Wiersema and Bird，1993）。第五，国内企业仍处于改革和制度建设过程中，监控和协调机制还不完善，企业决策方式与西方发达国家也有所不同，异质性所带来的优势远未能发挥。因此，在中国文化背景下，TMT 异质性对战略决策影响会有所不同。第六，结合平均教育学历水平高和学历异质性低的结果，表明企业高管对文凭的重视程度逐年提升，使得学历的差异逐渐缩小。从样本数据可看出，有些 50 岁以上的高管也取得硕士甚至博士学位，年轻高管取得本科乃至硕士学位的更是比比皆是。这与我

① Hambrick D. C.. Upper echelons theory: An update [J]. Academy of Management Review, 2007 (32): 334-343.

国整个大环境相符，我国从20世纪90年代末期大学开始扩招，降低大学入学门槛，与此同时，MBA和EMBA教育的兴起，使得企业高管和中层实现由低学历向高学历的转变。

分析结果还显示，职业背景异质性对决策效果的负向影响大于教育学历异质性的负向影响。年龄异质性、任期异质性和教育专业异质性对决策效果的影响没能通过检验。这表明任务相关的异质性与非任务相关的异质性对组织结果的影响是不同的。因为，高管职业背景异质性、教育水平异质性是属于高任务相关的，而年龄异质性属于非任务相关的（Pelled，Eisenhardt and Xin，1999）[①]。一些研究表明，职业背景与教育背景尤其与战略任务相关（Sessa and Jackson，1995；Milliken and Martins，1996；Pelled，1996）。年龄有助于社会关系背景的形成，而不是任务相关的（Sessa and Jackson，1995），因而被称之为社会种类多样性（Van Knippenberg et al.，2004）。在本研究中，年龄异质性均值最小，仅为0.127，说明年龄的差异很小，相对来说对决策效果的影响也不显著。任期异质性也属于任务相关的，但国内大部分企业的高管成员都是内部提拔，外部继任的比例虽在增加，但数量上没占优势。在同一团队任期不同的成员，随着任期的增加，对问题的解读和理解会形成趋同，且任期越长，管理者对企业的文化、规制和制度就会越熟悉，越容易达成一致的承诺，对决策理解的一致性，从而有利于决策效果。

平均任期和团队规模及年龄异质性、任期异质性和教育专业异质性与决策效果的关系不显著，没能通过检验。还可能与决策效果的滞后性有关，本研究设定决策效果滞后期为2年，可能决策效果未能完全体现。也可能由样本所决定，63%的样本为制造业与高科技企业，专业的差别不是很大。这些都可能导致前面所述的变量对决策效果的影响不显著。

企业规模显著正向影响决策效果，企业年龄负向影响决策效果。原因是企业的规模越大，企业的资源越丰富，硬件设施更先进和更完备，拥有更多更全面的人力资源和社会资本。所以在实施和执行战略决策时，TMT能充分利用这些资源，保证它们决策信息来源的准确性，促使决策与企业发展目标相一致。同时促进目标的实现与战略的转变，有效控制成本和提高效率，持续开发新产品及外部市场。尽管企业年龄越大，越能形成特有的企业文化，但与此同时，也会形成组织惯性，阻碍企业战略的转变。因为随着企业年龄增大，企业内部的层级会更复杂，对决策的牵制力会越大，不利于决策的实施和执行，可能导致差的决策效果。

---

① Pelled L. H., Eisenhardt K. M., Xin K. R.. Exploring the black box: An analysis of work group diversity, conflict and performance [J]. Administrative Science Quarterly, 1999, 44 (1): 10-25.

二、行为整合与决策效果

上述实证结果表明，行为整合各维度团队合作、有效沟通和决策参与都正向影响决策效果，且解释力较强，这充分凸显行为整合对决策效果影响的重要性。在超竞争环境中，企业若要获得持续的竞争优势，保持企业持续增长，单凭高管一己之力是难以实现。因为高管个人的知识、经验和能力是有限的，而最有效率的团队首先是致力于团队合作，试图探寻作为一个团队而不是个人发挥效用的方法，努力在处理重要事件上达成一致，然后对取得成功进行经验总结①。团队成员合作行为可以使个人分散的信息、社会经验、专业知识和社会资源得以共享，使其变成团队资源。团队合作过程可以提升成员间的学习能力和解决问题的技巧能力，同时还可增强团队成员之间的联系，降低因缺乏联系而导致的人际冲突。合作水平高的 TMT 成员更愿意在决策时相互给予信息支持，保证决策信息来源的准确性，从而对团队的任务目标理解趋于一致，保证决策质量。在执行决策时，主动配合和协调，达成决策理解和承诺的一致性。

团队成员通过决策参与和共同决策，彼此知道自身的行动与团队中其他成员的关联性。这样团队成员才能经常真实地表露自己的看法，认真对待和采纳不同意见，清楚地理解所面临问题的复杂性。由于团队成员的知识结构、背景、经历和经验都不相同，各人获得的信息不同，也可能代表不同的利益集体。因此，在选择备选的决策方案时，会有不同的理解和意见，表现出不同的偏好和期望，做出不同的抉择。在决策参与过程中，团队成员充分表达自己的看法和意见，对不同意见都能认真对待，并能进行讨论，可以调动团队成员参与的积极性和热情。团队成员间才能逐步建立起信任，达成一致性，身心愉快地讨论决策，满意地接受最优决策。只有经过充分决策参与，从“不同而和”到“和而不同”的境地中，团队成员才可以达成决策目标、决策理解、决策承诺及决策情感的一致性，提升战略决策效果。

团队成员的有效沟通能化解团队的任务冲突和情绪冲突，能调动团队成员的工作积极性，激发团队成员的工作欲望。团队成员之间除了因为工作的事情而开会等正式沟通外，私下的经常交流有助于团队成员在决策中的承诺。团队成员充分交流和分享相关信息，达成一致的企业发展目标，形成共同遵守的行为准则，从而保证团队成员对决策的承诺和理解的一致性。

Hambrick（1998）指出团队互动过程是有效制定和成功实施组织战略方案的必要条件，只有团队成员间充分合作、有效沟通和决策参与的团队才是真正的团

① Herb E., Leslie K., Price C.. Teamwork at the top [J]. McKinsey Quarterly, 2001, 2: 32-43.

队，才能更好地提升决策效果。

三、高管团队特征与行为整合

检验结果发现，TMT 平均年龄负向影响行为整合，TMT 平均教育水平正向影响行为整合。团队成员年龄越大，越安于现状，不愿意改变自己，比较固执己见，不太愿意为他人调整自己的职责范围。随着年龄的增加，沟通和交流不像年轻人那样容易。年轻的高管成员相对热情较高，更愿意为工作彼此间沟通和私下交流，也愿意对不同意见发表自己的看法，而且相互间愿意互相帮助，完成任务，调整自己的职责。学历越高的高管成员，拥有的知识水平越高，会多角度看问题，会对外在环境变化以及组织设计有更全面和深刻的认识。他们更可能进行充分的团队沟通和集体互动，更好地对待不同意见，并进行讨论。而且在工作完成的期限内，更愿意相互合作，当其他团队成员工作繁忙时，主动分担他人的工作量。本研究没有发现团队平均任期、团队规模与行为整合的显著相关关系。一方面，可能是团队平均任期时长越长，团队成员越会形成一种惯例，从而造成思想和行为上的惰性，不利于沟通，反而加剧冲突。正如 Katz 在研究项目小组对沟通及团队绩效影响时发现，当项目小组成立时长为 3.5 ~5 年时，其沟通水平和团队绩效最高①。团队规模越大，冲突越多，沟通会变得困难，不同意见会增多，很难达成一致。另一方面，高管团队平均任期、团队规模与行为整合的关系可能不是一个简单的线性关系②。

教育学历异质性与职业背景异质性都负向显著影响行为整合。这表明职业背景差异越大，拥有不同职业背景的成员会从自己的专业角度看待问题和分析问题，导致较高的团队冲突和低水平的互动沟通。教育学历异质性越高，行为整合水平越差，这与 Simsek 的结论是一致的。这说明接受不同教育的高管成员对信息的解读能力较强，但因其生活习惯、表达方式、思维习惯以及行为特征差异较大，不利于团队的有效沟通和信息的充分共享③。年龄异质性和教育专业异质性及任期异质性对行为整合的影响不显著。正如上述所说，年龄异质性的均值较小，对行为整合的影响程度较低。任期异质性与教育专业异质性之所以没发现与行为整合的显著正向关系，可能与样本数据的选取有关。另外，接受不同专业教育的 TMT 成员会形成独特的思维模式和价值取向，但随任期增加，在工作中积

① Katz R. . The Effects of group longevity on communication and performance [J] . Administration Science Quarterly, 1982, 27 (1): 81 -100.

② 姚振华，孙海法．高管团队组成特征与行为整合关系研究［J］．南开管理评论，2010，13（1）：15 -22.

③ Simsek Z. , Veiga J. F. , Lubatkin M. H. , Dino R. N. . Modeling the multilevel determinants of top management team behavioral integration [J] . Academy of Management Journal, 2005, 48 (1): 69 -80.

累的经验可能覆盖原有思维方式和价值取向，因而从团队整体上削弱了行为整合水平。

本研究也发现企业规模正向影响行为整合水平，企业年龄负向影响行为整合水平。企业规模越大，越能吸引有能力的高管，能够进行 TMT 成员多样化的知识技能结构匹配，形成较完善的沟通方式，有助于团队成员间信息充分分享与讨论。企业年龄越长，越容易形成组织惯例，团队间形成“圈子文化”，阻碍成员间的交流和沟通。

四、行为整合的中介效应

假设检验的结果表明，行为整合在平均年龄、平均教育水平与决策效果间起完全中介作用，在教育学历异质性、职业背景异质性与决策效果间起部分中介作用。这表明 TMT 的背景特征平均年龄和平均教育水平，通过团队成员的行为整合对决策效果发挥作用。异质性低的 TMT，经过团队的行为整合可以进一步提升决策效果。本研究以团队过程的重要变量行为整合，打开了 TMT 特征与决策效果间的“黑箱”，证实 TMT 行为整合的实证研究是打开高阶理论运作过程的钥匙（Hambrick，2007）。同时也证实了 Van Knippenberg 等（2004）提出的，多样性发挥作用的前提是任务相关信息的详尽阐述，即团队内部交换、讨论和整合相关信息。

不同背景的高层管理者，可能提供给 TMT 不重叠的知识形式资源和可用于团队决策的多角度想法（Certo et al.，2006；Bunderson and Sutcliffe，2002）。职业背景与教育水平的异质性使团队能够运用完全不同的来源信息（Hoffman and Maier，1961），有助于避免团队思维趋同，提升他们解决复杂问题的能力（Hambrick and Mason，1984），使他们能够在决策过程中选定更优的决策方案。但职业背景差异是提高决策质量必要而非充分条件（Brodbeck et al.，2007）。团队决策研究表明，团队常常未能有效利用全部信息（Brodbeck et al.，2007；Certo et al.，2006；Harrison and Klein，2007）。信息分享与交换可以克服具有不同职业背景的管理者语义和表象上的差距（De Brabander and Thiers，1984；Cronin and Weingart，2007）。Mello 和 Ruckes（2006）指出，异质性团队比起同质性团队来说，拥有更多种类的信息来源。如果信息和偏好能够开诚布公地交流和沟通，那么异质性团队会获得更优决策效果。公开讨论可提升异质性的积极作用，但如果成员间未能公开讨论，则团队多样性仍是没开发的资源，即便存在多样性，也不能发挥其作用。若高管成员进行讨论，就能更好地利用多样性，将分散的知识整合在一起。当获得来自不同背景成员的新信息时，才会被迫重新思考自己的观点和意图，以及之前没考虑的重要信息（Simons，1999）。Williams 和

O'Reilly（1998）认为，当团队因异质性而导致沟通和合作困难时，公开讨论可使异质性的积极影响显现出来。因此，公开讨论可提升多样性团队成员间决策理解一致性。

TMT背景特征与结果的不稳定关系在本书中得到解释，原因是未能加入中介变量。年龄小和教育学历水平高的团队成员，通过深入的信息处理和任务相关信息的细化（Dahlin et al.，2005；Van Knippenberg et al.，2004）①②，通过沟通和信息共享，可增进对彼此的专业知识领域了解，通过合作从交换知识中获益（Rulke and Gelaskiewicz，2000）③。总之，若TMT成员经常碰面，交流不同观点，实现知识共享，团队内适度的交流沟通能充分融合每一个个体的长处，为决策水平和决策效果提供强力保障。

五、企业不同发展阶段行为整合水平

假设检验的推论表明，在企业发展不同阶段，行为整合水平有显著差异，呈现先降后升再下降的趋势。在初创期，TMT行为整合水平较高，随着企业逐步成熟，TMT行为整合水平下降。在企业进入成熟期后，行为整合水平又有一个小幅上升趋势，在转型期开始下降。这表明企业可根据自身所处的不同发展阶段，从行为上进行整合以提升决策效果。初创期对于企业而言是一个艰难的开始，更需要较高的行为整合水平来弥补其他方面的不足，从而提升团队效能。具体来说，TMT不同成员要充分利用、融合其社会关系异质性和任务相关的异质性，就组织最需要解决的关键问题达成共识，并有效执行。随着合作时间的推移，通过成员彼此认识的增进，团队成员交流机会增多，就能够分享新观念和新见解，逐渐找到各自的角色和定位，充分发挥各自的专长。但团队规模增加会伴随矛盾升级，会出现“创业元老”与新生代管理者沟通的困难，减弱团队的行为整合水平。企业进入成熟期后，企业的组织结构相对稳定，会有利于TMT行为整合。但随着团队成员任期增加，成员之间的共同经历使他们对环境的认知差异越来越小，成员间全面交流的趋势变弱，团队内部的沟通数量和质量不断下降。团队成员的纵向发展不太可能，团队成员离职率增加，导致总体行为整合水平上升不大。当企业进入转型期，团队稳定性进一步降低，未能建立有效的沟通平台而导致沟通效率和信息分享急转直下，行为整合水平降到最低。

---

① Dahlin K. B.，Weingart L. R.，Hinds P. J.. Team diversity and information use［J］. Academy of Management Journal，2005，48（6）：1107-1120.

② Van Knippenberg D.，De Dreu C. K. W.，Homan A. C.. Work group diversity and group performance：An integrative model and research agenda［J］. Journal of Applied Psychology，2004，89（6）：1008-1022.

③ Rulke D. L.，Gelaskiewicz J.. Distribution of knowledge，group network structure and group performance［J］. Management Science，2000，46（5）：612-625.

六、企业不同发展阶段高管团队特征

研究发现，企业在不同发展阶段 TMT 特征不同，这符合各个发展阶段的特点。企业处于初创期时，刚起步，年龄较短、规模较小，势必影响 TMT 的规模和任期，使得 TMT 规模较小，任期不长。年轻的 TMT 成员更有闯劲和拼搏精神，更愿意尝试新生事物。此时职业背景异质性较大，是因为企业需要整合多方面优势，弥补不足。随着企业不断成长，企业年龄也在增长，企业规模加大，企业逐步走向正规。这样会吸引能力强的中年管理者和更高学历的成员加入。TMT 规模增加，团队相对稳定，年龄异质性和任期异质性不大。相对成长期，成熟期的企业成员出现离职倾向，会影响团队规模的稳定。一旦进入转型期，企业成员的离职数量增加，团队规模会有所减小。企业会招聘年富力强的高管来扭转局面，可能会降低平均年龄和年龄的异质性。

第三节 研究结论的管理启示

本研究以辽宁省中小企业为样本，分析了 TMT 背景特征和异质性特征与行为整合以及决策效果的关系，取得了一定成果，即 TMT 的教育学历异质性和职业背景异质性越低，有助于提升决策效果；TMT 平均年龄越低、平均教育水平越高，越有利于决策效果；行为整合在平均年龄和平均教育水平与决策效果间起完全中介作用，在教育学历异质性和职业背景异质性与决策效果间起部分中介作用。本研究旨在为中小企业如何构建 TMT 以及在制定和执行战略决策过程中，发挥 TMT 的高效作用，提升决策效果，保持企业的核心竞争优势给出参考意见。

一、优化高管团队构成

管理者是企业的主体，脱离人，任何东西都免谈。现代企业竞争的关键是如何把握未来和机遇，快速反应，确定目标和迅速成长，而这些都离不开高层管理团队。因此可以说，企业竞争的实质是企业主体 TMT 间的竞争。TMT 不仅负责企业经营，更要为企业制定优质的战略决策，推进决策执行，保证高效的决策效果，从而提高企业绩效。决策效果不仅取决于决策本身质量，还取决于 TMT 成员对决策内容的理解能否达成一致性，在执行过程中是否能达成一致性承诺，以及高管成员在制定和执行决策的过程中的满意程度。高阶理论认为，高层管理者的爱好、偏见、能力和性格等将影响战略选择的各个阶段，从问题的发现与判断

到决策方案的产生、选择和执行，都留下了他们各类特征的印记①。

团队及其决策是中小企业运营最重要的内在要素，也是薄弱的环节。其他企业运营要素如员工培训、执行力塑造、管理制度的设计，都可以通过学习甚至模仿来完成，但是战略决策与团队管理是绝对不能通过学习可以完成的，即使学来的也是表象。对于中小企业而言的当务之急是，如何合理配置高管团队构成及构建高效团队。根据焦长勇和项保华（2003）提出的高效团队所必备的特征及 Hambrick（1997）提出的组织优化配置办法。本书认为：①分析扫描企业所处的内外部环境。②根据环境确定 TMT 成员的素质。具体就高管团队特征而言：首先，不同年龄段的成员间会产生代沟，因此要保持 TMT 年龄结构的合理性和高效性，保持团队的适度年轻化。由于高管成员只有经过长期磨合、互动，才能发挥团队优势。团队的稳定性有利于企业战略的转化，提升决策效果。因此，在保持团队任期的相对稳定性及合理的决策团队规模前提下，要适当增加团队任期的时长和扩大团队规模。研究指出，团队规模足够大时是最有效的，这种足够大是团队成员完全能执行组织任务的数量（Guzzo，1988；Guzzo and Shea，1992；Hackman，1990）。较小的团队规模（少于 3 人）会造成必要创新所需的多样性视角和理念的缺乏（Jackson，1996），而团队规模过大（13 人以上），会变得过于笨拙，不利于有效的互动、交流和决策参与（Poulton，1995），很难达成决策共识②。其次，根据企业规模、企业年龄合理聘用具有良好教育背景的高层管理人员，在保证 TMT 成员多样化的知识、技能结构匹配的前提下，适度增加与任务相关的团队特征的异质性。因为过于同质的 TMT 会产生群体思维，不利于决策效果。③客观评估，通过培训、重组等手段缩小与高效团队的差距。

综上，处于不同发展阶段的企业，TMT 特征不尽相同。需根据企业所处的不同发展阶段考虑团队特征。事实上，不管企业处于哪个阶段，高学历的成员都是企业所必需的。处在初创期的企业，TMT 应吸收年龄偏于年轻，学历水平较高，具有不同工作经验的团队成员，而且团队规模不宜过大。这是由于处于初创期的企业，各方面都刚起步，处于困难时期。适宜的团队规模有利于团队成员的交流和沟通。40 岁以下的高管，特别是 25 ~ 35 岁的成员，能够挖掘自身的潜力并能充分开发，他们正处于职业生涯中上升性最强的阶段。具有高学历的成员，看问题的视角更全面。具备丰富经验的成员所组成的 TMT 可以优势互补，其决策风格可能会纠正企业最高领导者的决策方向，提高战略柔性。企业进入成长期，应

① 陈悦明．高层梯队特征组成法研究综述［J］．技术经济与管理研究，2013，1：59.

② Curral L. A., Forrester R. H., Dawson J. F., et al.. It's what you do and the way that you do it: Team task, team size, and innovation - related group processes［J］. European Journal of Work and Organizational Psychology, 2001, 10 (2): 191.

多吸纳年龄较大的成员，扩大团队规模。当然，团队规模适度就可以。许多研究证实，最有效率的团队规模为 5～7 人。另外，还要保证团队成员长的任期，尽量减少年龄异质性，否则容易产生代沟，不利于信息交换和沟通。尽可能保持团队的稳定性和高效性，只有稳定，团队成员才能找准各自的位置，分工明确，各司其职。处于转型期的企业，应适当补充年轻高管成员，为组织补充新鲜血液。稍增加年龄和任期异质性，不宜再扩大团队规模。因为年龄长的管理者思想比较保守和僵化，不愿意冒险。随着任期的增加，高管成员管理意识、专业知识、技能水平的提升速度远远滞后于企业发展速度。因此，这一时期需要高水平的人才扭转乾坤，打破僵局。

二、加强团队过程建设

高层管理者做战略决策，单纯依靠其自身所掌握的相关知识和积累的工作经验是不够的，在决策的互动过程中，行为整合尤为重要。只有深入团队的互动过程中，了解高管在决策中的互动情况，才可能有针对性地进行团队决策优化及实施。

团队合作是完成组织目标的关键，是团队的宗旨和灵魂。现代企业管理强调团队的合作共赢，TMT 要想真正像团队一样工作，团队合作是首要前提。企业要确立发展目标或目前的共同愿景，使 TMT 成员在工作中感到公平和公正，明晰团队成员的责任，分工明确，团队成员各司其职。也即每一个团队成员都十分清楚自身的职责、自己的工作在整体中的位置和顺序以及时间进度。企业应定期举行高效会议，团队成员在会议上发言越多，提出的合理化建议越多，就越能做出高质量的决策。

沟通是管理的最高境界，沟通机制是团队得以运行的重要保障。通过团队内部成员的有效沟通，可以减少团队成员之间的摩擦与意见分歧，保持团队成员间人际关系的和谐，降低团队冲突和潜在风险，顺利完成工作任务。同时，在制定决策和执行决策时，就能获取成员对团队目标的承诺和理解的共识，从情感上接受目标，促成决策目标的实现。具体来说如下：

（1）拓广沟通渠道。企业要建立多渠道信息双向交流平台，避免沟通不畅或无效。企业应制定定期和非定期的沟通计划，并形成规章制度，防止信息传递过程中发生的信息丢失和扭曲。

（2）企业善于利用信息化技术，通过正式和非正式沟通，提高信息共享。非正式沟通可以增强团队成员的归属感和凝聚力。

（3）注重信息反馈。沟通过程是双向的，信息反馈是影响沟通有效性的重要因素。

（4）高层管理者树立沟通意识，提高沟通技能，创新沟通理念。管理者要克服个人心理障碍和人际交往障碍，缩小认识偏差，并提升自身有效倾听、非语言信息沟通、口头和书面沟通技能等。管理者还应因势利导，创新个人的沟通风格。

由于 TMT 面临的战略决策任务是非常有创造性的，团队成员的决策参与是必需的。《论语》中说的“君子和而不同”指的就是决策参与，能够有不同的声音。通过决策参与，高管成员将有争议的意见进行讨论，会逐步增进团队成员间的相互信任，进而提高决策效果。企业以目标为中心，在会议中鼓励 TMT 成员参与决策，发表不同意见，并对合理化建议进行集体讨论，才能提升决策效果。

TMT 成员的决策参与、有效沟通和团队合作，可以有效弥补团队特征整合所带来的负作用。经过行为整合的 TMT 成为企业不可模仿的、稀缺的和高性价比的战略性资源。有着合作精神，能够进行有效沟通与决策参与的高效团队，是现代企业，特别是中小企业应对严峻竞争环境的必然选择。

第四节　研究局限及研究展望

一、研究局限

（1）本书采用横截面数据。横截面数据反映的是样本企业在某一特殊时点的状态和信息，可能不能完全揭示变量之间的因果关系。企业决策效果的凸显需要一个动态的长时间过程。未来研究有必要采集样本企业的时间序列数据，对决策效果做更深入的纵向研究和序列分析，以便更好地探讨高管团队特征影响决策效果的机制，尝试对决策效果的评价研究。

同一数据来源可能会产生同源偏差，会降低研究结论的信度和效度。本书的中介变量行为整合与决策效果都采用被试者自我报告的形式，有可能导致所收集数据存在同源偏差。当然，本书在研究行为整合与决策效果时，探讨了共同方法偏差存在的可能性。对行为整合与决策效果问卷的所有题项进行探索性因子分析，提取的第一个未被旋转的因子，不存在解释了变量的大部分总体变异的情况。因为第一个主成分因子的方差贡献率都小于 50%。为了避免同源偏差，在未来的研究中应尝试选取客观数据进行分析。

（2）没考察团队所处的阶段。有些学者依据团队合作的时间长短，将团队分为四个阶段：接触期、凝聚期、成熟期和衰退期，并认为在前三个阶段，团队文化由初建到逐渐成熟，团队的稳定性逐步增强，使得团队的决策效率和准确率逐步递增。当团队进入成熟阶段后，团队所形成的文化开始变得墨守成规，团队成员倾向于以固定的模式去制定决策，团队会由于个别成员的离开变得不稳定，从而在一定程度上削弱了多元化带来的全方位思考，进而削弱决策效果。也有学者将团队的阶段分别称为形成、磨合、发展和成熟四个阶段，但同样认为，不同阶段 TMT 成员决策模式有所不同。所以，团队所处阶段不同，可能对决策效果的影响是不同的。

（3）未能考虑团队内部的权力分配。尽管许多关于 TMT 研究中将 CEO 和其他高管成员特征视为一样的，无本质区别，但在实践中，某些个人，特别是 CEO，在信息、声望等方面拥有较大优势，可能会在一些决策中起决定性作用。这些个人的影响有可能会超过整个管理团队集体决策的结果。有研究表明，组织中的某些管理人员对于战略的制定和实施担任重要角色，他们可能会对战略决策具备独特的识别力①。而且，组织外的一些利益相关者也有可能对企业战略决策的执行和实施有影响。这些利益相关者可能会限制 TMT 的权力和行动②。因此，在今后 TMT 的研究中可将有决定作用的个人或某一群体特征同团队特征融合在一起来进行研究，探讨他们对决策效果的影响。

（4）样本容量和样本选取的局限。为了研究结论的普遍性和有效性，本研究选取的是辽宁省中小企业，跨行业选取 115 个企业样本。尽管已达到高管团队研究的样本容量要求，但样本容量不是足够大。为增加样本的代表性，应考虑扩大样本容量，扩大随机抽样的地区，可以针对不同地区进行区域的比较。由于客观条件和资源的限制，本研究对每个企业至少选取两名高管成员参与问卷的填答，有的团队全部成员都进行参与。这在很大程度上能够保证研究结果的有效性，但与国外 TMT 研究还有一定的差距，没能完全实现每个高管团队 80% 以上的高管成员参与的程度。

二、研究展望

（1）异质性特征的细化研究。一直以来，TMT 异质性的研究如火如荼。但一些学者认为以往的研究对异质性的理解和界定并不清晰，单独使用异质性来描述特征的分布状况，不能全方位描述特征差异性的丰富内涵，会导致结果的不稳

① Dwyer S., Richard O. C., Chadwick K.. Gender diversity in management and firm performance: The influence of growth orientation and organizational culture [J]. Journal of Business Research, 2003, 56 (12): 1009 - 1019.

② Glunk U., Heijltjes M. G., Olie R.. Design characteristics and functioning of top management teams in Europe [J]. Europen Management Journal, 2001, 19 (3): 292 - 300.

定（Harrison and Klein，2007）。因此认为异质性应细化，具体可分为三种类型：其一，用分离性反映团队成员身份和认同感的差异；其二，用不等性反映团队成员资源和权力的差异；其三，用多样性反映团队成员在信息、经验和知识等方面的差异。这种细化研究更能识别特征对组织结果所形成的因果关系，未来的研究可从此角度进行探讨。

（2）TMT 特征相互交合的研究。为探讨 TMT 特征的相互交合研究，有学者借用地质学概念，将多个特征差异称为“断层”，用强度来衡量，有高低之分。他们指出，达到一定强度的断层时，团队会分裂成若干个亚团队，会使团队的凝聚力下降，团队冲突增加，从而导致低水平乃至零水平的信息交换、团队合作与交流互动（Li et al.，2005）①。针对由不同个性特征所组成的 TMT，可能会产生互补效应这一观点，断层理论强调，这种互补效应掩盖性格差异所造成的无意识冲突，一旦多个特征聚合而产生断层效应，那些无意识的负面效应就成为主导，从而给团队效能带来负面影响②。

（3）TMT 行为整合的行为动态和决策效果的动态研究。目前的研究将行为整合看作某段时期内较为稳定的团队过程互动特征，但在实践中 TMT 行为整合是一个动态的整合过程，会随着时间的变化呈现出差异性特质。决策效果本身就具有滞后性，本书分析的决策效果的滞后期为两年左右。另外，在现实中，尽管团队成员拥有充足的资源、多元化的经验或者其他有利于达到团队目标的优势。甚至有的企业通过人才搜索和挖掘，花费巨额成本引入“空降兵”，但还是不可避免地出现决策失误，导致低的决策效果，发生所谓的“过程损失”。为了能够深入探讨高管团队特征与行为整合及决策效果的关系，未来可以通过案例形式或者跟踪某个特定行业的企业来进行研究，探讨“过程损失”。

（4）大数据时代给高管决策带来新的机遇和挑战。大数据时代的到来，给人们的生活、思维带来巨大改变。这势必引发企业管理决策、组织和业务流程，乃至国家治理模式的深刻变革（Johnson，2012）。大数据正在融入全球经济的各个领域，它与其他生产要素，如硬资产和人力资本一样是现代经济活动不可或缺的。通过大数据的使用，分析和可视化识别模式，企业可以做出更好的决策，从而奠定企业竞争和发展的基础，进而提高生产力，为世界经济带来巨大的价值（Tim Mc Guire et al.，2012）。大数据对于管理决策最重要的影响，在于管理者如何决策、怎么决策、谁做决策。企业管理者能否针对大数据的特征，挖掘其价

① Li J., Hambrick D. C.. Factional groups: A new vantage on demographic faultlines, conflict, and disintegration in work teams [J]. Academy of Management Journal, 2005, 48 (5): 794 – 806.

② Molleman E.. Diversity in demographic characteristics, abilities and personality traits: Do faultlines affect team functioning? [J]. Group Decision and Negotiation, 2005, 14 (3): 173 – 193.

值并做出决策，成为企业在大数据环境下进行决策的重要依据①。大数据对高管决策的影响有：一是直觉决策转向数据驱动决策。大数据对高层管理者的影响之一是打破组织惯性，改变他们的决策模式，由基于直觉决策转向数据驱动的决策（Brynjolfsson，2011；Andrew Mc Afee，2012；陈国青，2014；何军，2014）。二是即时信息的使用提升决策速度，减少决策失误。即时信息的使用和分析，使高层管理者能及时发现问题和捕捉机会，减少决策风险，从而提升战略决策过程的速度（Jackson et al.，1988；Eisenhardt，1989）。三是大数据实现决策柔性和控制。大数据、云计算技术的开发和使用，实现了与企业相关的多源信息（数字、文本、图像、视频、物联网信号等）的统一分类、储存、提取、整合、反馈和回应，并能在瞬间完成。这保证了大量有价值的即时信息被发现和及时获取的可能性，拓广高管决策时可行性选择的空间大小，降低了战略决策的不确定性，提高了决策速度和灵敏度。四是大数据对 TMT 成员提出挑战。大数据技术的使用，要求企业提升团队数据分析能力，配备各层级人才，确保数据驱动环境下的高效决策。同时需要考虑选拔具备数据分析能力的高管来实施大数据解决方案和充分挖掘大数据的潜力。

① 何军．大数据对企业管理决策影响分析［J］．科技进步与对策，2014（4）：65－68.

附　录

附录1　高管团队特征与决策效果研究访谈问卷

访谈对象基本信息：

1. 年龄　　　2. 性别　　　3. 职务

一、介绍研究概念和访谈目的

战略决策：由企业最高管理者或高管团队所制定，针对关系到企业长期发展的重大经营项目（外部融资、并购、投资等）所做的决策。

访谈目的：了解高管团队成员的背景构成特征，高管团队在某项战略决策过程中团队合作、有效沟通和决策参与情况，该项决策的质量和执行实施结果。

二、企业基本信息

1. 所属行业　　　2. 成立年限　　　3. 企业规模
4. 主营业务　　　5. 企业所处发展阶段

三、高管团队基本情况

1. 高管团队有多少成员？
2. 高管团队年龄结构如何？
3. 高管团队成员受教育程度如何，有无取得博士学位的成员？
4. 高管团队任期年限差异如何？
5. 高管团队成员都来自哪些部门？

四、高管团队战略决策情况

1. 您认为影响您的企业发展的战略决策有哪些（列举2~3个即可）？团队

的战略决策是如何制定的？

2. 在工作中团队成员是否相互协作？一般会采用哪些沟通交流方式？非正式性沟通和交流是否频繁？主要通过何种方式？成员之间能否很自由地交换彼此的意见、感受和希望？

3. 以某项决策为例，回忆成员在决策过程中，有没有出现意见不一致的情况？有没有因为意见不一致而进行争论的情况？对不一致的意见是如何处理的？

4. 您认为这项决策的质量如何？执行情况如何？团队成员，尤其是那些初始意见与最终决策不一致的成员，在执行的过程中对决策是否有一致的理解和共同的承诺？

5. 您认为决策效果（短期效果）多长时间可以体现？

附录2 高管团队调查问卷

尊敬的先生/女士：

您好！感谢您在百忙中抽出时间填写此问卷。本问卷旨在分析企业高层管理团队特征与战略决策效果的关系，为企业管理实践提供依据。本调查采用不记名方式，您的回答不会对个人产生任何影响，数据仅作为学术研究使用，所有资料将严格保密，绝不外泄。本问卷分为三部分，敬请您仔细阅读，根据实际情况和内心感受填写。为了保证问卷统计研究的需要，请您逐项填写，不要遗漏选项。由于决策效果有滞后性，因此，第一部分涉及个人和企业的数据，麻烦您填2011年的实际数据。

再次表示衷心的感谢！

辽宁大学商学院

第一部分：请回答下列有关您个人和企业的情况，并在合适的选项上打"√"，在空白处填上合适的信息。这些资料仅供研究，将严格保密。

1. 您的性别：□女　□男

2. 您的年龄：________，大学毕业学校：____________________________。

3. 您的教育程度：

□　中专、高中及以下　□大专　□大学本科

□　硕士研究生（含 MBA/EMBA）　□　博士研究生

4. 您的专业背景：

	理工科	文科	经济、管理	法学	农学	医学	其他
大专及以下	□	□	□	□	□	□	□
本科阶段	□	□	□	□	□	□	□
硕士阶段	□	□	□	□	□	□	□
博士阶段	□	□	□	□	□	□	□

5. 您加入现公司高管团队的时长：____________________年。

6. 现有领导班子（高管决策团队）的人数：____________________位（包括公司总经理、副总经理或相当于副总经理级别的高层管理人员，不包括不在公司任职的董事或监事）。

7. 您的工作经历（可多选）：

□生产制造 □研发 □金融、财会 □市场营销 □法律
□行政管理（包括党务、共青团、工会等） □政府职员 □人力资源
您在哪个部门工作时间最长：________________，多长时间：________年。

8. 您加入现公司前在多少家公司工作过：________________家。

9. 贵公司所在地区（　　　　）省（　　　　　）市。

10. 贵公司成立年数：________________。

11. 公司员工总数：________________人。

12. 贵公司所处行业：

□电信/信息业 □食品业 □制造业 □交通运输/物流业
□贸易/零售业 □服务业 □金融投资业 □生物/制药业
□房地产/建筑业 □能源/化工业 □其他

13. 贵公司处于什么发展阶段？

□初创期 □成长期 □成熟期 □转型期

14. 您认为决策效果多长时间能体现出来？________________年。

第二部分：高管团队行为整合。请您回答以下问题，并在适当的数字上打“√”。

序号		完全不符合	基本不符合	略有不符合	不确定	略微符合	基本符合	完全符合
1	某位成员忙时，其他成员都会帮助他分担工作任务	1	2	3	4	5	6	7
2	班子成员经常互相支持工作	1	2	3	4	5	6	7
3	当成员分管领域间的配合出现问题时，常会互相告知	1	2	3	4	5	6	7
4	班子成员决策时能充分地分享相关信息	1	2	3	4	5	6	7
5	班子成员为工作的事情除了开会等沟通外，私下也经常交流	1	2	3	4	5	6	7
6	班子成员对沟通所传递的信息以及信息带来的有效性感到满意	1	2	3	4	5	6	7
7	班子内鼓励大家提出各自不同意见	1	2	3	4	5	6	7
8	班子成员的不同意见都能得到认真对待	1	2	3	4	5	6	7
9	班子成员有不同意见时能够进行争论	1	2	3	4	5	6	7

第三部分：高管团队决策效果。请您回顾 2011 年初高管团队所做的一项战略决策，并回答以下问题，在适当的数字上打“√”。

（一）您对决策质量的评价：

序号		完全不符合	基本不符合	略有不符合	不能确定	略微符合	基本符合	完全符合
1	公司决策的信息来源准确性	1	2	3	4	5	6	7
2	决策保证公司发展目标的实现	1	2	3	4	5	6	7
3	决策与公司总体目标的一致性	1	2	3	4	5	6	7
4	决策对公司整体绩效的贡献很大	1	2	3	4	5	6	7

（二）以下六方面影响公司做出决策的程度如何？

序号		完全不符合	基本不符合	略有不符合	不能确定	略微符合	基本符合	完全符合
1	公司成本控制和提高效率	1	2	3	4	5	6	7
2	相关新产品的开发	1	2	3	4	5	6	7
3	公司内部的协调和控制	1	2	3	4	5	6	7
4	人力资源开发	1	2	3	4	5	6	7
5	公司外部市场和客户开发	1	2	3	4	5	6	7
6	公司战略的转变	1	2	3	4	5	6	7

（三）您如何看待这项决策？

序号		完全不同意	基本不同意	有些不同意	不能确定	有些同意	基本同意	完全同意
1	我非常愿意为这项决策的正确执行尽最大的努力	1	2	3	4	5	6	7
2	我十分赞同讨论这项决策最后所形成的决议	1	2	3	4	5	6	7
3	最后形成的决定与我优先考虑的事项和个人的利益一致程度	1	2	3	4	5	6	7

续表

序号		完全不同意	基本不同意	有些不同意	不能确定	有些同意	基本同意	完全同意
4	这项决策能激发我对工作投入更多的努力和更大的热忱	1	2	3	4	5	6	7
5	我相信这项决策能够提高公司的业绩	1	2	3	4	5	6	7
6	我相信这项决策代表了所有备选方案中的最优选择	1	2	3	4	5	6	7
7	我喜欢与团队成员一起讨论这个决策	1	2	3	4	5	6	7
8	我对实现这个决策的方式感到很满意	1	2	3	4	5	6	7

您觉得上述题项的表述是否有问题，是否觉得表述不是很清晰，影响您的回答？如果有，请指出。十分感谢！

参考文献

[1] Abraham C., John S.. Top management team behavioral integration, decision quality, and organizational decline [J]. Leadership Quarterly, 2006, 17 (5): 441.

[2] Abraham C., Zachary S., Meyrav Y. H.. Does participatory decision - making in top management teams enhance decision effectiveness and firm performance? [J]. Personnel Review, 2009, 6 (38): 696 - 714.

[3] Amason A. C.. The effects of top management team size and interaction norms on cognitive and affective conflict [J]. Journal of Management, 1997, 23 (4): 495 - 516.

[4] Alnert A., Cannella J. R.. Top mangement team functional background diversity and firm performance: Examining the roles of team member colocation and environmental uncertainty [J]. Academy of Management Journal, 2008, 4 (51): 768 - 784.

[5] Arendt L. A., Priem R. L., Ndofor H. A.. A CEO - Adviser model of strategic decision making [J]. Journal of Management, 2005, 31 (5): 680 - 699.

[6] Amason A. C.. Distinguishing the effects of functional and dysfunctional conflict on strategic decision making: Resolving aparadox for top management teams [J]. Academy of Management Journal, 1996, 39 (1): 123 - 146.

[7] Amason A. C.. TMT demography, conflict and (effective) decision making: The key role of value congruence [C]. Academy of Management Proceedings. Academy of Management, 2010, 1: 1 - 6.

[8] Athanassion N., Nigh D.. The impact of U. S. company internationalization on top management tearn advice network [J]. Strategy Management Journal, 1999, 20 (1): 83 - 92.

[9] Bantel K. A.. Top team, environment, and performance effects on strategic planning formality [J]. Group and Organization Management, 1993, 18: 436 - 458.

[10] Bantel K. A., Jackson S. E.. Top management and innovation in banking: Does the composition of the top team make a difference? [J]. Strategic Management Journal, 1989, 10 (s1): 107 - 124.

[11] Barker V. L., Mueller G. C.. CEO characteristics and firm R&D spending [J]. Management Science, 2002, 48 (6): 782 - 801.

[12] Baron R. M., Kenny D. A.. The moderator - mediator variable distinction in social psychological research: Conceptual, strategic, and statistical considerations [J]. Journal of personality and social psychology, 1986, 51 (6): 1173.

[13] Barrick M. R., Bradley B. H., Kristof - Brown A. L., Colbert A. E.. The moderating role of top management team interdependence: Implications for real teams and working groups [J]. Academy of Management Journal, 2007, 50 (3): 544 - 557.

[14] Beckman C. M., Haunschild P. R.. Network learning: The effects of partners' heterogeneity of experience on corporate acquisitions [J]. Administrative Science Quarterly, 2002, 47: 92 - 124.

[15] Boeker W.. Strategic change: The influence of managerial characteristics and organizational growth [J]. Academy of Management Journal, 1997, 40 (1): 152 - 177.

[16] Boone C., Olffen W. V., Witteloostuijn A., et al.. The genesis of top management team diversity: Selective turnover among top management teams in Dutch newspaper publishing, 1970 - 1994 [J]. Academy of Management Journal, 2004, 47 (5): 633 - 656.

[17] Bono I. E, Anderson M. H.. The advice and influence networks of transformational leaders [J]. Journal of Applied Psychology, 2005, 90 (5): 1306 - 1314.

[18] Bunderson J. S., Sutcliffe K. M.. Comparing alternative conceptualizations of functional diversity in management teams: Process and performance effects [J]. Academy of Management Journal, 2002, 45 (5): 875 - 893.

[19] Bunderson J. S.. Team member functional background and involvement in management teams: Direct effects and the moderating role of power centralization [J]. Academy of Management Journal, 2003, 46 (4): 458 - 472.

[20] Chave J., Andalo C., Brown S., et al.. Top Management Team Behavioral Integration and the Performance of Service Organizations [J]. Group & Organization Management, 2008, 33 (33): 712 - 735.

[21] Carpenter M. A., Geletkanycz M. A., Sanders W. G.. Upper echelons research revisited: Antecedents, elements, and consequences of top management team

composition [J]. Journal of Management, 2004, 30 (6): 749 -776.

[22] Carpenter M. A., Fredrickson J. W.. Top management teams, global strategic posture, and the moderating role of uncertainty [J]. Academy of Management Journal, 2003, 44: 533 -545.

[23] Chen M. J., MacMillan L. C.. Nonresponse and delayed response to competitive moves: The roles of competitior dependence and action irreversibility [J]. Academy of Management Journal, 1992, 35 (3): 539 -570.

[24] Certo S. T., Lester R. H., Dalton C. M., Dalton D. R.. Top management teams, strategy and financial performance: A meta - analytic examination [J]. Management Studies, 2006, 43 (4): 813 -839.

[25] Curral L. A., Forrester R. H., Dawson J. F., et al.. It's what you do and the way that you do it: Team task, team size, and innovation - related group processes [J]. European Journal of Work and Organizational Psychology, 2001, 10 (2): 191.

[26] Cyert R. M., March J. G.. A behavioral theory of the firm [M]. Englewood Cliffs, NJ, 1963: 68 -72.

[27] Daboub A. J., Rasheed A. M. A., Priem R. L., et al.. Top management team characteristics and corporate illegal activity [J]. Academy of Management Review, 1995, 20 (1): 138 -170.

[28] D'aveni R., Gunther R.. Hyper - Competition: Managing the dynamics of strategic maneuvering [M]. New York: Free Press, 1994: 83 -90.

[29] Dahlin K. B., Weingart L. R., Hinds P. J.. Team diversity and information use [J]. Academy of Management Journal, 2005, 48 (6): 1107 -1120.

[30] Daft R. L., Bettenhausen K. R., Tyler B. B.. Implications of top managers' communication choices for strategic decisions [J]. Organizational Change and Redesign: Ideas and Insights for Improving Performance, 1993: 112 -146.

[31] Dean J. W., Sharfman M. P.. Procedural Rationality in the Strategic Decision Making Process [J]. Journal of Management Studies, 1993, 30 (4): 587 -609.

[32] Dean J. W., Sharfman M. P.. Does decision process matter? A study of strategic decision - making effectiveness [J]. Academy of Management Journal, 1996, 39 (2): 368 -396.

[33] DeSanctis G., Gallupe R. B.. A foundation for the study of group decision support systems [J]. Management Science, 1987, 33 (5): 589 -609.

[34] Dutton J. E., Duncan R. B.. The creation of momentum for change through

the process of strategic issue diagnosis [J]. Strategic Management Journal, 1987, 8 (3): 279 - 295.

[35] Dwyer S., Richard O. C., Chadwick K.. Gender diversity in management and firm performance: The influence of growth orientation and organizational culture [J]. Journal of Business Research, 2003, 56 (12): 1009 - 1019.

[36] Eisenhardt K. M.. Making fast strategic decisions in high - velocity environments [J]. Academy of Management Journal, 1989, 32 (3): 543 - 576.

[37] Elbanna S., Child J.. Influences on strategic decision effectiveness: Development and test of an integrative model [J]. Strategic Management Journal, 2007, 28 (4): 431 - 453.

[38] Escribá - Esteve A., Sánchez - Peinado L., Sánchez - Peinado E.. The influence of top management teams in the strategic orientation and performance of small and medium - sized enterprises [J]. British Journal of Management, 2009, 20 (4): 581 - 597.

[39] Ensley M. D., Pearson A., Pearce C. L.. Top management team process, shared leadership, and new venture performance: A theoretical model and research agenda [J]. Human Resource Management Review, 2003, 13 (2): 329 - 346.

[40] Ensley M. D., Pearson A. W., Amason A. C.. Understanding the dynamics of new venture top management teams cohesion, conflict and new venture performance [J]. Journal of Business Venturing, 2002, 17 (4): 365 - 386.

[41] Erez M., Earley P. C., Hulin C. L.. The impact of participation on goal acceptance and performance: A two - step model [J]. Academy of Management Journal, 1985, 28 (1): 50 - 66.

[42] Green S. G.. Examing a curvilinear relationship between communication frequency and team performance in cross - functional project team [J]. Engineering Management, IEEE Transaction on, 2003, 50 (3): 262 - 269.

[43] Farrell J. B., Flood P. C., Curtain S. M., Jeremydawson A., West M.. CEO leadership, top team trust and the combination and exchange of information [J]. Irish Journal of Management, 2005, 26 (1): 22 - 40.

[44] Finkelstein S.. Power in top management teams: Dimensions measurement and validation [J]. Academy of Management Journal, 1992, 35 (3): 505 - 538.

[45] Ferrier W. J.. Navigating the competitive landscape: The drivers and consequences of competitive aggressiveness [J]. Academy of Management Journal, 2001, 44 (4): 858 - 877.

[46] Few W. T., Joshi M.. Top management team decision making: The role of functional and organizational identities on the outcomes of TMT diversity [J]. European Journal of International Management, 2013, 7 (1): 56-73.

[47] Floyd S. W., Wooldridge B.. Managing strategic consensus: The foundation of effective implementation [J]. The Executive, 1992, 6 (4): 27-39.

[48] Folger R.. Distributive and procedural justice: Combined impact of voice and improvement of experienced inequality [J]. Journal of Personality and Social Psychology, 1977, 35 (2): 108-119.

[49] Fredrickson J. W., Mitchell T. R.. Strategic decision process: Comprehensiveness and performance in an industry with an unstable environment [J]. Academy of Management Journal, 1984, 2 (27): 399-422.

[50] George J.. Personality, affect, and behavior in groups [J]. Journal of Applied Psychology, 1990, 75: 107-116.

[51] Glunk U., Heijltjes M. G., Olie R.. Design characteristics and functioning of top management teams in Europe [J]. Europen Management Journal, 2001, 19 (3): 292-300.

[52] Goll I., Rasheed A. A.. The relationships between top management demographic characteristics, rational decision making, environmental munificence, and firm performance [J]. Organization Studies, 2005, 26 (7): 999-1023.

[53] Hair Jr. J. F., Anderson R. E., Tatham R. L., Black W.. Multivariate Data Analysis (7th Edition) [M]. Prentice Hall, 2009: 122-125.

[54] Halebian J., Finkelstein S.. Top management team size, CEO dominance, and firm performance: The moderating roles of environmental turbulence and discretion [J]. Academy of Management Joural, 1993, 36 (4): 844-863.

[55] Hambrick D. C., Mason P.. Upper echelons: The organization as a reflection of its top managers [J]. Academy of Management Review, 1984, 9 (2): 193-206.

[56] Hambrick D. C.. Top management groups: A conceptual integration and reconsideration of the team label [J]. Research in Organizational Behavior, 1994, 16: 171-213.

[57] Hambrick D. C.. Upper Echelons Theory: An Update [J]. Academy of Management Review, 2007, 32 (2): 334-343.

[58] Hambrick D. C.. Corporate coherence and the top management team [J]. Strategy and Leadership, 1997, 25 (5): 24-29.

[59] Hamel G., Prahalad C. K.. Strategy as stretch and leverage [J]. Harvard Business Review, 1993, 71 (2): 75 - 84.

[60] Herb E., Leslie K., Price C.. Teamwork at the top [J]. McKinsey Quarterly, 2001, 2: 32 - 43.

[61] Hiller N. J., Day D. V., Vance R. J.. Collective Enactment of leadership roles and team effectiveness: A field study [J]. The Leadership Quarterly, 2006, 17 (4): 387 - 397.

[62] Hitt M. A., Tyler B. B.. Strategic decision models: Integrating different perspectives [J]. Strategic Management Journal, 199lb, 12 (5): 327 - 351.

[63] Homan A. C., Hollenbeck J. R., Humphrey S. E., Van Knippenberg D., et al.. Facing differences with an open mind: Openness to experience, salience of intragroup differences, and performance of diverse work groups [J]. Academy of Management Journal, 2008, 51 (6): 1204 - 1222.

[64] Hui L., Hong C., Qingjie W.. An empirical study on the relationship between TMT structural characteristic and performance - based on listed companies of energy industry of china [C]. Management and Service Science (MASS), 2010 International Conference on IEEE, 2010: 1 - 4.

[65] Hwang L., Lin M. L.. Group decision making under multiple criteria: Methods and applications [M]. Springer - Verlag, 1987: 355 - 360.

[66] Janis I. L., Mann L.. Decision making: A psychological analysis of conflict, choice, and commitment [M]. New York: Free Press, 1977: 28.

[67] Janis I. L.. Victims of groupthink: A psychological study of foreign - policy decision and fiascoes [M]. Boston: Houghton Mifflin, 1972: 6.

[68] James L. R., Demaree R. G., Wolf G.. Rwg: An assessment of within - group interrater agreement [J]. Journal of Applied Psychology, 1993, 78: 306 - 309.

[69] Jehn K. A., Chadwick C., Thatcher S. M. B.. To agree or not to agree: The effects of value congruence, individual demographic dissimilarity and conflict on workgroup outcomes [J]. International Journal of Conflict Management, 1997, 8 (4): 287 - 305.

[70] Jehn K. A.. A multimethod examination of the benefits and detriments of intragroup conflict [J]. Administrative Science Quarterly, 1995, 40 (2): 256 - 282.

[71] Jehn K. A.. Enhancing effectiveness: An investigation of advantages and disadvantages of value - based intragroup conflict [J]. International Journal of Conflict Management, 1994, 5 (3): 232 - 238.

[72] Johnson J. D.. Effects of communicative factors on participation in innovations [J]. Journal of Business Communication, 1990, 27 (1): 7-20.

[73] Kahneman D., Tversky A.. Prospect theory: An analysis of decision under risk [J]. Econometrica: Journal of the Econometric Society, 1979, 47: 263-291.

[74] Karotkin D., Nitzan S.. On two properties of the marginal contribution of individual decisional skills [J]. Mathematical Social Sciences, 1997, 34 (1): 29-36.

[75] Katzenbach J. R.. The myth of the top management team [J]. Harvard Business Review, 1997, 75: 82-92.

[76] Katzenbach J. R., Smith D. K.. The wisdom of teams: Creating the high-performance organization [M]. New York: Happer Collins, 1993.

[77] Katz R.. The Effects of group longevity on communication and performance [J]. Administration Science Quarterly, 1982, 27 (1): 81-100.

[78] Keller K. L., Staelin R.. Effects of quality and quantity of information on decision effectiveness [J]. Journal of Consumer Research, 1987, 14 (2): 200-213.

[79] Kilduff M., Angelmar R., Mehra A.. Top management-team diversity and firm performance examining the role of cognitions [J]. Organization Science, 2000, 11 (1): 21-34.

[80] Kim W. C., Mauborgne R. A.. Procedural Justice, Strategies Decision Making and the Knowledge Economy [J]. Strategic Management Journal, 1998, 19 (4): 323-338.

[81] Kor Y. T.. Experience-based top management team competence and sustained growth [J]. Organization Science, 2003, 14 (6): 707-719.

[82] Knight D., Pearce C. L., Smith K. G., Olian J. D., Sims H. P., Smith H. A., Flood P.. Top management team diversity, group process and strategic consensus [J]. Strategic Management Journal, 1999, 20 (4): 445-465.

[83] Korsgaard M. A., Schweiger D. M., Sapienza H. J.. Building commitment, attachment, and trust in strategic decision-making teams: The role of procedural justice [J]. Academy of Management Journal, 1995, 38 (1): 60-84.

[84] Lant T. K., Milliken F. J., Batra B.. The role of managerial learning and interpretation in strategic persistence and reorientation: An empirical exploration [J]. Strategic Management Journal, 1992, 13: 585-608.

[85] Iaquinto A. L., Fredrickson J. W.. Top management team agreement about the strategic decision process: A test of some of its determinants and consequences [J]. Strategic Management Journal, 1997, 18 (1): 63-75.

[86] Lawrence B. S.. The black box of organizational demography [J]. Organization Science, 1997, 8 (1): 1-22.

[87] Li J., Hambrick D. C.. Factional groups: A new vantage on demographic faultines, conflict, and disintegration in work teams [J]. Academy of Management Journal, 2005, 48 (5): 794-803.

[88] Li H. Y., Li J.. Top management team conflict and entrepreneurial strategy making in China [J]. Asia Pacific Journal of Management, 2009, 26: 263-283.

[89] Li H., zhang Y.. Founding team comprehension and behavioral integration: Evidence from new technology ventures in china [J]. Academy of Management Proceedings, 2002: 1-6.

[90] Lind E. A., Tyler T. R.. The social psychology of procedural justice [M]. New York: Plenum, 1988: 34-39.

[91] Magnia M., Proserpio L., Hoegl M., Provera B.. The role of team behavioral integration and cohesion in shaping individual improvisation [J]. Research Policy, 2009, 38: 1044-1053.

[92] Maznevski M. L., Distefano J. J.. Global leaders are team players: Developing global leaders through membership on global teams [J]. Human Resource Management, 2000, 39 (2-3): 195-208.

[93] McGrath J. E., Berdahl J. L., Arrow H.. Traits, Expectations, culture and clout: The dynamics of diversity in work [J]. American Psychological Association, 1995: 17-45.

[94] Michel J. G., Hambrick D. C.. Diversification posture and top management team characteristics [J]. Academy of Management Journal, 1992, 35 (1): 9-34.

[95] Michael H. L., Zeki S., Yan L., John F. V.. Ambidexterity and performance in small to medium-sized firms: The pivotal role of top management team behavioral integration [J]. Journal of Management, 2006, 32 (5): 646.

[96] Mohammed S., Dumville B. C.. Team mental models in a team knowledge framework: Expanding theory and measurement across disciplinary boundaries [J]. Journal of Organizational Behavior, 2001, 22 (2): 89-106.

[97] Moynihan L. M., Peterson R. S.. A contingent configuration approach to understanding the role of member personality in organizational groups [J]. Research in Organizational Behavior, 2001, 23: 327-378.

[98] Molleman E.. Diversity in demographic characteristics, abilities and personality traits: Do faultlines affect team functioning? [J]. Group Decision and Nego-

tiation, 2005, 14 (3): 173 -193.

[99] Munk C., Sorensen C.. Optimal consumption and investment strategies with stochastic interest rates [J]. Journal of Banking and Fianance, 2004, 28 (8): 1987 - 2013.

[100] Murray A. L.. Top management group heterogeneity and firm performance [J]. Strategic Management Journal, 1989, 10 (s1): 125 -141.

[101] Naranjo - Gil D., Hartmann F., Maas V. S.. Top management team heterogeneity, strategic change and operational performance [J]. British Journal of Management, 2008, 19 (3): 222 -234.

[102] Neter J., et al.. Applied linear statistical models: Regression, analysis of variance and experimental design [M]. Chicago: Irwin Press, 1996: 100.

[103] Olffen W. V., Boone C.. The confusing state of the art in top management composition studies: A theoretical and empirical review [D]. Maastricht: University of Maastricht, 1996: 106 -135.

[104] Olson B. J., Parayitam S., Bao Y.. Strategic decision making: The effects of cognitive diversity, conflict, and trust on decision outcomes [J]. Journal of Management, 2007, 33 (2): 196 -220.

[105] Olsen B. J., Parayitam S., Twigg N. W.. Mediating role of strategic choice between top management team diversity and firm performance: Upper echelons theory revisited [J]. Journal of Business and Management, 2006, 12 (2): 111 -126.

[106] Olson B. J., Parayitam S., Bao Y.. Strategic decision making: The effects of cognitive diversity, conflict, and trust on decision outcomes [J]. Journal of Management, 2007, 33 (2): 196 -222.

[107] O'Reilly C. A., Caldwel D. F., Barnett W. P.. Work group demography, social integration, and turnover [J]. Administrative Science Quarterly, 1989, 34 (1): 21 -37.

[108] Olie R., Iterson A., Simsek Z.. When do CEOs versus top management teams matter in explaining strategic decision - making processes [J]. International Studies of Management and Organization, 2012, 42 (4): 86 -105.

[109] On L. W., Liang X., Priem R., et al.. Top management team trust, behavioral integration and the performance of international joint ventures [J]. Journal of Asia Business Studies, 2013, 7 (2): 99 -122.

[110] Papadakis V. M., Barwise P.. How much do CEOs and top managers matter in strategic decision -making [J]. British Journal of Management, 2002, 13 (1): 83 -95.

[111] Paul S., Nazareth D. L.. Input information complexity, perceived time pressure, and information processing in GSS - based work groups: An experimental investigation using a decision schema to alleviate information overload conditions [J]. Decision Support Systems, 2010, 49 (1): 31 - 33.

[112] Parayitam S., Dooley R. S.. The interplay between cognitive and affective conflict and cognition and affect - based trust in influencing decision outcomes [J]. Journal of Business Research, 2009, 62 (8): 789 - 796.

[113] Paul S., Nazareth D. L.. Input information complexity, perceived time pressure, and information processing in GSS - based work groups: An experimental investigation using a decision schema to alleviate information overload conditions [J]. Decision Support Systems, 2010, 49 (1): 31 - 33.

[114] Pelled L. H.. Demographic diversity, conflict, and work group outcomes: An intervening process theory [J]. Organization Science, 1996, 7 (6): 615 - 631.

[115] Peterson R. S., Behfar K. J.. The dynamic relationship between, performance feedback, trust, and conflict in groups: A longitudinal study [J]. Organizational Behavior and Human Decision Process, 2003, 92 (1): 102 - 112.

[116] Peterson R.. A directive leadership style in group decision making can be both virtue and vice: Evidence from elite and experimental groups [J]. Journal of Personality and Social Psychology, 1997, 72 (5): 1107 - 1121.

[117] Potter R. E., Balthazard P.. The role of individual memory and attention processes during electronic brainstorming [J]. MIS Quarterly, 2004, 28 (4): 621 - 643.

[118] Priem R. L., Lyon D. W., Dess G. G.. Inherent limitations of demographic proxies in top management team heterogeneity research [J]. Journal of Management, 1999, 25: 935 - 954.

[119] Quinn R. E., Rohrbaugh J.. A Spatial model for effectiveness criteria: Towards a competing values approach organizational analysis [J]. Management Science, 1983, 29 (3): 363 - 377.

[120] Rajagopalan N., Rasheed A., Datta D. K.. Strategic decision process: Critical review and future direction [J]. Journal of Management, 1993, 19 (2): 349 - 384.

[121] Raes A., Bruch H.. Top Management Team Behavioral Integration, Organizational Energy and Employee Outcomes [J]. International Journal of Robotics Research, 2009, 28 (1): 104 - 126.

［122］ Reger R. K.. Strategic leadership: Top executives and their effects on organizations [J]. Academy of Management Review, 1997, 22 (3): 802 -805.

［123］ Rousseau D. M., Sitkin S. B., Camerer C.. Not so different after all: A cross discipline view of trust [J]. Academy of Management Review, 1998, 23 (3): 395 -399.

［124］ Richard H. J.. Why teams don't work? [J]. Harvard Business Review, 2009: 99 -105.

［125］ Rulke D. L., Gelaskiewicz J.. Distribution of knowledge, group network structure and group performance [J]. Management Science, 2000, 46 (5): 612 -625.

［126］ Saunders C., Miranda S.. Information acquisition in group decision making [J]. Information Management, 1998, 34 (1): 55 -74.

［127］ Schweiger D. M., Sandberg W. R., Rechner P. L.. Experiential effects of dialectical Inquiry, devil's advocacy, and consensus approaches to strategic decision making [J]. Academy of Management Journal, 1989, 32 (4): 745 -772.

［128］ Scott J. C.. Domination and the arts of resistance: Hidden transcripts [M]. New Haven: Yale University Press, 1990: 5 -10.

［129］ Sessa V. L., Jackson S. E.. Diversity in decision - making teams: All teams are not created equal [J]. Diversity in Organizations - New Perspectives for a Changing Workplace, 1995, 8: 133 -156.

［130］ Shank M. E., Zeithaml C. P., Blaekbum R. S., Boynton A. C.. Predietors of top management team environmental perception aceuraey: A model and propositions [J]. Aeademy of Management Journal, 1988, 21 (5): 111 -128.

［131］ Simons T.. Top management team consensus, heterogeneity and debate as contingent predictors of company performance: The complimen tarity of group structure and process [J]. Academy of Management Proceedings, 1995, 1: 62 -66.

［132］ Simons T., Peterson R. S.. Task conflict and relationship conflict in top management teams: The pivotal role of intragroup trust [J]. Journal of Applied Psychology, 2006, 85 (1): 90 -102.

［133］ Simons T., Pelled L. H., Smith K. A.. Making use of difference: Diversity, debate, and decision comprehensiveness in top management teams [J]. Academy of Management Journal, 1999, 42 (6): 662 -673.

［134］ Simsek Z., Veiga J. F., Lubatkin M. H., Dino R. N.. Modeling the multilevel determinants of top management team behavioral integration [J]. Academy of

Management Journal, 2005, 48 (1): 69 – 84.

[135] Slabbert A. D.. Conflict management styles in traditional organizations [J]. The Social Science Journal, 2004, 41: 83 – 92.

[136] Smart J. C.. College effects on occupational status attainment [J]. Research in Higher Education, 1986, 24 (1): 73 – 95.

[137] Smith K. G., Smith K. A., Olian J. D., et al.. Top management team demography and process: The role of social integration and communication [J]. Administrative Science Quarterly, 1994, 39: 412 – 438.

[138] Srivastava A., Lee H.. Predicting order and timing of new product moves: The role of top management in corporate entrepreneurship [J]. Journal of Business Venturing, 2005, 20: 459 – 463.

[139] Stasser G., Titus W.. Effects of information overload and percentage of shared information on the dissemination of unshared information during group discussion [J]. Journal of Personality and Social Psychology, 1987, 53: 81 – 93.

[140] Stasser G., Titus W.. Pooling of unshared information in group decision making: Biased information sampling during discussion [J]. Journal of Personality and Social Psychology, 1985, 48 (6): 1467 – 1478.

[141] Staw C. J., Nemeth B. M.. The tradeoffs of social control and innovation in groups and organizations [J]. Advances in Experimental Psychology, 1989, 22: 175 – 210.

[142] Suteliffe K. M.. What executives notice: Accurate perceptions in top management teams [J]. Academy of Management Journal, 1994, 37 (5): 1360 – 1378.

[143] Sundstrom E., DeMeuse K. P., Futrell D.. Work teams: Applications and effectiveness [J]. American Psychologist, 1990, 45 (2): 120 – 133.

[144] Talaulicar T., Grundei J., Werder A.. Strategic decision making in start – ups: The effect of top management team organization and processes on speed and comprehensiveness [J]. Journal of Business Venturing, 2005, 20 (4): 519 – 541.

[145] Talke K., Salomo S., Koc A.. Top management team diversity and strategic innovation orientation: The relationship and consequences for innovativeness and performance [J]. Product Development and Management Association, 2011, 28 (6): 819 – 832.

[146] Tekleab A. G., Quigley N. R., Tesluk P. E.. A longitudinal study of team conflict, conflict management, cohesion, and team effectiveness [J]. Group and Organization Management, 2009, 34 (2): 170 – 205.

[147] Tiejun W., Wenjun W., Xin B., et al.. Mediating Effect of Team Trust between Team Conflict and Team Effectiveness in Self – management Teams [J]. Journal

of Applied Sciences, 2013, 13 (9): 1504 -1508.

[148] Thomas A. B.. Does leadership make a difference to organizational performance? [J]. Administrative Science Quarterly, 1988, 33 (3): 388 -400.

[149] Tihanyi L., Ellstrand A. E., Daily C. M., et al.. Composition of the top management team and firm international diversification [J]. Journal of Management, 2000, 26 (6): 1163.

[150] Triandis H. C., Kurowski L. L., Gelfand M. J., et al.. Workplace diversity [J]. Handbook of Industrial and Organizational Psychology, 1994, 4: 769 -827.

[151] Tsui A. S., O'Reilly C. A.. Beyond simple demographic effects: The importance of relational demography in superior - subordinate dyads [J]. Academy of Management Journal, 1989, 32 (2): 402 -423.

[152] Tushman M. L., Nadler D. A.. Information processing as an integrating concept in organization design [J]. Academy of Management Review, 1978, 3 (3): 613 -624.

[153] Tversky A., Kahneman D.. Judgement under uncertainty: Heuristics and biases [J]. Science, 1974, 185 (4157): 1124 -1131.

[154] Tversky A., Kahneman D.. The framing of decisions and the psychology of choice [J]. Science, 1981, 211 (4481): 453 -458.

[155] Tyler L. T.. The social psychology of procedural justice [M]. New York: Plenum, 1988.

[156] Van Knippenberg D., De Dreu K., Homan A.. Work group diversity and group performance: An integrative model and research agenda [J]. Journal of Applied Psychology, 2004, 89 (6): 1008 -1022.

[157] Watson W. E., Kumar K., Michaelsen L. K.. Cultural diversity's impact on interaction process and performance: Comparing homogeneous and diverse task groups [J]. Academy of Management Journal, 1993, 36 (3): 590 -602.

[158] Wiersema M. F., Bantel K. A.. Top management team demography and corporate strategic change [J]. Academy of Management Journal, 1992, 35 (1): 91 -127.

[159] William K. Y., O'Reilly C. A.. Demography and diversity in organizations: A review of 40 years of research [J]. Research in Organizational Behavior, 1998, 20: 77 -140.

[160] Witt L. A., Burke L. A., Barrick M. R., Mount M. K.. The interactive

effects conscientiousness and agreeableness on job performance [J]. Journal of Applied Pscychology, 2002, 87 (1): 164 - 169.

[161] Yammarino F. J., Markham S. E. On the application of within and between analysis: Are absence and affect really group - based phenomena? [J]. Journal of Applied Psychology, 1992, 77: 16 - 76.

[162] Zenger T. R., Lawrence B. S. Organizational demography: The differential effects of age and tenure distributions on technical communication [J]. Academy of Management Journal, 1989, 32 (2): 355 - 360.

[163] 白新文，王二平. 共享心智模型研究现状 [J]. 心理科学进展，2004，12 (5): 74 - 79.

[164] 白云涛，郭菊娥，席酉民. 高层管理团队风险偏好异质性对战略投资决策影响效应的实验研究 [J]. 南开管理评论，2007，10 (2): 25 - 30.

[165] 白景坤，李莎莎. 高管团队异质性、战略决策质量与创新绩效研究 [J]. 东北财经大学学报，2015 (5): 3 - 9.

[166] 毕鹏程，郎淳刚，席酉民. 领导风格和行为对群体决策过程和结果的影响 [J]. 西安交通大学学报（社会科学版），2005，6: 1 - 10.

[167] 毕鹏程，席酉民. 群体决策过程中的群体思维研究 [J]. 管理科学学报，2002，5 (1): 25 - 34.

[168] 陈璐，杨百寅，井润田. 家长式领导对高管团队有效性的影响机制研究：以团队凝聚力为中介变量 [J]. 管理工程学报，2012，1 (26): 13 - 19.

[169] 陈璐. CEO 家长式领导行为对高管团队决策效果的影响机制研究 [D]. 电子科技大学博士学位论文，2006: 23 - 56.

[170] 陈晓萍，徐淑英，樊景立. 组织与管理研究的实证方法 [M]. 北京：北京大学出版社，2008.

[171] 陈旭. 团队领导对团队效能的影响机理研究 [J]. 科研管理，2006，27 (4): 138 - 141.

[172] 陈传明，孙俊华. 企业家人口背景特征与多元化战略选择 [J]. 管理世界，2008，5: 124 - 133.

[173] 陈同扬，刘玲，曹国年. 中国企业高管团队关系一致性对企业绩效的影响研究：以上市公司为例 [J]. 现代管理科学，2010，7: 104 - 106.

[174] 陈进，王瑞旭. 高层管理团队研究综述 [J]. 中国管理信息化，2010，1: 78 - 81.

[175] 陈晓红，张泽京，曾江洪. 中国中小上市公司高管素质与公司成长性的实证研究 [J]. 管理现代化，2006，3: 7 - 10.

[176] 陈忠卫，常极．高管团队异质性、集体创新能力与公司绩效关系的实证研究 [J]. 软科学，2009，9（23）：78－83.

[177] 陈忠卫，郝喜玲．创业团队企业家精神与公司绩效的实证研究 [J]. 管理科学，2008，21（1）：39－48.

[178] 陈忠卫，常极．高层管理团队异质性理论的研究视角及其比较 [J]. 统计与决策，2009，3：173－176.

[179] 陈悦明，葛玉辉，宋志强．高管团队特征差异性、权力与组织结果关系研究述评 [J]. 社会科学管理与评论，2010，4：94－98.

[180] 陈悦明．高层梯队特征组成法研究综述 [J]. 技术经济与管理研究，2013，1：59.

[181] 陈权，张凯丽，施国洪．高管团队战略决策过程研究：一个理论模型——基于行为决策理论 [J]. 管理现代化，2014，1：36－39.

[182] 陈权．情绪智力对高管团队冲突、行为整合及战略决策绩效影响研究 [D]. 江苏大学博士学位论文，2013.

[183] 仇中宁，陈传明．企业家社会资本、决策冲突与决策质量的实证研究——战略决策视角 [J]．科学学与科学技术管理，2015（12）：163－174.

[184] 成瑾，白海青．从文化视角观察高管团队行为整合 [J]. 南开管理评论，2013，1（16）：149－160.

[185] 程贯平，刘海山．高层管理团队理论模型的发展 [J]. 现代管理科学，2009，3：97－99.

[186] 崔松，胡蓓．高层管理团队研究的不足与前瞻 [J]. 华东经济管理，2007，21（6）：124－130.

[187] 丁安娜，刘景江．高管团队行为整合、创新行为与创新绩效关系研究 [J]. 科学学与科学技术管理，2012，12（33）：71－75.

[188] 杜娟．企业高管团队行为整合、冲突与绩效的作用机制初探 [J]. 上海管理科学，2011（5）：69－73.

[189] 葛玉辉．基于人力资本价值因子的高层管理团队与企业绩效关系模型研究 [J]. 科学学与科学技术管理，2007，28（8）：161－164.

[190] 龚宏斌，罗青军．动态环境中的企业战略：主导逻辑及规则的应用 [J]. 科学学与科学技术管理，2004，25（7）：138－141.

[191] 郭菊娥，白云涛，席酉民，王艳．权威类型、决策程序对高管团队决策结果影响的实验研究 [J]. 管理科学学报，2008，4：1－10.

[192] 郭强，蒋东生．不完全契约与独立董事作用的本质及有效性分析——从传统法人治理结构的缺陷论起 [J]. 管理世界，2003，2：78－89.

[193] 郭然，刘兵，李媛．企业高层管理团队决策行为对决策效果的影响 [J]. 企业经济，2013，9：19－23.

[194] 郭立新，陈传明．企业家社会资本与企业绩效——以战略决策质量为中介 [J]．经济管理，2011（12）：43－51.

[195] 郭志刚．社会统计分析方法——SPSS 软件应用 [M]. 北京：中国人民大学出版社，1999.

[196] 古家军，胡蓓．企业高层管理团队特征异质性对战略决策的影响 [J]. 管理工程学报，2008，3：30－34.

[197] 顾仰洁，田新民，李宁．团队氛围影响下信息异质性与团队士气关系研究 [J]. 上海管理科学，2008，2：47－50.

[198] 何军．大数据对企业管理决策影响分析 [J]. 科技进步与对策，2014（4）：65－68.

[199] 贺远琼，陈昀．不确定环境中高管团队规模与企业绩效关系的实证研究——基于中国制造业上市公司的证据 [J]. 科学学与科学技术管理，2009，30（2）：124－127.

[200] 贺远琼，杨文，陈昀．基于 Meta 分析的高管团队特征与企业绩效关系研究 [J]. 软科学，2009，23（1）：12－16.

[201] 贺远琼，杨文．高管团队特征与企业多元化战略关系的 Meta 分析 [J]. 管理学报，2010，1（7）：91－93.

[202] 侯杰泰．结构方程模型及其应用 [M]. 北京：教育科学出版社，2004.

[203] 焦长勇，项保华．企业高层管理团队特性及构建研究 [J]. 自然辩证法通讯，2003，25（2）：57－60.

[204] 金丹．高管背景特征、社会网络与战略决策关系研究 [J]. 南京财经大学学报，2013，4：87－92.

[205] 郝登峰，刘梅．论科研团队凝聚力的结构 [J]. 中国科学基金，2005，4：95－98.

[206] 侯杰泰，温忠麟，成子娟．结构方程模型及其应用 [M]. 北京：教育科学出版社，2006.

[207] 郎淳刚，席酉民，毕鹏程．群体决策过程中的冲突研究 [J]. 预测，2005，24（5）：1－8.

[208] 郎淳刚，席酉民，郭士伊．团队内冲突对团队决策质量和满意度影响的实证研究 [J]. 管理评论，2007，19（7）：10－15.

[209] 雷红生，陈忠卫．高管团队内情感冲突、企业家精神与公司成长性绩

效关系的实证研究［J］. 财贸研究，2008，2：99－105.

［210］李怀祖．决策理论导论［M］. 北京：机械工业出版社，1993.

［211］李华晶，张玉利．高管团队特征与企业创新关系的实证研究［J］. 商业经济与管理，2006，5（175）：9－13.

［212］李友梅，肖瑛，黄晓春．社会认同：一种结构视野的分析以美、德、日三国为例［M］. 上海：上海人民出版社，2007.

［213］李学娟，陈希镇．结构方程模型下的因子分析［J］. 科学技术与工程，2010，10（23）：5708－5711.

［214］刘富兵，刘海龙，朱微亮．高风险厌恶者的最优消费投资策略［J］. 系统管理工程学报，2007，16（6）：607－611.

［215］刘学．"空降兵"与原高管团队的冲突及对企业绩效的影响［J］. 管理世界，2003，19（6）：105－113.

［216］刘树林，唐均．差异性、相似性和受教育背景对高层管理团队影响的国外研究综述［J］. 管理工程学报，2004，18（2）：90－93.

［217］刘军，刘松博．企业高层管理团队冲突管理方式：理论及证据［J］. 经济理论与经济管理，2008，2：58－64.

［218］刘宁，张正堂，张子源．研发团队多元性、行为整合与创新绩效关系的实证研究［J］. 科研管理，2012，12（33）：135－140.

［219］刘燕．高管团队决策效力与在华子公司战略导向的关系研究［J］. 南京社会科学，2012，2（6）：34－39.

［220］刘运国，刘雯．我国上市公司的高管任期与 R&D 支出［J］. 管理世界，2007，1：128－136.

［221］刘喜怀，葛玉辉，王倩楠．TMT 团队信任对团队过程和决策绩效的中介作用——基于层级回归分析的实证研究［J］. 系统工程，2015（6）：41－48.

［222］龙立荣．层级回归方法及其在社会科学中的应用［J］. 教育研究与实验，2004（1）：51－56.

［223］林俊清，黄祖辉，孙永祥．高管团队内薪酬差距、公司绩效和治理结构［J］. 经济研究，2003，4：31－39.

［224］鲁倩，贾良定．高管团队人口统计学特征、权力与企业多元化战略［J］. 科学学与科学技术管理，2009，5：181－188.

［225］罗宣．中国传统文化下的企业战略决策程序公正性研究［J］. 技术经济，2006，1：59－62.

［226］马可一．民营企业高管团队信任模式演变与绩效机制研究［D］. 浙江

大学博士学位论文，2005.

［227］［美］L. 科赛. 社会冲突的功能［M］. 北京：华夏出版社，1989.

［228］［美］斯蒂芬·P. 罗宾斯. 组织行为学［M］. 孙健敏，李原译. 北京：中国人民大学出版社，2005.

［229］欧阳慧，曾德明，张运生. 国际化竞争环境中 TMT 的异质性对公司绩效的影响［J］. 数量经济技术经济研究，2004，12：125－128.

［230］乔启国. 决策机制和程序存在的问题与对策［J］. 科学决策，2005，6：50－52.

［231］秦辉，庞荣辉，李芳英，张梦梦. 高管团队的内外部异质性与团队绩效关系研究述评［J］. 经济论坛，2009，1：117－119.

［232］申舒萌，葛玉辉. 国籍多样性和跨国经验对高管团队海外扩张决策的影响研究［J］. 科学与管理，2012，1：5－11.

［233］石盛林，陈圻，张静. 高管团队认知风格对技术创新的影响——基于中国制造企业的实证研究［J］. 科学学研究，2011，29（8）：1251－1256.

［234］孙海法，伍晓奕. 企业高管团队研究进展［J］. 管理科学学报，2003，6（6）：82－89.

［235］孙海法. 领导策略与团队管理［M］. 广州：中山大学出版社，2003.

［236］孙海法，姚振华，严茂盛. 高管团队人口统计特征对纺织和信息技术公司经营绩效的影响［J］. 南开管理评论，2006，9（6）：61－67.

［237］孙虹，徐康宁. TMT 组合属性视角的决策解析——以我国企业专用性投资行为分析为例［J］. 科研管理，2009，1：56－64.

［238］孙健，吴力文. 中国文化对信息系统实施的影响［J］. 科技管理研究，2004，2：85－86.

［239］孙晓军，周宗奎. 探索性因子分析及其在应用中存在的主要问题［J］. 心理科学，2005，28（6）：1440－1442.

［240］汪丽，茅宁. 共同愿景、决策承诺与决策质量关系实证研究［J］. 预测，2006，25（6）：6－11.

［241］汪丽. 组织信任及决策承诺与决策质量之关系探讨［J］. 天津财经大学学报，2007，27（3）：37－40.

［242］汪丽，茅宁. 声誉、决策质量和决策承诺——中国情景下的实证研究［J］. 经济科学，2006（4）：94－103.

［243］汪丽，茅宁，潘小燕等. 董事会职能、决策质量和决策承诺在中国情境下的实证研究［J］. 管理世界，2006（7）：108－114.

［244］王国锋，李懋，井润田. 高管团队冲突、凝聚力与决策质量的实证研

究［J］. 南开管理评论，2007，10：89－93.

［245］王晶晶，杜晶晶．高管团队心理契约、集体创新与团队绩效关系的实证研究［J］. 管理学报，2009，5：671－677.

［246］王松涛．探索性因子分析与验证性因子分析比较研究［J］. 兰州学刊，2006（5）：155－156.

［247］王瑛，官建成，马宁．我国企业高层管理者、创新策略与企业绩效之间的关系研究［J］. 管理工程学报，2003，1：1－6.

［248］魏立群，王智慧．我国上市公司高管特征与企业绩效的实证研究［J］. 南开管理评论，2002，4：16－22.

［249］温忠麟，侯杰，泰张雷．调节效应与中介效应的比较和应用［J］. 心理学报，2005，37（2）：268－274.

［250］温忠麟等．中介效应检验程序及其应用［J］. 心理学报，2004，36（5）：614－620.

［251］吴建祖，王欣然．高层管理团队异质性对企业绩效的影响分析［J］. 统计与决策，2011，3：186－188.

［252］吴明隆．SPSS 统计应用实务——问卷分析与应用统计［M］. 北京：科学出版社，2003：109.

［253］向常春，龙立荣．团队内冲突对团队效能的影响及作用机制［J］. 心理科学进展，2010，18（5）：781－789.

［254］徐强，魏泽龙，李垣，弋亚群．高管团队特征与战略变化关系的理论分析框架研究［J］. 西安交通大学学报（社会科学版），2009，29（1）：29－33.

［255］许刚全．集体决策过程组织中的冲突管理［J］. 经济师，2005，10：156.

［256］姚振华，孙海法．高管团队组成特征与行为整合关系研究［J］. 南开管理评论，2010，13（1）：15－22.

［257］姚振华，孙海法．高管团队行为整合的构念和测量：基于行为的视角［J］. 商业经济与管理，2009，12：28－36.

［258］杨国枢．中国人的心理与行为：本土化研究［M］. 北京：中国人民大学出版社，2004.

［259］杨琳．群体决策中的冲突与管理［J］. 商场现代化，2008，31：94－95.

［260］杨林，芮明杰．高管团队特质，战略变革与企业价值关系的理论研究［J］. 管理学报，2010，7（12）：1785－1791.

［261］于洋．高层管理者社会资本、资源获取与战略决策质量之关系研究

[D]. 西南财经大学硕士学位论文，2013.

[262] 赵士军，于林，陈倩. 高层管理团队社会整合研究 [J]. 工业技术经济，2011，1：114－117.

[263] 赵慧群，陈国权. 同而不和：群体决策中的阿背伦悖论 [J]. 科学学与科学技术管理，2008，9：34－38.

[264] 张必武，石金涛. 国外高管团队人口特征与企业绩效关系研究新进展 [J]. 外国经济与管理，2005，27（6）：17－21.

[265] 张莉等. 实验研究中的调节变量和中介变量 [J]. 管理科学，2011，24（1）：108－116.

[266] 张平. 动态竞争环境下高层管理团队异质性与企业绩效 [J]. 科技管理研究，2006，26（9）：167－170.

[267] 张平. 高层管理团队异质性与企业绩效关系研究 [J]. 管理评论，2006，18（5）：54－61.

[268] 张平. 高层管理团队的异质性与企业绩效的实证研究 [J]. 管理学报，2007，4（4）：501－508.

[269] 张平. 我国上市公司高层管理团队异质性与企业绩效的关系研究 [D]. 华南理工大学博士学位论文，2005.

[270] 张韶光，陈进. 基于系统观的组织高层管理团队异质性分析 [J]. 科技管理研究，2010，20：137－140.

[271] 张正堂. 高层管理团队协作需要、薪酬差距和企业绩效：竞赛理论的视角 [J]. 南开管理评论，2007，10（2）：4－11.

[272] 张玉明，刘睿智. 中小企业家人口背景特征及其生存状态的实证研究——基于2010年经验数据 [J]. 东北大学学报，2013，15（6）：583－588.

[273] 张莹瑞，佐斌. 社会认同理论及其发展 [J]. 心理科学进展，2006，14（3）：475－480.

[274] 周劲波. 多层次创业团队决策模式及其决策绩效机制研究 [D]. 浙江大学博士学位论文，2005.

[275] 蹇明. 我国上市公司高管人员报酬影响因素分析及实证研究 [J]. 软科学，2006，5：46－50.

[276] 曾宪聚，吴建祖. 组织环境、管理者认知和战略决策 [J]. 管理学家：学术版，2009，2：73－75.

[277] 郑蕾. 上市公司高管团队对公司绩效的影响研究 [D]. 天津大学博士学位论文，2011.

[278] 郑伯壎，黄敏萍. 实地研究中的案例研究：组织与管理研究的实证方

法 [M]. 北京：北京大学出版社，2008.

[279] 郑航生. 中国社会发展研究报告2009——走向更有共识的社会：社会认同的挑战及其应对 [M]. 北京：中国人民大学出版社，2009.